Dietrich Kessler

Stasi-Knast

Engelsdorfer Verlag
Leipzig
2024

Bibliografische Information durch die
Deutsche Nationalbibliothek:
Die Deutsche Nationalbibliothek verzeichnet
diese Publikation in der Deutschen
Nationalbibliografie; detaillierte bibliografische
Daten sind im Internet
über https://dnb.de abrufbar.

Zweite Auflage (erweiterter Reprint)

Erstauflage (2001) 3D-Verlag Berlin
ISBN 3-935478-00-3

ISBN 978-3-96940-717-2

Hergestellt in Leipzig, Germany (EU)
Gedruckt auf FSC®-zertifiziertem Papier

www.engelsdorfer-verlag.de

16,00 Euro (DE)

Inhalt

Der Stasi-Überfall und das Non-Stop-Verhör

Am 16. April 1982 klingelte es gegen 8.00 Uhr morgens an unserer Wohnungstür in der Karl-Marx-Straße 28 in Magdeburg. Als ich öffnete, standen zwei Männer mittleren Alters vor mir. Der kleinere, etwas dickliche von ihnen zeigte mir aufgeregt seinen Dienstausweis und sagte: „Kriminalpolizei, Herr Kessler, wir müssen Ihre Frau zur Klärung eines Sachverhaltes mitnehmen!" Ich blockte sofort ab und antwortete, dass meine Frau sich erst einmal anziehen müsse und das ginge nicht so schnell. Sie ließen sich darauf ein und wollten nach einer halben Stunde wiederkommen. Renate hatte alles mit angehört. Erregt spekulierten wir darüber, ob sie nur verhört werden sollte, oder man sie dabehalten würde.

Nach angstvollen fünfzehn Minuten klingelte es wieder und die Kripomänner standen erneut vor der Tür. Der dickliche von ihnen trat sich die Schuhe ab und war schon fast mit einem Bein in der Tür, als Renate, die staatlichen Organen gegenüber nie ängstlich auftrat, ihm den Zutritt zu unserer Wohnung versperrte. Energisch fuhr sie ihn an: „Was ist los?!" Fast eingeschüchtert fragte er, ob ich ihr nichts erzählt hätte. Sie antwortete bestimmt: „Schon, aber seit wann holen Sie Bürger zur Klärung eines Sachverhaltes mit dem Auto ab? Ich kann heute Nachmittag auch mit der Straßenbahn kommen. Um was geht es überhaupt?" Einer der Kripoleute sagte, dass es sich um unseren Sohn Sven handle und sie einen Erziehungsberechtigten sprechen müssten. Renate erwiderte sofort: „Dann kann mein Mann ja auch mitgehen, er ist ebenfalls erziehungsberechtigt." Er schüttelte verneinend den Kopf. Meine Frau wurde jetzt lauter und antwortete energisch: „Die ganze Angelegenheit stinkt zum Himmel!" Unwillig musste sie mitgehen. Mit unguten Gefühlen blieb ich zurück.

Ich machte Kaffee und wollte mir gerade eine „Beruhigungszigarette" anstecken, da klingelte es zum dritten Mal. Als ich die Tür öffnete, standen mir vier große kräftige Männer in Zivil gegenüber. Einer von ihnen zeigte mir seinen Dienstausweis und sagte: „Herr Kessler, MfS[1], Sie müssen mitkommen!“ Beim Anziehen meiner Jacke blickte ich noch kurz in den Flurspiegel und sah, dass ich kreidebleich geworden war. Ich hatte natürlich nicht im Entferntesten damit gerechnet, dass kurz nach der Kripo auch noch die Stasi eintreffen würde. Wir, die Rockband *Magdeburg*, hatten es gewagt, im September 1981 gemeinsam mit unseren Familien Ausreiseanträge zu stellen. Danach folgten viele „Gespräche“ mit staatlichen Organen und Berufsverbot. Ich hatte lange genug in der DDR gelebt und wusste, dass der Staat mit „Klassenfeinden“, die wir jetzt für sie waren, nicht zimperlich umging. Trotzdem schockierte mich dieser völlig unerwartete „Überfall“.

Ich wurde nach unten geführt, musste sofort in einen bereitstehenden Pkw vom Typ „Lada“ einsteigen und die Fahrt ins Ungewisse begann. Wie elektrisiert konnte ich keinen klaren Gedanken fassen. War das hier Traum oder Wirklichkeit?

Nach etwa zwanzig Minuten hielt das Auto vor einem großen Metalltor. Einer meiner Bewacher stieg zügig aus und klingelte. Sofort öffnete sich das Tor und der Pkw fuhr auf einen Hof. Ich musste aussteigen. Dann ging es durch den Haupteingang – wobei mehrere Gitter und Türen auf- und zugeschlossen wurden – nach unten in einen grauen, fensterlosen Raum. Hier musste ich meine persönlichen Sachen abgeben. Brieftasche mit Inhalt, Schlüssel, Uhr, Kamm, Taschentuch… Wie im Fieber jagten mir verschiedenste Gedanken durch den Kopf. Was passiert hier mit mir? Was habe ich verbrochen, außer in den Westen zu wollen? Wie lange muss ich hier bleiben?

Nach etwa einer Stunde wurde die Tür aufgeschlossen und ein uniformierter MfS-Posten forderte mich auf, mitzukom-

[1] *Ministerium für Staatssicherheit*

men. Ich folgte ihm durch ein Labyrinth von Gängen. Wir kamen auf einen Flur und ich musste in ein Zimmer eintreten. Es war eines der so genannten Vernehmerzimmer. Graue Wände, nackt und kalt. Links ein Schrank. Mit dem Rücken zum vergitterten Fenster saß der Vernehmer hinter seinem Schreibtisch. Offiziell hießen sie Untersuchungsführer und waren MfS-Offiziere. Er forderte mich auf, Platz zu nehmen. Der Dienst habende Posten hatte den Raum bereits verlassen.

Zwischen mir und dem Vernehmer befand sich ein langer Tisch. Distanz. Auf seinem Schreibtisch ein Telefon, ein Magnettonbandgerät und ein größerer Stapel von Protokollen. Protokolle mit „Gesprächen", die ich bereits monatelang mit den staatlichen Organen führen musste. Vor ihm lagen ein DIN A4-Schreibblock und ein Kugelschreiber. Der Vernehmer schaltete das Tonbandgerät ein und sein Verhör, das er zusätzlich mitschrieb, begann. Für mich ist das alles noch so gegenwärtig, als wenn es gestern geschehen wäre. Deshalb bin ich auch zu einer relativ guten Wiedergabe in der Lage. Erinnerungen, die sich eingebrannt haben. Für den Rest des Lebens gespeichert sind.

Er begann mit der Frage: „Wissen Sie, wo Sie hier sind?" Sein aggressiver Ton signalisierte mir, dass ich sehr vorsichtig sein musste. Ich antwortete: „Nein." „Sie befinden sich hier in der Untersuchungshaftanstalt des Ministeriums für Staatssicherheit!" Mir lief ein kalter Schauer über den Rücken. Es wurde ernst. Hier war ich in der Höhle des Löwen. Die Umfassungsstraße, in der sich diese U-Haftanstalt befand, kannte ich. Einige Male hatte ich einen Musikerkollegen besucht, der in dieser Straße wohnte. Der Vernehmer fragte weiter. „Sie wissen, warum Sie hier sind?" Ich verneinte. „Sie haben einen Antrag auf Übersiedlung in die BRD gestellt?" Ich antwortete: „Ja." „Ist Ihnen bekannt, dass das rechtswidrig ist?" „Nein."

Es entwickelte sich ein pingpongartiger Dialog. Ein Katz-und-Maus-Spiel begann. „Sie wollen also zu Ihrem Bruder und Ihrer Großmutter?“ Ich antwortete: „Ja, im Rahmen einer Familienzusammenführung, und ich berufe mich dabei auf die Schlussakte von Helsinki, die ja von der DDR-Führung unterschrieben wurde.“ Leicht grinsend sagte er: „Wo haben Sie denn das her? Wieder eine Fehlinterpretation westlicher Medien. Familienzusammenführung? Familienzusammenführungen können nur – wenn überhaupt, und das auch nur in Sonderfällen – bei engster Familienzusammengehörigkeit genehmigt werden.“ Das hieß: nur bei Ehepaaren und deren Kindern.

Es folgten Fragen, die ich schon viel zu oft hören und beantworten musste. „Wie war Ihre Entwicklung in der DDR?“ „Warum hat die gesamte Gruppe *Magdeburg* einen Antrag auf Übersiedlung in die BRD gestellt?“ „Wer war der Rädelsführer?“ „Was haben Sie alles unternommen, um Ihr rechtswidriges Vorhaben zu verwirklichen?“ Warum? Mit wem? Wo? Wer? Was? Wie?

Sich wiederholende, stereotype Fragen. Meine Gründe und Antworten kannte er. Sie lagen als „Gesprächsprotokolle“ auf seinem Schreibtisch. Trotzdem, nochmals stundenlanges Fragen, wobei mir die Antworten im Mund umgedreht wurden. Nach der Darstellung meines persönlichen Werdeganges kam ich zum Wesentlichen: zu meiner Zeit als Bandleader der *Klosterbrüder*, die sich 1975 in Gruppe *Magdeburg* umbenennen mussten. Wir hatten als gesamte Band am 21. September 1981 unseren Ausreiseantrag gestellt, und ich hatte durch die darauf folgenden „Gespräche“ mit staatlichen Organen den Inhalt des Antrages verinnerlicht und eine gewisse Routine bei dessen Wiedergabe. Trotzdem war dieses Stasi-Verhör für mich außerordentlich anstrengend. Alles war offen. Inhaftierung oder Entlassung. Stundenlange Ungewissheit. Als ich mich zur fehlenden Reisefreiheit in der DDR äußerte, wurde mein Vernehmer – ein etwa fünfunddreißigjähriger, mittelgroßer MfS-Offizier – wütend. Reisefreiheit war für die

Staatsorgane immer ein Reizwort. Er sagte mir, dass man nicht alles haben könne. Forderungen nach Reisefreiheit waren für ihn kleinbürgerliches Denken; er warf mir vor, nicht in großen gesellschaftlichen Zusammenhängen denken zu können. Als ich mich wieder auf die Schlussakte von Helsinki berief, in der die freie Wahl des Wohnortes verankert war, winkte er nur ärgerlich ab. Das wäre nur möglich, wenn der „Klassenfeind" von seiner aggressiv-revanchistischen Politik abließe. Kurz und gut, die westdeutschen Imperialisten waren schuld. Der Frieden musste gesichert werden. Das politisch geschulte MfS hatte jederzeit Antworten auf alles. Jedenfalls bis Ende 1989. Bis zur Wende.

In Abständen – für mich völlig überraschend – kamen ein oder mehrere zusätzliche MfS-Offiziere ins Vernehmerzimmer. Unterschiedliche Typen. Sie musterten mich mit auffallendem Interesse. Kannten mich von der Gruppe *Magdeburg*. Ziel ihrer Anwesenheit war, die Fragen meines Vernehmers zu ergänzen, zu vertiefen, den psychischen Druck auf mich permanent zu erhöhen, mich zu verunsichern, zu verwirren und mir zu drohen. Stasi-Taktik.

Bedingt durch die für mich extrem belastende Situation musste ich sehr oft austreten. Nach Äußerung meines Bedürfnisses telefonierte mein Vernehmer. Kurz danach kam der wachhabende Posten und brachte mich – dabei musste ich die Hände hinter dem Rücken halten – zur Toilette. Die Tür musste immer offen bleiben. Beim MfS waren die Sicherheitsvorkehrungen aufwendiger als in den VP-Untersuchungshaftanstalten, deshalb mussten alle „Zuführungen" – auch die zur Toilette – durch eine installierte Ampelanlage freigegeben werden. Grünes Licht signalisierte „freigegeben" und rotes „Stopp". Bei „Stopp" musste ich mich mit dem Gesicht zur Wand stellen. Grund dieser Verfahrensweise: Kontakte mit anderen Personen sollten absolut verhindert werden. Visuell und verbal.

Nach etwa acht Stunden Verhör wurde der psychische Druck auf mich durch einen hinzukommenden Staatsanwalt enorm erhöht. Sein Aussehen erinnerte mich sofort an Adolf Eichmann. Lang, hager, Brillenträger, verbissener Gesichtsausdruck. Aggressiv kam er gleich zur Sache und sagte, dass ich mich auf dünnem Eis befände, das zu brechen drohe. Nur noch ein kleiner Fehler meinerseits und ich wäre weg vom Fenster. Im Klartext hieß das: Stasi-Knast.

Die Hauptangst der Stasi bestand darin, dass mein in der Bundesrepublik lebender Bruder Detlef sich an die Medien wenden könnte, um auf meine Situation hinzuweisen. Angst vor dem potentiellen Aufhänger: „Die DDR-Rockband *Magdeburg* will in den freien Westen!"

Ich hatte immer Angst vor einer möglichen Inhaftierung gehabt. Wollte nur raus. Raus aus der DDR. Und das legal und so problemlos wie möglich. An Aktivitäten meines Bruders, die mir hätten schaden können, war ich nicht interessiert. Nachdem mein Bruder 1978 mit einem gefälschten Pass über Budapest in den Westen geflüchtet war, hatte die Stasi mich verstärkt im Visier. Er hatte den Ruf, der beste Rock-Schlagzeuger der DDR zu sein; nach seiner Ankunft in West-Berlin berichtete die größte Berliner Tageszeitung über die spektakuläre Flucht des „Teufels-Schlagzeugers". Nach einem kurzen Intermezzo in Kurt Edelhagens Bigband und der Hauptrolle in einem Fernsehfilm spielte er in Herbert Grönemeyers Band; dass diese Karriere dem MfS gar nicht gefiel, versteht sich von selbst.

1982 waren die DDR-Bürger allerdings von Helmstedt noch weiter entfernt als von Wladiwostok. Doch schon in dieser Zeit konnte fast niemand mehr die enormen Widersprüche zwischen Theorie und Praxis des DDR-Systems übersehen.

Ich sah mich nicht als Feind des Sozialismus. Ganz abgesehen von beruflichen Schwierigkeiten war mir die DDR einfach zu klein und zu eng geworden. Reisefreiheit, ein für die DDR-Bürger immer relevantes Thema, wurde auch von dem MfS-

Staatsanwalt im Verhör als „kleinbürgerlicher Unsinn" abgetan. Ich sagte ihnen, dass ich nicht verstehen könne, wie man im 20. Jahrhundert, in dem man in mehr oder weniger Stunden jeden Punkt der Erde per Flugzeug erreichen kann, dazu gezwungen wird, nur in einem Land sein zu müssen.

Später, nachdem es die DDR nicht mehr gab, konnte ich aus meiner Stasi-Akte entnehmen, dass man mich nie in den Westen gelassen hätte, und das hing nicht zuletzt auch mit der gelungenen Flucht meines Bruders zusammen. Die enorme Einschränkung der Reisefreiheit hat sicherlich auch mit zum Untergang der DDR beigetragen.

Jegliche Diskussion mit den Stasi-Leuten über dieses Thema war sinnlos. Das ganze Verhör war sinnlos. Zeitverschwendung. Als „Schild und Schwert" der Partei der Arbeiterklasse hatten sie ihren unumstößlichen „Klassenstandpunkt", und stalinistischer Dogmatismus war ihnen nicht fremd.

Nach etwa vierzehn Stunden Verhör musste ich das handgeschriebene Protokoll des Vernehmers lesen und dann jede Seite einzeln unterschreiben. Mit den Worten: „Herr Kessler, noch ein kleiner Fehler und wir ziehen unsere Glacéhandschuhe aus!" wurde ich dann auf die Straße entlassen.

Verängstigt, gestresst und wie unter Drogen ging ich zur Straßenbahn. Zuhause warteten schon meine Frau, mein Sohn und unsere Nachbarin. Alle redeten erregt auf mich ein. Ich erfuhr, was in meiner Abwesenheit passiert war.

Die Kripobeamten hatten meine Frau bewusst aus der Wohnung gelockt, damit das MfS tätig werden konnte. Renate nahm beim Kripoverhör kein Blatt vor den Mund. Sie hatte sofort begriffen, dass alles inszeniert war. Raffiniert und für uns unberechenbar. Die Stasi zog ihre Fäden und wir befanden uns in ihrem Spinnennetz. Der Sachverhalt, den man klären wollte, war der, dass mein Sohn angeblich obszöne Telefonate geführt haben soll. Meine Frau sagte dem Verhörer ganz direkt, dass das, was hier abläuft, eine große Schweinerei sei, denn unser Sohn war viel zu jung, um Derartiges zu tun. Renate stand mehrmals auf, um den Raum zu verlassen. Nach ihrer resoluten Bemerkung: „Mir ist Ihr abgekartetes Spiel hier zu dumm" fragte der Kripovernehmer – obwohl er wusste, dass wir Antragsteller waren – scheinheilig: „Was ist denn bloß bei Ihnen zu Hause los? Wir holen jetzt Ihren Sohn von der Schule zwecks einer Gegenüberstellung." Meine Frau schrie: „Lassen Sie den Jungen aus diesem Spiel."

Renate konnte dann nach einiger Zeit hören, wie Sven im Nebenraum verhört wurde. Sie machte sich durch lautes Husten bemerkbar, damit er nicht allzu große Angst haben sollte. Als ihn zwei Kripomitarbeiter von der Schule abholten, war er guter Dinge und verabschiedete sich schon von seinem Freund mit den Worten „Jottel, mach's gut, jetzt geht's los!" Ein kindlicher Irrtum. Renate bemerkte, dass das Verhör bewusst in die Länge gezogen wurde, und das hatte auch seinen Grund. Nachdem sie von der Kripo und ich von der Stasi abgeholt worden war, begann das, was ich in meiner Stasi-Akte 1995 unter der Überschrift: *„Aktenvermerk über Vorbereitungsmaßnahmen zur Organisierung des Schlüssels zum Einbau der B-Technik zum OV ‚Lügner'"* lesen konnte.

Ich will hier nicht den ganzen Inhalt wiedergeben. Nur so viel: Die Stasi wollte in den Besitz des Haustürschlüssels unseres Sohnes gelangen. Dabei wurden sie von der Direktorin der POS[2] „Wilhelm Pieck" tatkräftig unterstützt und eine seitenlange Legende ausgearbeitet. Die Schüler mussten das Klassenzimmer verlassen, weil man nach „pazifistischen Erscheinungen" suchen wollte. Nach Plakaten und Aufnähern mit der Aufschrift „Schwerter zu Pflugscharen". Der Einfluss der Kirche sollte eingedämmt werden.

Nachdem die Schulklasse draußen war, entnahm die Direktorin den Haustürschlüssel meines Sohnes aus seiner Schulta-

[2] *Polytechnische Oberschule*

sche und übergab ihn der Stasi. Bei allen Problemen, die es in der DDR gab, so etwas klappte.

Ein Stasi-Sonderkommando drang jetzt in unsere Wohnung ein, schnüffelte, suchte nach Beweismaterial, machte diverse Fotos und installierte eine Abhöranlage. Kopiertes „Beweismaterial“ und Fotos fand ich später in meiner Stasi-Akte.

Nach dem Schock dieser ersten Verhaftung war Angst mein ständiger Begleiter. Angst vor erneutem Klingeln, Angst vor der Stasi.

Nach einem Jahr mit dieser psychischen Belastung kamen sie wieder – wie immer überfallartig – und holten mich für längere Zeit in ihren Stasi-Knast.

1995 konnte ich dann in meiner fünftausend Seiten umfassenden Stasi-Akte lesen, dass unser Telefon abgehört worden war. Jedes mitgeschnittene Telefonat wurde seitenlang ausgewertet. Stasi-„Big Brother“. Wir ahnten das, und der Inhalt unserer Telefongespräche verlor sich deshalb meistens in Belanglosigkeiten. War es wichtig für die Stasi, welchen Frisör meine Schwägerin aufsuchen wollte? Derartige Themen wurden von der Stasi in akribischer Kleinarbeit aufgezeichnet. Stundenlange Arbeit und Aufwand wegen Nichtigkeiten. Was hätten diese Leute in der Produktion leisten können! Bei jedem Unternehmer, der so uneffektiv arbeitet, ist Konkurs vorprogrammiert. Die DDR ließ sich ihre „Sicherheit“ viel kosten.

Weiterhin konnte ich meiner Stasi-Akte auch entnehmen, dass meine Familie und ich von einem Hausbewohner, der ein pensionierter Stasi-Mann war, bespitzelt wurden. Er war nett, aber sehr neugierig. Laut Stasi-Akte versuchte er sich in sehr gewagten Interpretationen. So beobachtete er einmal meine Frau und mich, als wir mit dem Auto wegfahren wollten. Meine Frau stand am Pkw und ich packte trotz einer Fingerverletzung einige Utensilien ein. Daraus schlussfolgerte er, dass unsere Ehe vor der Scheidung stünde. Nach der Wende lief er mir bei einem Besuch in Magdeburg über den Weg. Seine Freundlichkeit war nach wie vor bemerkenswert. Für einen Smalltalk war er immer zu haben. Mittlerweile ist er an Kehlkopfkrebs verstorben.

Nach fünf Tagen Aktenstudium in der Gauck-Behörde musste ich aber feststellen, dass er nicht der einzige „IM“[3] war, den die Stasi auf uns angesetzt hatte. Auch mein jüngerer Bruder Jürgen, der Soloposaunist am Berliner Sinfonieorchester ist, wurde vom MfS abgehört.

Genug Stoff für ein weiteres Buch.

---

[3] *Informeller Mitarbeiter*

Die verdammte Grenze

Halbdunkles Niemandsland. Nebelschwaden ziehen auf und angstvolle Spannung liegt in der Luft. Frösche quaken. Es riecht nach Moor. Ich sitze auf dem Rücken meines Vaters. Er fordert mich auf, keinen Laut von mir zu geben. Umringt von hohem Schilfgras geht er in die Knie. Zwei russische Grenzposten gehen mit geschulterten Maschinenpistolen an uns vorbei. Wir atmen auf, hatten wieder einmal Glück und blieben unbemerkt. Fünfzehn Minuten später saßen wir am Tisch meiner Großeltern in Lübeck.

Diese kleine Episode ist eine meiner ersten Kindheitserinnerungen. Angst war – insbesondere im Sperrgebiet – immer ein latent vorhandenes Gefühl. Auch als Kind merkt man sehr schnell, wovor Erwachsene Angst haben. Sie hatten die Nazizeit überstanden und mussten sich jetzt in einer neuen Diktatur zurechtfinden.

Überlebensprinzip war: Vorsicht bei politischen Themen, nicht auffallen, sich anpassen, sich klein machen, Verhaltensweisen, die mehr oder weniger verinnerlicht wurden. Bei damaligen „schwarzen" Grenzübertritten erhielt mein Vater ab und zu auch einmal einen Gewehrkolben in den Rücken und meine Mutter musste einmal vierundzwanzig Stunden in einem Russenbunker verbringen.

Trotzdem, bei den späteren DDR-Grenzern, die die Russen ablösten, wurde es viel schwieriger, die Grenze ohne Probleme zu überwinden.

Ostern 1949 ließen mich Rotarmisten sogar einmal zu meinen Großeltern, die auf der westlichen Seite des Grenzgrabens standen und mir Süßigkeiten in meinen kleinen Rucksack legten.

Im Grenzgebiet entstand zwischen Ost und West ein reger Tauschhandel. Besonders begehrt war bei den Bewohnern meiner Heimatgegend westlicher Kaffee und Kakao.

Manchmal befand sich dabei auch unter der Oberfläche des Kaffees Sägemehl.

Ich empfand die Situation im Sperrgebiet immer als äußerst schizophren.

Mein Urgroßvater, ein Lübecker, hatte sich in den 20er Jahren – man könnte fast sagen, am Stadtrand von Lübeck – bewachsenes Land gekauft, es an Wochenenden in mühseliger Kleinarbeit urbar gemacht und ein Haus darauf gebaut. Meine Mutter, die im Zentrum von Lübeck aufwuchs, verbrachte ihre Ferien immer bei meinen Urgroßeltern in wunderbarer Natur. Wasser, Wiesen, Wald und immer frische Luft. Die Liebe zur Natur hat meine Mutter nie verlassen. Während ich die Chronik meines Heimatdorfes, die meine Mutter mir und ihren anderen drei Söhnen Weihnachten 2000 schenkte, las, war ich erschüttert, in welch ärmlichen Verhältnissen die Menschen früher lebten und wie hart sie gearbeitet hatten.

Meine Mutter sprach mit ihren Großeltern ausschließlich „Plattdeutsch". Durch das ständige Hören könnte ich mich noch heute in diesem niederdeutschen Dialekt unterhalten. Auch in Ostpreußisch, denn die Anzahl der Flüchtlinge in meiner unmittelbaren Umgebung war außerordentlich hoch.

Mein Vater war gegen Ende des Zweiten Weltkrieges in Norddeutschland gelandet. In Schlutup steckte er seine Uniform in einen Bäckerofen, zog Zivil an und kam mit einem Kameraden nach Palingen. Dieser, ein Offizier namens Bratosewitsch, der aus Wien kam und im Zivilberuf Mathematikprofessor war, prophezeite ihm, dass hierher, kurz vor Lübeck, bald die Russen kämen und kommunistische Verhältnisse entstehen würden. Er sagte noch, dass man dann von Lübeck überall hinreisen könne, nur nicht nach Palingen.

Ein weitsichtiger Mensch.

Nachdem er einen Ausweis auf den Namen E. Steffens gefunden hatte, setzte er sich nach Argentinien ab. Jahre später kam er aber nach Deutschland zurück.

Mein Vater lernte meine Mutter kennen, die den sehr Erkrankten erst einmal gesund pflegte. Das Schicksal nahm seinen Lauf. Im April 1945 waren die Engländer bis Wismar vorgerückt und am 1. Juli kamen dann, wie im Potsdamer Abkommen vereinbart, die Russen auch in dieses Gebiet, der Grenze zwischen Mecklenburg und Schleswig-Holstein. Der Grenze zwischen Ost und West. Einer Grenze, die Welten trennen sollte. Den „Eisernen Vorhang".

Die Kommunisten waren schnell. Die Gruppe „Ulbricht" – aus der Sowjetunion kommend – begann sofort, ihr System zu installieren. Ulbricht, ein machtbesessener Dogmatiker mit fanatischer Durchsetzungskraft, hatte in Moskau unter Stalin Erfahrungen gesammelt. Wie skrupellos er dabei vorging, wird von Mario Frank in seinem Buch „Walter Ulbricht – Eine deutsche Biographie" sehr gut beschrieben. Erich Honecker, der viel von Ulbricht gelernt hatte, entmachtete ihn später mit den gleichen radikalen Methoden, die Ulbricht gegen Freund und Feind angewandt hatte.

Nächster Einschnitt: Am 21./22. April 1946 wurden die SPD und KPD zur SED zwangsvereinigt.

Zahlreiche SPD-Mitglieder, die sich dem widersetzten, landeten als „Klassenfeinde" in „neuen" Lagern. In ehemaligen KZs, die wieder gebraucht wurden. Für wirkliche oder vermeintliche Naziverbrecher, kleine Mitläufer und auch junge Unschuldige. Viele von ihnen sah man nie wieder.

In unserem Nachbarort wurde der Ortsbauernführer abgeholt, ein älterer kranker Mann. Ein Mitläufer, der nie zurückkam. Es war die Rache der Sieger, die zum Teil verständlich war. Aber nur zum Teil.

Von den über 150 000 in den Speziallagern der SBZ[4] einsitzenden Menschen verstarben 43035 in der Haft. Verurteilt worden waren nur um die zehn Prozent.

In meinem Heimatort wurde sofort ein Kommunist als Bürgermeister eingesetzt. Als dieser dann in der Dorfkneipe im angetrunkenen Zustand damit prahlte, dass er neben seiner Dienstpistole noch eine andere hätte, verschwand er für fünf Jahre ins Zuchthaus Bautzen. Zurück kam er als gebrochener Mann. Ein weiterer Schicksalsschlag war für ihn, dass sein Bruder von einem russischen Offizier erschossen wurde, weil er diesem sein Fahrrad nicht aushändigen wollte. Sein Beteuern, dass er Kommunist und Antifaschist sei, interessierte den Rotarmisten nicht.

Nach seiner Entlassung aus dem „Gelben Elend“ von Bautzen lebte der Ex-Bürgermeister nicht mehr lange.

Ich möchte aber auch nicht verschweigen, dass ein kriegsbehinderter Verwandter aus Mölln von einem angetrunkenen englischen Soldaten erschossen wurde, als er darum bat, seine Uhr behalten zu dürfen.

In der bekanntesten Berliner Tageszeitung vom 15. Mai 2001 war zu lesen, dass der PDS-Bundesgeschäftsführer zu den SPD-Mitgliedern von 1946 geäußert hatte: „Die Mehrheit – um das ausdrücklich zu sagen – ist 1946 freiwillig in die Zusammenarbeit von SPD und KPD gegangen.“ Diesbezüglich werden wohl einige SPD-Mitglieder anderer Meinung sein, denn allein zwischen 1948 und 1950 mussten 2000 Demokraten in Gefängnisse.

Walter Ulbricht, gegen den sich Anfang der 50er Jahre eine innerparteiliche Opposition gebildet hatte, konnte nur durch den Arbeiteraufstand vom 17. Juni 1953 politisch überleben. Moskau brauchte ihn weiterhin und ließ ihn nicht fallen. Gnadenlos ging er jetzt gegen alle „Konterrevolutionäre“ vor. Un-

---

[4] *Sowjetische Besatzungszone*

ser Bassist von der Gruppe *Magdeburg* erzählte mir einmal, dass man nach dem 17. Juni 1953 auch einen Einwohner seines Heimatortes abgeholt hatte. Zurück kam nur ein Sarg, der nicht geöffnet werden durfte, weil sich in ihm nur noch ein Matsch aus Fleisch, Knochen und Blut befand.

Während der Zeit des 17. Juni 1953 hatten viele DDR-Bürger auf die Wiedervereinigung Deutschlands gehofft. Insbesondere auch die Menschen im Sperrgebiet. Das war naiv.

Die Erlebnisse meiner Kinder- und Jugendzeit würden mit Sicherheit ein Buch füllen. Ich will mich aber ganz bewusst nicht zu sehr vom Thema „Stasi-Knast" entfernen. Trotzdem sind einige Episoden, Gedanken und Erinnerungen notwendig.

Die politische Indoktrination der neuen Machthaber begann, genau wie bei den Nazis, schon in frühester Kindheit. Der Weg in die Pionier-Organisation und anschließend in die FDJ[5] war vorgegeben. Ich erinnere mich, dass wir in der 1. Klasse ein Lesebuch hatten, in dem es um das Leben der Menschen in der Volksrepublik China ging. Abbildungen mit glücklich arbeitenden Menschen sollten die kindlichen Texte bereichern. Es mag naiv klingen, aber diese Bilder behält man im Kopf. Sie sind lebenslang gespeichert. Von den Verbrechen Mao Tse-tungs hat damals vielleicht keiner gewusst. Wenn doch, dann durfte das auch nicht ansatzweise erwähnt werden. Noch heute ist die Einhaltung von Menschenrechten in China ein Problem.

Die westlichen Studenten der 68er-Bewegung, die mit Mao-Transparenten durch die Straßen zogen, waren wahrscheinlich genauso naiv wie wir. Sie wussten nicht, was sie taten.

Bis zu seinem Tod gehörte insbesondere auch Stalin in der DDR zu den „gottähnlichen" Wesen. Personenkult ohne Maß. Lenin, Stalin, Hitler, Mao, Pol Pot… Wie viele Menschenleben

[5] *Freie Deutsche Jugend*

haben diese Tyrannen auf dem Gewissen? Unzählige Millionen. Unvorstellbare Dimensionen. Was haben Menschen durchgemacht, die erst an Hitler glaubten und dann an Stalin? Von einer Diktatur in die andere. Die dann immer noch an den Sozialismus glaubten – und davon gab es nicht wenige –, werden den Untergang der DDR sicherlich nie richtig verkraften.

Um bei den Bildern zu bleiben: Zur Jugendweihe erhielten wir das Buch „Weltall, Erde, Mensch". Auf der vierten Umschlagseite dieses Buches waren glücklich arbeitende Menschen auf einer grünen Wiese zu sehen. Im Hintergrund eine Fabrik mit rauchenden Schornsteinen. Ein Arbeiter- und Bauernparadies.

Die verdreckte und unerträgliche Luft von Bitterfeld und Leuna und auch der krank machende Uranabbau im Erzgebirge waren damals und auch später keine Themen. „Grüne" hätten in der DDR keine Chance gehabt. Sie wären ganz schnell von der Straße verschwunden. Wohin, ist klar.

Gut erinnere ich mich noch an die vielen sowjetischen Filme, die wir damals sahen. „Der Marinedolch", „Die Neunzehn", „Wie der Stahl gehärtet wurde"...

Die Welt war ganz klar eingeteilt in „Gute" und „Böse", in Kommunisten und Klassenfeinde. Klassenkampf als Lebenssinn. Mit Schwarzweiß-Denken bin ich aufgewachsen. Nach dem Motto: Wer nicht unser Freund ist, ist unser Feind. Viele Erinnerungen aus meiner Kinder- und Jugendzeit mögen naiv klingen. Sie sind aber Puzzlesteine eines komplexeren Bildes.

Durch die vielen Flüchtlinge und Vertriebenen aus den ehemaligen deutschen Ostgebieten hatte sich die Sozialisation auch in meinem Heimatort wesentlich verändert. Bereits 1944 kamen die ersten mit Pferden bespannten Trecks aus Ostpreußen und Pommern. Millionen von Menschen suchten eine neue Heimat. Hoffentlich die letzte Völkerwanderung für Deutsche. Man hörte neue Namen: Lewitzi, Twardowski,

Stutzki, Symanzik, Skoluda, Abramowski… Die Menschen des bisher größten Flüchtlingsstroms in der Geschichte und Leidtragenden der ethnischen Säuberungen kamen aus Ost- und Westpreußen, Pommern, Schlesien, dem Sudetenland, der Hohen Tatra, Bessarabien, der Dobruscha… Im offiziellen Sprachgebrauch hießen sie – verschleiern konnten die neuen Machthaber schon damals ganz gut – „Umsiedler"; aus Königsberg war Kaliningrad geworden.

Es war nicht einfach, diese vielen Menschen zu integrieren, ihnen ein neues Zuhause zu geben. Deutschland war kleiner geworden und musste Millionen von Menschen aus den verlorenen Gebieten unterbringen. Die Flüchtlinge wurden von den Besatzungsmächten in alle Zonen verteilt.

Auch dadurch gab es viele Ostdeutsche mit Westverwandtschaft. Ein Problem mehr für die spätere DDR.

Ich habe viele dieser Menschen immer bewundert, die mit großer Energie ein neues Leben aufbauten. Einige von ihnen habe ich sogar als sehr lebensfroh in Erinnerung. Aber nicht alle. Die älteste Tochter unserer Nachbarsfamilie Haase, die mit Pferd und Wagen geflüchtet war, ging allein nach Ostpreußen zurück. Ihr Heimweh war zu groß. Nach ungefähr drei Jahren wurde sie dann endgültig ausgewiesen. Ihr Bruder, der zu meinen Spielkameraden gehörte, war auf der „Gustloff", die 1945 von Danzig mit Frauen und Kindern an Bord in Richtung Westen fuhr, geboren worden.

Ich erinnere mich auch an einige Ostpreußen, die man nach dem Einmarsch der Roten Armee nach Sibirien verschleppt hatte und erst Jahre später entließ. Diese historische Wahrheit soll und darf keine Relativierung deutscher Verbrechen sein.

Verlust der Heimat – nicht jeder hat das verkraftet. In besonderen Situationen ist Solidarität gefragt. Die gab es nicht immer, aber sie gab es. Danach auch oft jahrelange Dankbarkeit.

In meinem Elternhaus war Familie Roth, die aus der Hohen Tatra kam, einquartiert. Meine Mutter unterstützte sie nach ihren Möglichkeiten. Damals ging es primär um Essbares. Noch heute erhält sie aus Dankbarkeit Obst, Gemüse, Eier... Eine menschliche Geste, die trotz der heute übervollen Einkaufsregale viel aussagt. Nicht wenige Flüchtlinge werden es sicherlich bereut haben, dass sie nicht einige Kilometer weitergezogen sind.

Im Gegensatz zu den neu Zugezogenen flüchteten viele Einheimische in Richtung Westen. Alle Großbauern, die über 100 ha Land besaßen, wurden von den neuen Machthabern enteignet und ihr Land im Rahmen der Bodenreform an Neubauern, die dann jeweils um die 10 ha erhielten, verteilt.

Ein Slogan aus dieser Zeit war: „Junkerland in Bauernhand". Hauptaufgabe in dieser Nachkriegszeit war es, die Versorgung der Bevölkerung mit Lebensmitteln zu sichern. Und das funktionierte auch ganz gut, weil viele Neubauern hochmotiviert waren. Später mussten diese den „Landwirtschaftlichen Produktionsgenossenschaften"[6] beitreten, und das nicht selten mit staatlicher Gewalt. Ein Kapitel für sich. 1961 war die „sozialistische Umgestaltung" der Landwirtschaft abgeschlossen.

Unser Geschichtslehrer äußerte einmal, dass er keiner von der LPG wäre, und wollte damit zum Ausdruck bringen, nicht so ungebildet zu sein wie die LPG-Bauern. Im Unterricht stellte er sich allerdings als hundertprozentiges SED-Mitglied dar und betonte immer wieder die führende Rolle der Arbeiter- und Bauernmacht.

In Erinnerung ist mir auch noch der Spruch: „Von der Sowjetunion lernen, heißt siegen lernen."

Doch nach dem Vorbild des „Großen Bruders" zu verfahren hatte oft katastrophale Folgen, wie beispielsweise bei den Rin-

---

[6] *LPG*

deroffenställen, die nicht funktionieren konnten, weil die Tiere die ungeschützte Unterbringung nicht vertrugen.

Eines konnte man von den Kommunisten lernen: Argumente zu ihren Gunsten fanden sie immer. Nicht umsonst gibt es in einigen Gegenden der ehemaligen DDR eine relativ große PDS-Wählerschaft. Auch da, wo ich groß geworden bin.

In der 10. Klasse fand ich in der Schulbibliothek einmal ein Buch über Menschenrassen, in dem der „Sowjetmensch", weil er angeblich schon im Kommunismus lebte, als besondere „Rasse" dargestellt wurde. Ist es die, die heute auf Tschetschenen schießt? Ich bin mir sicher, dass alte Genossen sofort den Spruch parat hätten: „Das Sein bestimmt das Bewusstsein."

Zu meinen frühen Erlebnissen gehört auch, dass ein Mitschüler und ich auf dem Weg zur Schule von einem russischen Postenpaar, das noch die alten Maschinenpistolen mit den Trommelmagazinen hatte, Machorka erhielten, den sie in einer Dose hatten. Es war weniger Tabak, eher kleine, gehäckselte Stücke von irgendwelchen Kräutern, die in Zeitungspapier, in diesem Fall von der „Prawda", gedreht wurden. So schmeckte es auch.

In der Regel waren die Russen zu uns Kindern freundlich.

Im Gründen von neuen Parteien und Organisationen waren die DDR-Organisatoren unschlagbar. Nicht zu vergessen, die DDR wurde am 7. Oktober 1949 gegründet. Eine dieser Organisationen, deren Mitglied man oft zwangsläufig wurde, war die DSF[7]. Völkerfreundschaft ist erstrebenswert. Ich weiß aber, dass viele Menschen beim Eintritt in die DSF sehr gemischte Gefühle hatten. Sie mussten im Kopf „umschalten". Der größte Feind wurde zum größten Freund. Russische Soldaten, die deutsche Frauen und Töchter massenweise vergewaltigt hatten, sollten von heute auf morgen Freunde sein?

---

[7] *Deutsch-Sowjetische Freundschaft*

Die Massenvergewaltigungen durch Soldaten der Roten Armee waren in der DDR immer ein Tabu-Thema, obwohl sie beim Volk kein Geheimnis waren, und das konnte man auch vor Kindern nicht verheimlichen. Alle wussten es, aber keiner wagte etwas zu sagen.

Keine Frage: Die Deutschen hatten – mit ihrem mörderischen Eroberungskrieg – unermessliches Leid über die Völker der Sowjetunion gebracht. War die Rache der Sieger verständlich? Solche Fragen blieben ohne Antwort, wurden erst gar nicht laut gestellt. Ich kann und will dieses Thema hier nur kurz anreißen. Ehemalige Genossen, die heute vielleicht immer noch Genossen sind, werden bei diesem Thema leicht arrogant lächeln und denken: Der Klassenkampf erfordert auch Verschweigen von geschichtlichen Tatsachen. Ich will objektiv sein. In meiner Kindheit wurde in meinem unmittelbaren Umfeld erzählt, dass in Bad Kleinen zwölf russische Vergewaltiger auf Befehl ihrer Vorgesetzten erschossen wurden. Das ist auch passiert. Aber wie gesagt, slawisch und asiatisch aussehende Gesichter von Mitschülern verrieten, dass die Väter Angehörige der Roten Armee waren. Ein offenes Geheimnis. Für uns Kinder war das aber kein Problem. Ein Freund von mir war auch Halbrusse. Ein anderer mit mongolischem Aussehen lebte bei seinen Großeltern. Seine Mutter hatte sich in den Westen abgesetzt.

Aufgrund von Medikamentenmangel sind einige Frauen aus meiner Heimatgegend an den Spätfolgen von Geschlechtskrankheiten verstorben.

Noch eine Episode aus meiner Schulzeit: Ich war bereits in der 9. Klasse. Sowjetsoldaten hatten im Wald ein Zeltlager aufgeschlagen. Wir Jungen und Mädchen liefen auf dieses Lager zu. Es war natürlich jugendliche Neugier. Nach vier Jahren Russischunterricht wäre auch eine einfache Konversation mit den Soldaten möglich gewesen. Aber es kam anders. Unser Schuldirektor, der zufällig vorbeifuhr, stoppte sein Auto, lief uns ängstlich erregt hinterher und rief uns fast flehentlich zurück. Damit ist alles gesagt. Er war zwar SED-Mitglied, aber mit Kriegs- und Nachkriegserfahrungen. Ihm, Rudi P., habe ich es zu verdanken, dass ich später Abitur machen durfte. Ironie. Als ich noch ein sehr guter Schüler und vielleicht ab und zu vorlaut war, mochte er mich nicht. Später, als meine Leistungen nachließen, wurde ich ihm sympathischer. Als ich ihn einmal fragte, was denn der Sinn des Lebens sei, sah er mich ein wenig fassungslos an. Seine Antwort war aber nicht, für den Aufbau des Sozialismus zu leben oder für Nachkommen zu sorgen, er meinte nur: „Das ist eine interessante Frage." Eine Antwort, die man von einem Schuldirektor hätte erwarten müssen, blieb er mir schuldig. Das war zum Teil nicht ganz unverständlich, denn seine Generation hatte während des Krieges und danach wenig Zeit, sich mit diesem Thema auseinanderzusetzen, weil es oft nur um das nackte Überleben ging. Anderen Menschen in meinem unmittelbaren Umfeld ging es ähnlich.

Mich hat aber die Frage nach dem Sinn des Lebens – wie sicherlich auch viele andere im Pubertätsalter – sehr interessiert, fast wie eine Urgewalt überfallen. Woher komme ich? Wohin gehe ich? Wer bin ich? Sehr vereinfacht ausgedrückt: Warum bin ich auf dieser Welt? Was soll ich mit meinem kurzen Leben anfangen? Diese Fragen finde ich auch heute noch interessant. Letztendlich werden wir ohne unseren Willen in diese Welt hineingeboren und sind allein. Wir sind zum Teil genetisch determiniert und werden dann durch unser soziales Umfeld und unsere Erziehung geprägt. Viele geben vor, nur das Beste für uns zu wollen, und wir werden von ihnen entsprechend manipuliert. Leider steht das oft im Widerspruch zu dem, was man selber will, denn das wird nicht selten verdrängt und verschüttet. Ich glaube aber, dass es doch etwas gibt, was man als einmaliges „Ich" bezeichnen könnte, einen vorbestimmten Weg, den jeder von uns gehen sollte.

Im Alter von vierzehn oder fünfzehn Jahren begann ich mich auch für die Dimensionen und Geheimnisse des Universums zu interessieren. Insbesondere die Unendlichkeit ist nicht vorstellbar. Genauso wenig der Urknall und dass das beobachtbare Universum schätzungsweise hundert Milliarden Galaxien enthält und in der Milchstraße rund fünfzig Millionen bewohnbare Planeten wie die Erde existieren könnten.

Später schien mir manchmal die menschliche Psyche genauso rätselhaft zu sein.

Geschichte, Politik und auch neuere Philosophie gehören seit frühester Jugend zu meinen Interessensgebieten, und ich glaube, dass zum Wesen dieser Welt primär Widerspruch und Ambivalenz gehören. Das heißt auch: Wenn ein Mensch den Mund aufmacht, werden seine Aussagen immer nur subjektiv und begrenzt sein. Interessant ist es immer wieder, wenn mehrere Professoren in Talkshows über ein Thema diskutieren und ihre Meinungen oft extrem differieren. Wahrscheinlich stellen nur weise Menschen keine Fragen mehr.

Die Erfahrungen mit den Russen waren die ersten Erlebnisse, die die Bewohner der Ostzone und späteren DDR „runterschlucken" mussten, aber bis zum 9. November 1989 war es noch ein weiter Weg.

Besonders im Sperrgebiet der gesamten DDR kam es immer wieder zu unmenschlichen Repressalien. Bei der nächtlichen Aktion „Ungeziefer" erhielten 1952 einige Familien aus meinem Heimatort überfallartig von Mitgliedern der Stasi und Kampfgruppen den Befehl, einige Sachen zu packen. Lkws standen bereit, und die negativen Elemente wurden ins Hinterland, nach Vorpommern in die Gegend von Anklam verfrachtet. Was hatten sie verbrochen? Herr Jorek, ein Flüchtling, hatte im angetrunkenen Zustand ein falsches Wort fallen lassen. Ebenso Herr Kolz. Joreks Sohn litt auf dramatische Weise unter der Grenze. Er heiratete nach 1961 und ließ sich mit einem Taxi vom Standesamt Grevesmühlen nach Palingen fahren. Der ortsunkundige Taxifahrer bog in Selmsdorf falsch ab, befand sich dann auf der Straße nach Lübeck-Schlutup und fuhr mit erhöhter Geschwindigkeit in einen aufgerissenen Grenzsicherungsgraben. Er war sofort tot und das frisch getraute Paar schwer verletzt; ein sehr trauriger Anfang für eine Ehe. Ein schlechtes Omen? Vielleicht, denn die Ehe hielt nicht.

1961 kam die nächste Nacht-und-Nebel-Aktion. Sie hieß dieses Mal „Kornblume“. Das klang zwar besser als „Ungeziefer“, war aber genauso menschenverachtend. Hierbei kam es in unserer Gegend zu einem makabren Zwischenfall. Zwei Kampfgruppenmitglieder, die nichts von ihrem Schicksal ahnten, luden sich, ohne es zu wissen, gegenseitig das mitzunehmende Hab und Gut auf bereitstehende Lkws. Die Staatsmacht vertraute den eigenen Genossen nicht. Sie hatten von Stalin gelernt.

Aus meinem Heimatort, der Sperrgebiet war, wurden am 8. Juni 1952 die Familien Menkens, Horst, Kähler, Lüth, Mette, Soltau, Jorek und Kolz ausgewiesen. 1961 noch Frl. Rotter in ein kleines Nest auf Rügen, weil sie angeblich kirchliche Zeitschriften aus dem Westen erhalten hatte. In Schattin nahm sich der Sohn von ausgewiesenen Eltern das Leben, und als ein Vater mit seinem Sohn aus Lockwisch vor einer dieser Aktionen über die Wakenitz schwimmend die Bundesrepublik erreichen wollte, ertrank einer von ihnen. Durch die gewaltsame Ausweisung von Menschen in das Hinterland verlor die DDR aber viele durch Massenflucht in den Westen.

Nach 1945 hatten die neuen Machthaber auch die Großbetriebe enteignet und vergesellschaftet. Später, in den 50er Jahren, ging es auch den kleineren Privatunternehmern an den Kragen. Während der „Aktion Rose“, die vom 10. Februar bis zum 1. März 1953 stattfand und den meisten DDR-Bürgern nicht bekannt war, wurden 440 Hotels und 181 Gaststätten entlang der Ostseeküste und auch in Oberhof in Thüringen enteignet. Diese Immobilien wurden dann dem FDGB[8] eingegliedert. Wenn die staatlichen Organe bei diesem Schlag gegen „Schieber und Spekulanten" während ihrer Hausdurchsuchungen West-Zeitschriften, D-Mark oder Lebensmittel ohne Bezugsberechtigungsschein fanden, genügte das schon, um die Besitzer zu inhaftieren.

Ein Hotelbesitzer aus Kühlungsborn wurde zu 17 Monaten Haft verurteilt, weil er einen halben Sack Zucker und einige Dosen Farbe aus dem Westen besaß. Sein Hotel wurde zwangsverkauft. Der Schwiegervater meines Bruders, der ein Hotel in Graal-Müritz besaß, kam, obwohl man bei ihm nichts gefunden hatte, für ein halbes Jahr ins Zuchthaus Bützow. 1991 erhielt er sein Eigentum zurück.

Die Kommunisten waren nicht zimperlich bei der Durchsetzung ihrer Ziele. Die Folgen waren jedem damaligen DDR-Bürger vertraut. Urlaubsplätze an der Ostsee waren Mangelware und die Versorgung der Feriengäste war auch nicht immer zufrieden stellend. Nach der Wiedervereinigung hat sich das wesentlich verändert. Zum Positiven.

Vor 1961 war es noch möglich, Anträge zum Besuch westlicher Familienangehöriger zu stellen. Bei Genehmigungen, die immer langwierig und kompliziert waren, wurden die Besuche zu großen Ereignissen. Von Herrnburg nach Lübeck braucht man heute Minuten. Weniger als das. Am Ortsausgang von Herrnburg in Richtung Lübeck wohnte damals und wohnt auch noch heute ein guter Bekannter, Walter D., mit dem ich Musik machte. Ich besuchte ihn einige Male und konnte von seinem Haus aus die Häuser von Lübeck sehen. Nie hätte ich gedacht, dass ich diese Grenze einmal mit dem Auto in Sekunden passieren könnte. Wenn ich heute von Herrnburg nach Lübeck-Brandenbaum fahre, bitte ich meine Frau immer, auf

[8] *Freier Deutscher Gewerkschaftsbund*

die Uhr zu schauen. Ich brauche nur Sekunden. Für mich heute noch immer ein Erlebnis.

Vor 1961 allerdings war es von Herrnburg nach Lübeck eine kleine Weltreise. Man fuhr mit der Eisenbahn die Strecke Herrnburg-Bad Kleinen-Schwerin-Wittenberge-Schwanheide (Grenzbahnhof mit nervenden Kontrollen)-Uelzen-Lübeck. Komplizierter ging es nicht.

Gott sei Dank ist das Geschichte.

Meine Großeltern in Lübeck durfte ich einige Male sehen. 1956 war ich mit meiner Mutter legal zur Hochzeit ihres Bruders gereist. Ich werde nie vergessen, wie ich dort zum ersten Mal „Rock Around The Clock" von Bill Haley hörte. Ich war fasziniert und bin heute noch ein großer Fan von Rockmusik, die damals im Osten offiziell verpönt war. Aber auch im Westen gab es Diskussionen unter meinen Verwandten über diese „Negermusik". In der Schule hatte ich zu dieser Zeit – wie alle Schüler – den Auftrag erhalten, eine wöchentliche Wandzeitung zu gestalten. Subtiles war mir damals schon nicht ganz fremd. In einer DDR-Zeitung fand ich ein Bild meines Lieblingssängers Elvis Presley. Er wurde dort als „Heulboje" abqualifiziert. Das Bild war aber nicht schlecht und ich nahm es für die Wandzeitung. Das Pendant dazu mussten natürlich einige aktiven FDJler sein. Die Überschrift lautete: „Nicht so (Elvis), sondern so wollen wir leben (FDJler)". Unser Direktor meinte nur lakonisch: „Hoffentlich meinst du das auch so." Er hatte mich durchschaut. Jedenfalls hing Elvis Presley, wenn auch nur mit kleinem Bild, eine Woche lang in unserem Klassenzimmer.

Überhaupt hat uns damals die gesamte westliche Schlager- und Rockmusik begeistert. Man konnte sie über Radio Luxemburg und später über den Soldatensender hören, der in der DDR stationiert war und Westbürger politisch beeinflussen sollte. Rock'n'Roll vermittelte ein völlig neues Lebensgefühl. Ein Gefühl von Freiheit, Unabhängigkeit und Grenzenlosigkeit. Faszinierend, revolutionär und erotisch. Ohne die Texte zu verstehen, ahnte man, was Elvis Presley sang. Später kamen *The Beatles, The Rolling Stones, Cream, Jethro Tull, Santana, Jimi Hendrix, Deep Purple…*, Rockmusik, mit der auch die Jugend des Ostens aufwuchs.

Die DDR-Ideologen sprachen ja immer davon, dass Kultur zur „Reproduktion der Produktivkraft" beiträgt, und das sei nicht hoch genug zu bewerten. Für uns war das primär Westmusik. Dieser Tage las ich zufälligerweise, dass ein ehemaliger Ost-Berliner Vopo[9] zu einer Bewährungsstrafe verurteilt worden war. Er hatte damals einen Jugendlichen, der Westmusik öffentlich aus einem Kofferradio hörte, erschossen. Dies ist kein Witz, sondern traurige Wahrheit.

Ungern erinnere ich mich daran, wie wir im Auftrag der Schule „Ochsenköpfe", das waren nach Westen gerichtete Fernsehantennen, abbauen mussten. Gemeinsam entfernte ich bei einer derartigen Aktion eine „Westantenne" vom Hause des enteigneten Großbauern Menkens. Er war der erste, der in unserem Ort ein Fernsehgerät mit damals noch sehr kleiner Bildröhre hatte. Oft war ich mit meinem Bruder bei ihm zum Fernsehen.

In gewisser Weise war ich in meinem Heimatort immer mit dem Westen konfrontiert. Wenn man bei gutem Wetter auf einer Anhöhe stand, konnte man die Marienkirche von Lübeck sehen und an Silvester die abgefeuerten Leuchtraketen. Man hörte das Hupen von Autos und auch musizierende Blaskapellen in Lübeck-Brandenbaum.

Sehr stolz war ich damals auf neue Jeans, die mir meine Großeltern geschickt hatten. Meine Freude wurde aber sehr bald gedämpft. Ein unangenehmer Hilfspolizist forderte mich auf, den für mich sehr schicken Aufnäher von der Gesäßtasche der Hose zu entfernen.

---

[9] *Volkspolizist*

Auch bei normaler Umgangssprache musste man aufpassen. Als ich einmal zu einem Mitschüler äußerte: „Ich gehe zu Charly Horst", verbesserte mich ein fanatischer SED-Mann sehr bösartig: „Das ist ein volkseigener Betrieb." Horst, ein ausgebombter Matratzenfabrikant aus Lübeck, hatte gegen Ende des Zweiten Weltkrieges seine Firma in meinem Heimatort wieder aufgebaut. Systembedingt wurde sein Betrieb später enteignet. Meine Mutter war dort als Buchhalterin tätig. Bei „Charly Horst", dem volkseigenen Betrieb.

Dass dieser SED-Mann Claus meinen verdienten Sieg beim Radrennen eines Kinderfestes verhinderte, habe ich ihm sehr verübelt. Diese Ungerechtigkeit trieb mir Tränen in die Augen. In meiner kindlichen naiven Vorstellung waren Kommunisten absolut gute Menschen. Viele Jahre später war ich Zeuge einer ähnlich bornierten Begebenheit, wie ich sie mit „Charly Horst" erlebt hatte. Mitte der 70er Jahre saßen wir, die Gruppe *Magdeburg*, nach einem Konzertauftritt an der Hotelbar des „Kongreß" in Karl-Marx-Stadt. Neben mir Harry Jeske von den *Puhdys* und ein etwas älterer Kulturfunktionär. Ein Fan näherte sich uns und begann ein Gespräch. Mit derartigen Smalltalks waren wir vertraut, und sie waren in der Regel nicht unangenehm. Doch dieser Fan machte einen Fehler. Begeistert erzählte er, dass er gerade Ferien in der Tschechei gemacht hatte. Der Kulturfunktionär reagierte da-rauf – für uns nicht nachvollziehbar – äußerst empört und sagte erregt: „Das heißt nicht Tschechei, sondern ČSSR!" Es begann eine weniger angenehme, sinnlose Diskussion. Bei anderer Gelegenheit regten sich der Texter der Gruppe *Magdeburg* und seine Frau einmal darüber auf, dass ich Stettin statt Szczecin sagte.

Einige große Ferien verbrachte ich damals bei meiner Großmutter in Kassel. Sie waren traumhaft.

Kassel war zwar durch Bombenangriffe sehr zerstört – wir spielten noch in den Trümmern –, trotzdem begann in den 50er Jahren das berühmte Wirtschaftswunder zu wirken. Im

Gegensatz zum Osten eine andere Welt. Ich erinnere mich heute noch an Filme, die ich damals für 50 Pfennige besuchte und auch an die zweite Bundesgartenschau, die 1953 in Kassel stattfand. Unvergessen bleibt auch eine Busreise in die Rhön. Zum ersten Mal sah ich Segelflugzeuge und ein Kloster, in dem Mönche Bier brauten. Auch die „Wasserkuppe", die Quelle der Fulda, die durch Kassel fließt, war beeindruckend. Leider regnete es, und als ich zu schnell einen steinigen Abhang herunterlief, rutschte ich aus und verletzte mir beim Aufprall beide Knie.

Bei einem Ausflug in die Kasseler Berge kaufte mir einer meiner Onkel zum ersten Mal einen „Negerkuss". Nachdem er 1956 mit seiner Familie in die USA ausgewandert war, schickte er mir manchmal abgetragene Sachen seines Sohnes.

Jedes Mal, wenn ich von Kassel wieder nach Hause musste, zurück in mein langweiliges Heimatdorf, weinte ich. Aber meine Oma war schon zu alt und zu beschäftigt. Sie konnte mich nicht dabehalten. Für ihren kleinen Wohlstand haben meine Verwandten sehr hart gearbeitet. Ich sehe meine Oma immer noch vor mir, wie sie als Änderungsschneiderin zu Hause arbeitete. Harte Arbeit für relativ wenig Geld. Während des Zweiten Weltkrieges hatte sie Anker für Elektromotoren gewickelt.

Wenn ich heute in Kassel bin, kommt mir natürlich alles kleiner und provinzieller vor. Trotzdem werde ich diese schönen Wochen aus meiner Kinder- und Jugendzeit nie vergessen.

Die Langeweile in meinem Heimatort war oft sehr bedrückend. Was mich immer wieder aufbaute, war die Musik. Schon früh erhielt ich Klavier- und Geigenunterricht. Wie bei den meisten Kindern hielt sich meine Lust zum Üben in Grenzen. Erst als bei einem Schülerfest eine Band modernen Schlager und Rock'n'Roll spielte, erwachte mein Interesse für die Musik, das bis heute lebendig ist.

Ich gründete sofort eine eigene Band, in der ich Trompete spielte. Das Instrument lag mir sehr, und wir hatten die ersten kleinen Auftritte mit Achtungserfolgen. Einmal spielte ich allein auf einem Pferdeschlitten, mit dem ich durch mein Heimatdorf fuhr, Weihnachtslieder und vom Kirchturm in Herrnburg Kirchenlieder.

Später kaufte ich mir mit eigenem Geld – ich hatte dafür in den Ferien in der Malzfabrik Grevesmühlen gearbeitet – ein Saxophon. Das war 1961 während des Mauerbaus. Ich erinnere mich noch, wie beim Frühstück am 14. August 1961 ein etwa achtzehnjähriger Arbeiter sehr niedergeschlagen war und nur vom Mauerbau in Berlin erzählte. Intuitiv war mir klar, dass damit seine Fluchtpläne von Ost- nach West-Berlin gescheitert waren.

Von 1949 bis zum 13. August 1961 hatten 2,7 Millionen Menschen die DDR verlassen – ganze Dörfer waren entvölkert. Die Grenzen in Berlin waren da noch offen. Dieser Mauerbau war in den Tagen des August 1961 *das* Ereignis. Einmalig in der Welt. Ein Symbol der Niederlage. Jeder wusste, dass die DDR-Führung jetzt ihre Menschen zum Bleiben zwang. Der Kalte Krieg war auf seinem Höhepunkt.

An dieser unsäglichen Mauer fanden im ersten Jahr ihres Baus fünfzig Menschen den Tod, viele weitere sollten folgen. Die friedliche Revolution der DDR-Bevölkerung, die Ende 1989 den Mauerfall herbeiführte, ist für mich noch heute ein großes Wunder. Das Modewort aus dieser Zeit – „Wahnsinn“ – war nachvollziehbar.

Musikmachen wurde ab meinem fünfzehnten Lebensjahr zur großen Leidenschaft. Da mein Vater das Blasorchester der Kampfgruppen des Kreises Grevesmühlen leitete, musizierte ich schon relativ früh mit älteren, erfahrenen Musikern. Ich erinnere mich besonders an einige Naturtalente, die aus dem Sudetenland stammten.

Leider hatten die staatlichen Organe das bei uns traditionelle Ringreiten wegen „kapitalistischen Erbes“ verboten, aber am 1. Mai, 7. Oktober[10] und zu anderen feierlichen Anlässen musizierten wir in Marschkolonne, und abends machten wir Tanzmusik.

Seit dieser Zeit ist Musik ein bestimmender Teil meines Lebens. Aber trotz der Musik habe ich mich auf dem Lande nie richtig wohl gefühlt. Besonders die Ferienaufenthalte bei meiner Großmutter in Kassel hatten in mir eine große Sehnsucht nach anonymem Großstadtleben geweckt. Flackernde Reklame, pulsierendes Leben, Kino, Musikclubs, Rock'n'Roll... Für die DDR-Machthaber waren das nur dekadente Erscheinungen des Spätkapitalismus, der kurz vor seinem Untergang stand. Walter Ulbricht sagte in den 60er Jahren sinngemäß: „Wir können bei uns doch bessere Musik machen als diese Typen mit ihrem ‚Yeah Yeah Yeah'“. Nicht nur hier irrte er sich. Die *Beatles* waren damals ein Weltereignis und sind es heute noch. Erst in den 70er Jahren entwickelte sich so etwas wie eine DDR-spezifische Rockmusik mit durchaus hörenswerten Songs.

Jugendliche wollen eigene Erfahrungen machen und sich eigene Meinungen bilden. Sie müssen das auch. Natürlich sehe ich heute nicht nur das Großstadtleben weitaus differenzierter.

Vor meiner eigentlichen Inhaftierung durch das MfS wurde ich bereits in meiner Kinder- und Jugendzeit zweimal kurz inhaftiert. Vor 1961 standen im Grenzbereich zwischen meinem Heimatort Palingen und Lübeck noch einige Häuser im sumpfigen, moorigen Niemandsland, deren Bewohner in den Westen geflüchtet waren. Mein Freund Günter W. und ich begaben uns mit kindlicher Neugier in Richtung Westen. Wir mussten dabei einen umgepflügten Grenzstreifen überqueren. Unsere Fußspuren beseitigten wir mit Tannenzweigen. Plötz-

[10] *Tag der Republik*

lich standen wir vor einem Beobachtungsturm der Grenztruppen. Nichts regte sich. Wir schlugen mit Knüppeln gegen die Pfeiler des Turmes, auf dem es dann lebendig wurde. Hektisch und erschrocken schrien zwei Grenzposten mit Maschinenpistolen im Anschlag auf uns ein. Wir hatten sie wahrscheinlich gerade bei einem Nickerchen gestört. Sie stiegen hastig und nervös vom Turm herunter und brüllten: „Was wollt Ihr hier? Wo wollt Ihr hin?" Wir versuchten ihnen plausibel zu machen, dass wir uns verlaufen hätten. Sie brachten uns dann zur Grenzbaracke nach Herrnburg, wo uns ein Offizier verhörte. Auch ihn konnten wir davon überzeugen, dass wir nur irrtümlich in den unmittelbaren Grenzbereich gekommen waren.

Weitaus gefährlicher war meine zweite Festnahme. Wir, eine Gruppe Jugendlicher meines Heimatortes, machten im Winter 1964 einen Waldspaziergang in Richtung Grenze. Übermütig kam es zu kleinen Schneeballschlachten. Plötzlich nur freie Fläche. Im unmittelbaren Grenzgebiet stand kein Baum mehr. Alles war von den Grenztruppen abgeholzt, Schneisen geschlagen. Der Grenzstreifen sollte weit einsehbar sein.

Wir entdeckten nur einen kleinen, fast unsichtbaren Draht. Einen Alarmdraht. Im jugendlichen Leichtsinn kamen wir auf die Idee, diesen dünnen Draht mit Schneebällen zu treffen, und das klappte auch. Sofort gingen mehrere Leuchtraketen in die Luft. In kurzer Zeit waren wir von mehreren Grenzposten umringt.

Mit Maschinenpistolen im Anschlag führten sie uns zur Kaserne der Grenztruppen. Der Dienst habende Offizier bekam einen Wutanfall. Schrie nur und drohte uns mit Gefängnis. Wir wurden dann mit einem NVA[11]-Lkw nach Schönberg gefahren. Dort befand sich ein kleiner Stasi-Knast und wir wurden einzeln in Zellen gesperrt. Graue Wände, vergittertes

[11] *Nationale Volksarmee*

Fenster, Pritsche, düstere Beleuchtung und unangenehm riechende Decken. Alles sah nach einem längeren Aufenthalt aus. Als ich gegen 1.00 Uhr nachts die Stimme meines Vaters hörte, schöpfte ich Hoffnung. Er, der zu dieser Zeit als Lehrer arbeitete, konnte die Genossen davon überzeugen, dass es sich bei unserer „Straftat" nur um einen dummen Jungenstreich handelte. Zu unserem Glück waren wir alle aus dem Sperrgebiet und kamen mit einem blauen Auge davon. Andere haben derartige Streiche mit Gefängnisaufenthalten bezahlt.

Dazu gehörten der Posaunist „Kalle" Kücker, der auch Mitglied der *Klosterbrüder* war, und der Schlagzeuger der Gruppe *Magdeburg*, Bernd Schilanski.

Jahre später war die Situation an der Grenze wesentlich gefährlicher. Nach 1961 wurde mit dem systematischen Ausbau dieser „einmaligen" Grenze begonnen. Die DDR wollte immer Weltniveau erreichen. Mauern und Stacheldraht, Todesstreifen mit Minen und Selbstschussanlagen, Alarmdrähte, mehrere Grenzstreifen, neue Grenztürme, Schneisen, Neonlichtmasten, Hunde-Laufanlagen und eine betonierte Kontrollstraße, die von der Ostsee nach Thüringen und auf der DDR-Seite der Berliner Mauer, die offiziell antifaschistischer Schutzwall hieß, verlief. Jeder Fluchtversuch an der gesamten innerdeutschen Grenze und der zu West-Berlin konnte tödlich sein. Diese unselige deutsch-deutsche Grenze forderte mindestens 960 Opfer. Darunter waren auch 40 Kinder.

Als Kinder hatten wir immer im „Kiwit", einem wunderschönen Moorsee, der unmittelbar an der Grenze zu Lübeck-Schlutup lag, gebadet. Das war jetzt vorbei. Erst 1990 bin ich dort wieder ins Wasser gestiegen.

Mein Onkel, ein Einheimischer, sagte mir oft, dass er diese Gegend wie seine Westentasche kenne und es Schlupflöcher gäbe. Ich jedenfalls hätte nicht den Mut gehabt, diese Grenze zu überwinden. Selbst für Kenner war sie gefährlich. Trotzdem. Peter P., ein Nachbarssohn, mit dem ich schon im Sandkasten gespielt hatte, gelang Weihnachten 1977 die Flucht. Er kam wohlbehalten in Lübeck an, meldete sich zur Fremdenlegion und lebte später in Paris. Dafür, dass seine Schwester als IM auf mich angesetzt war, konnte er nichts. Sie wohnt heute in Lübeck.

Beim Verlegen der Minen hatten die Grenzsoldaten für eventuell anfallende Reparaturarbeiten immer Lücken an den Grenzbefestigungen gelassen. Das waren vielleicht auch Schlupflöcher für potentielle Spione. Beim Abschreiten der Betonpfeiler muss sich ein Offizier verzählt haben. Er trat auf eine Mine und verlor ein Bein.

Bei einem Besuch meiner Eltern in den 70er Jahren nahmen wir – meine Frau und ich hatten einen Passierschein – meine Schwägerin im Kofferraum versteckt mit. Sie durfte die ganze Zeit mein Elternhaus nicht verlassen, weil meine Mutter große Angst vor ihrer Entdeckung hatte.

Angst war im Sperrgebiet bis zum Mauerfall ein immer latentes Lebensgefühl.

1996, bei einer Geburtstagsfeier, prahlte der Schwiegervater von einem meiner Brüder damit, dass er immer problemlos ins Sperrgebiet rein- und rausgekommen ist. Muss ich das noch kommentieren? Ich glaube nicht.

Als ich in der 10. Klasse war, kam unser Schuldirektor auf die grandiose Idee, meinen Mitschüler Lothar Twardowski und mich zu einer Konferenz für Ordnung und Sicherheit im Sperrgebiet nach Dassow zu schicken. An diesem Treff nahmen Stasi-Mitarbeiter der SED-Kreisleitung aus Grevesmühlen und Bürgermeister aus verschiedenen Grenzorten teil. Von unserem Direktor dazu aufgefordert, machten wir von diesen Gesprächen Notizen. Ich erinnere mich noch sehr genau an einen Mitarbeiter der SED-Kreisleitung, der unentwegt davon sprach, dass man rigoros gegen „Kulaken“ und andere suspekte Volksfeinde vorgehen müsse. Einzelbauern gab es bei uns nicht mehr, weil alle in die LPG gezwungen worden oder in den Westen geflüchtet waren. „Kulaken“, die Bezeichnung für freie russische Bauern, schien ein Lieblingswort von ihm zu sein.

Vielleicht war allen Anwesenden nicht bekannt, was Stalin in der UdSSR mit seiner verbrecherischen Vertreibung und Vernichtung von 10 bis 15 Millionen Kulaken angerichtet hatte. Ganze Landstriche wurden entvölkert. Es kam zu Hungersnöten, denen Millionen von Sowjetbürgern zum Opfer fielen. Vorfälle von Kannibalismus sind aus dieser Zeit auch bekannt. Und dieser Mensch sprach in Dassow permanent vom kompromisslosen Vorgehen gegen „Kulaken“ und andere Schädlinge. Ob er jemals in der Landwirtschaft gearbeitet hatte, ist fraglich. Was mir allerdings auffiel, waren seine enormen Defizite im Umgang mit der deutschen Sprache. Zum Bürgermeister unserer Gemeinde sagte er wiederholt: „Emil, nimm Du das mal in der Hand.“ Emil J., ein SED-Mitglied, war auch Mitglied des Blasorchesters der Kampfgruppen. Er war ein sehr angenehmer, zuverlässiger und hilfsbereiter Mensch und gehörte zu denjenigen, die mit großem Idealismus und aus voller Überzeugung am Aufbau eines besseren und friedlicheren Deutschlands mitwirken wollten.

Als ich 1970 mit einer Leipziger Soulband eine kleine Ostseetournee machte und auch gern in meinem Heimatort spielen wollte, sorgte Emil J. dafür, dass alle Bandmitglieder für die Stunden des Auftritts einen Passierschein erhielten. Ihm war ein Wunder gelungen. Leider war der stellvertretende Bürgermeister auf der Veranstaltung anwesend und brach diese ab, weil wir auch englisch sangen. Alle weiteren Auftritte im Kreis Grevesmühlen wurden uns nach diesem „Vorfall“ verboten. Schwer traf es Emil J., als sein eigener Sohn die als unüberwindbar geltende Grenze mit ihren diversen Sicherungsanlagen in Richtung Westen unbeschadet überwand. Einem LPG-Mitglied war das in jenen Tagen auch mit einem Traktor gelungen.

Das falsche Deutsch des SED-Mannes in Dassow war keine Seltenheit. Mir war es bei verschiedenen älteren Vertretern der Staatsorgane aufgefallen. Selbst der Minister für Staatssicherheit, Erich Mielke, wusste bei seiner letzten peinlichen Volkskammer-Rede nicht, dass es von „einzig" keinen Superlativ gibt.

Diese Leute waren aber trotzdem nicht zu unterschätzen. Sie hatten die absolute Macht, und in einer Mischung aus Bauernschläue und Fanatismus konnten sie sehr gefährlich sein.

Insidern war auch das so genannte „Honecker-Syndrom" bekannt. Erich Honecker waren die Genossen lieber, die beispielsweise als Traktorist angefangen hatten und dann in mehr oder weniger kleinen Schritten eine politische Karriere gemacht hatten, als diejenigen, die eine erstklassige Schulausbildung genossen und teilweise auch in der Sowjetunion studiert hatten.

Die DDR war in den 50er Jahren erst dabei, ihre Hochschulkader heranzubilden. Nach der Brechung des so genannten Bildungsmonopols wurden bevorzugt Arbeiter- und Bauernkinder zum Abitur und danach zum Hochschulstudium zugelassen. Einige der ehemals „Privilegierten" hatten das Nachsehen. So durfte beispielsweise der Sohn des Pfarrers von Schönberg nicht zur EOS[12], um Abitur machen zu können. Er besuchte dafür später eine Abendschule. Absolut keine Chance hatten politisch Unzuverlässige, bei ihnen war eine intellektuelle Karriere undenkbar.

Viele Jahre später erfuhr ich von einem Fan der *Klosterbrüder*, dass er, weil er in angetrunkenem Zustand eine politisch unkluge Bemerkung gemacht hatte, nicht zum Abitur zugelassen wurde. Um Missverständnissen vorzubeugen: Herzensbildung war und ist für mich immer noch die wichtigste, und Bil-

[12] *Erweiterte Oberschule*

dungseinrichtungen müssen jedem im Rahmen seiner Fähigkeiten offenstehen.

Zurück nach Dassow.

Nach den für uns Jugendliche eher langweiligen Diskussionen fuhren Lothar T. und ich mit unseren Fahrrädern in Richtung Heimatort. Wir kamen dabei am Dassower See vorbei, den – lange bevor es die DDR gab – einheimische Fischer im angetrunkenen Zustand an Lübecker verspielt haben sollen. Er war Westgebiet und von Mauer und Stacheldraht umgeben. Von einer Brücke aus war es möglich, in den See zu springen. Weit gekommen wäre man sicherlich nicht. Die Grenztruppen der DDR hätten ohne Zweifel mit preußisch-deutscher Gründlichkeit gehandelt. Auf dem See befanden sich zwei kleine Inseln. Diese hatten zwei jugendliche Flüchtlinge in jener Zeit schwimmend erreicht; sie warteten lange und sehnsüchtig auf Boote des BGS-See[13]. Vergebens. Nach vielen Stunden ließen Mut und Ausdauer nach. Sie gaben auf und schwammen zum Festland zurück. Das war's.

Als Lothar T. und ich fast unseren Heimatort erreicht hatten, wurden wir von einem schnell heranfahrenden NVA-Jeep gestoppt. Zwei nervös und hektisch wirkende Teilnehmer der „Dassower Konferenz" forderten uns auf, unsere Notizen herauszugeben. Angst und Misstrauen gegenüber den eigenen Bürgern waren DDR-typisch.

Etwa zur gleichen Zeit äußerte mein Bruder Jürgen in kindlicher Naivität gegenüber einer Mitschülerin, dass die DDR eigentlich ein großes KZ sei, umringt von Mauer und Stacheldraht. Er hatte nicht ganz unrecht, aber seine Feststellung hatte Folgen, denn der Vater seiner Mitschülerin Ingrid P. war Politoffizier. Mit großer Mühe konnte mein Vater wieder einmal die Staatsorgane beschwichtigen. Dank der Hilfe des Schuldirektors wurde die ganze Angelegenheit nicht weiter verfolgt.

---

[13] *Bundesgrenzschutz*

Der Schriftsteller Günter Kunert bezeichnete die ehemalige DDR als Freilichtgefängnis. Mir würde kein besseres Wort einfallen.

Ende der 70er Jahre verbrachte Jürgen seinen Urlaub im Ostseebad Boltenhagen. Beim Volleyballspiel lernte er einen jungen Mann aus dem Süden der DDR kennen, der ihn in seine Fluchtpläne einweihte.

Er, ein erfolgreicher Wassersportler, wollte schwimmend in den Westen gelangen. Er gab meinem Bruder die Adresse seiner Westverwandtschaft und bat ihn, seine persönlichen Sachen, die er am Strand zurücklassen musste, nachzuschicken. Eine der wenigen Fluchten, die über die Ostsee gelang. Mein Bruder erhielt später einen Dankesbrief.

Einer meiner späteren Mitgefangenen aus Cottbus hatte weniger Glück. Zweieinhalb Jahre hatte er mit einem Freund auf dem Schweriner See für die Flucht über die Ostsee trainiert. Sein Freund konnte unversehrt die Lübecker Bucht erreichen, er aber wurde von einem Grenzboot gestellt und der Stasi ausgeliefert.

Viele bezahlten Fluchtversuche über die Ostsee mit ihrem Leben. Sie landeten als Wasserleichen an westlichen Ufern.

Auch mit Gewalt wurde ich schon in frühester Kindheit konfrontiert. Ich, der Jüngste und der Kleinste in unserer Straße, dem Mühlenkamp, wurde von Spielkameraden einmal in eine Waldlichtung gelockt und von ihnen äußerst brutal mit Knüppeln grün und blau geschlagen. Als meine Mutter anschließend zu den Eltern dieser kleinen „Bestien" ging, haben einige von ihnen geweint. Ein Mädchen, das dabei war, hatte bei mir viele Jahre später als Physiotherapeutin einen Sportunfall nachbehandelt. Sie war sehr freundlich. Beim Hören des Titels „Kinder an die Macht" frage ich mich immer, was Herbert Grönemeyer sich dabei gedacht hat. Weiß er nicht, wie brutal und unberechenbar Kinder sein können?

Als ich als Jugendlicher später Tanzmusik machte, gab es kaum Veranstaltungen, die ohne Schlägereien unter mehr oder weniger Betrunkenen endeten. Sicherlich wurden dabei auch von ehemaligen Soldaten nicht verarbeitete Kriegserlebnisse kompensiert. Ich erinnere mich auch an eine Tanzveranstaltung, bei der mehrere Brüder aus Losten bei Bad Kleinen eine Saalschlacht entfachten. Sie, alle mit auffallend weißblonden Haaren, hatten einfach Spaß an Schlägereien.

In der 11. Klasse nutzte einmal ein älterer Mitschüler mein leider zu starkes Angetrunkensein aus.

Ein Feigling, der einen Wehrlosen mit seinen Fäusten traktierte.

1968 erlebte ich im Ostseebad Boltenhagen, wie einheimische Bauarbeiter zum Vergnügen Sachsen „aufmischen" wollten. Ein kräftiger, bärtiger Görlitzer, den ich durch meinen Bruder Jürgen, der zu dieser Zeit am dortigen Theater als Musiker tätig war, kennen gelernt hatte, schlug bei einem derartigen Überfall dem bärenstarken Anführer der überlegenen norddeutschen Clique mit einem Ziegelstein auf den Kopf. Blut floss in Strömen. Arbeiter gegen Arbeiter, denn alle kamen vom Bau.

Viele Jahre später, Anfang 1981, bot mir ein äußerst aggressiver Türsteher im „Haus der Jungen Talente" in Ost-Berlin, der mich nicht von der Gruppe *Magdeburg* her kannte, Schläge an. Sehr dumm kam er sich dann vor, als mir der Chef doch Einlass gewährte.

Die Frage ist nur: Wie wird erfahrene Gewalt verarbeitet? Wird sie auf mehr oder weniger subtile Weise weitergegeben? Die heutige rechte Gewalt im Osten Deutschlands überrascht mich nicht so sehr. Sicherlich gehört sie auch zu den Spätfolgen der DDR-Diktatur. Spätfolgen eines Systems, in dem es immer latente Gewalt gab.

Ab September 1963 begann ich außerhalb des Sperrgebietes eine Berufsausbildung mit Abitur. Für den Besuch meiner Eltern musste ich jetzt einen Passierschein für die Sperrzone beantragen und mich beim Betreten des Grenzgebietes sofort bei einem dafür zuständigen staatlichen Organ melden. Das war äußerst stressig und aufwendig. Als ich einmal vergaß, mich sofort zu melden, wollte mir ein cholerischer Grenzoffizier die Einreise zu meinen Eltern für immer verbieten.

Später wurde er, ein Kinderschänder, in Unehren aus dem NVA-Dienst entlassen.

Abitur machte ich im VEG[14] Groß Stieten, einem Ort, der zwischen Wismar und Schwerin liegt. Neben der Schule wurde ich zum Agrotechniker ausgebildet. Keine schöne Zeit. Wenig gute Erinnerungen. Die Arbeit war hart und das Leben im Internat fast militärisch organisiert. Viel lieber hätte ich in dieser Zeit nur Musik gemacht. Das war mir aber nur an einigen Wochenenden möglich.

Im Unterricht interessierte ich mich insbesondere auch für philosophische Themen, aber unser Lehrer schien von dem, was er uns durchaus kompetent vermittelte, selbst nicht überzeugt zu sein. Betriebsdirektor war Erich T., ein ehemaliger Wehrmachtsoffizier, der das VEG zu einem Musterbetrieb ausbaute. Er war hart, aber gerecht. Durch seine Initiative wurde die alte Mühle im Dorf Mecklenburg äußerlich restauriert und zu einem Restaurant mit Nachtbar umgebaut. Erich T. sah man immer mit sehr ernstem, energischem, Respekt einflößendem, fast grimmigem Gesichtsausdruck. Das war verständlich. Er war zuckerkrank und musste sich mehrmals täglich Insulin spritzen.

Eine für ihn typische Episode habe ich noch in Erinnerung. Man sah ihn fast nur in einem zerknitterten Anzug und Gummistiefeln, deren obere Ränder leicht umgekrempelt waren. Er kam aus seiner Arbeitskleidung nie raus. In diesem Outfit ließ er sich einmal von seinem Fahrer nach Berlin ins Landwirt-

[14] *Volkseigenes Gut*

schaftsministerium fahren. Den Fahrer, den man für den Direktor hielt, ließ man rein. Erich T. musste bis zur Klärung des Missverständnisses draußen bleiben. Energisch, konsequent und unkonventionell setzte er dann seine Ziele durch – wie immer im Sinne seines Betriebes.

Charakterstärke konnte auch bei der DDR-Bürokratie ab und zu zum Erfolg führen.

Im Westen wäre Erich T. sicherlich ein Top-Manager geworden.

Von einem westlichen Soziologen, der selbst aus der DDR stammte, wurde ein Buch veröffentlicht, in dem er die ehemaligen DDR-Bürger als faul, unselbständig und initiativlos darstellt. Dieses pauschale Urteil ist natürlich großer Unsinn. Für die vielen Menschen, die auch in der DDR hart gearbeitet haben, um einen relativen Wohlstand zu erreichen, ist so ein Urteil mehr als ungerecht.

Natürlich war im Westen die Arbeitsproduktivität wesentlich höher. Das war systembedingt und ist eine bekannte Tatsache.

Nach dem Abitur – einen Studienplatz hatte ich – musste ich im Herbst 1966 meinen NVA-Dienst bei der Grenzbrigade Küste ableisten. Das Ausbildungsbataillon war in Kühlungsborn-West. Wieder eine harte Zeit. Frühsport um 5.30 Uhr am eiskalten Ostseestrand, Kampfschwimmer-Sturmbahn, Fünftausendmeterläufe, Eilmärsche mit Gefechtsausrüstung unter Gasmaske, Politunterricht, Wache schieben, militärischer Kampfsport, Schießen...

Außer Schießen bereitete mir die Grundausbildung keine Schwierigkeiten.

Ich hätte schon damals aufgrund meiner Kurzsichtigkeit eine Brille tragen müssen. Als ich bei der Schießausbildung weniger gute Leistungen zeigte, fragte mich unser Kompaniechef – ein kleiner, aber gefährlicher Mann – höhnisch: „Sie wollen studieren?" Auf Erpressungsversuche habe ich schon immer allergisch reagiert. Jetzt hatte ich einen Blackout. Ich warf ihm meine Kalaschnikow vor die Füße. Seine Reaktion: Er lachte nur und ging weiter. Die Irritation war auf meiner Seite.

In der DDR sollte man ewig dankbar dafür sein, auf Staatskosten studieren zu können.

Diese Argumentation hat mir nie gefallen. Dankbar wofür? Der Arbeiter- und Bauernstaat brauchte jeden, der in der DDR lebte, arbeitete, den Sozialismus mit aufbauen sollte, aber letztendlich eingesperrt war.

Mir wäre ein selbstfinanziertes Studium bei freier, selbstbestimmter Lebensgestaltung lieber gewesen. Reisefreiheit, Redefreiheit, Freiheit zur beruflichen Selbständigkeit.

Nach meiner NVA-Grundausbildung kam ich zur Grenzkompanie nach Thiessow auf Rügen. Wir sollten Grenzdurchbrüche im Abschnitt Thiessow, Lobbe, Baabe, Göhren, Sellin, Binz und Prora verhindern. Nach den Strapazen der Grundausbildung war hier das Leben etwas ruhiger, zumal ich an Wochenenden mit unserer Kompanie-Band Musik auf Rügen und Hiddensee machen konnte.

Zu unserem Glück war Rügen für potentielle Grenzdurchbrüche sehr ungeeignet. An einen Schusswaffengebrauch erinnere ich mich nicht. Tote wie an der Berliner Mauer und der innerdeutschen Grenze gab es bei uns nicht, aber einen dramatischen Unglücksfall. Bei einer Spielerei mit der Waffe löste sich ein Schuss und ein Matrose unserer Kompanie erschoss so seinen besten Freund.

Jedes Mal, wenn ich mir beim Autofahren eine Zigarette anzünde, werde ich an einen anderen Unglücksfall erinnert. Ein Lkw-Fahrer von uns, der kurz vor seiner Entlassung stand, machte das während der Rückfahrt nach einer Abschlussuntersuchung in Bergen mit einem Streichholz und nahm dabei das Lenkrad zwischen seine Beine. Als der „LO“ sich auf einen Baum zu bewegte, riss er das Lenkrad ruckartig nach links. Dadurch flog ein Obermaat, der hinten saß und auch entlassen werden sollte, mit seinem Kopf gegen eine Metallstütze der gegenüberliegenden Bank.

Es floss kein Blut. Nur eine kleine Druckstelle an seinem Kopf verursachte seinen Tod.

Großes Pech hatte auch ein anderer Grenzmatrose unserer Kompanie. Er, der sehr sympathisch war, wollte nach Beendigung seiner NVA-Dienstzeit mit einem Ingenieurstudium beginnen. Daraus wurde leider nichts. Vor Dienstbeginn kehrten wir oft in das Sportlerheim von Sellin ein. Diese Gaststätte war für uns ein Geheimtip, weil der Wirt uns durch einen Hintereingang reinließ und uns in einem kleinen, nicht öffentlichen Zimmer bediente. Einer unserer Grenzabschnitte, den wir kontrollieren mussten, ging von Sellin über Binz nach Prora. Der Patrouilleweg verlief unmittelbar an der Steilküste durch die Granitz. Nachts war das nicht ganz ungefährlich, denn man sah die Hand vor Augen nicht.

Silvester 1967 gehörte unser angehender Ingenieur zu dem Postenpaar, das sich dort aufhielt. Er betrank sich so, dass selbst die Hilfe des anderen Postens, der ihn ins Ostseewasser tauchte, nichts nützte. Der Dienst habende Obermaat meldete diesen Vorfall und unser Kamerad landete im berüchtigten NVA-Zuchthaus in Schwedt an der Oder.

Aus Erzählungen wusste ich, dass viele, die dort inhaftiert waren, durch die psychische Folter „andere“ Menschen wurden.

Im September 1968 begann ich an der Karl-Marx-Universität (KMU) in Leipzig Musik und Germanistik zu studieren. Im August waren gerade Truppen des Warschauer Paktes in Prag einmarschiert und hatten den „Prager Frühling“ niedergewalzt. In unserer ersten Seminarstunde war dieses Thema Gesprächsgegenstand. Ich sah nur die viel sagenden Blicke meiner Kommilitonen. Als NVA-Absolvent wurde ich von unserer Seminarleiterin nach meiner Meinung zu der sozialistischen „Bruderhilfe" gefragt.

Ich hatte im August gerade meine Frau kennen gelernt und andere Sorgen. Meine Antworten konnten nur sehr vage und ausweichend sein. Meine Seminargruppenleiterin gehörte aber zu den überzeugten SED-Mitgliedern, die ich immer in guter Erinnerung behalten werde. Sie, eine Jüdin, nahm sich immer Zeit für unsere Probleme und war sehr hilfsbereit. Im Gegensatz zu meiner Abitur- und Armeezeit waren die Studienjahre in Leipzig für mich freier und interessanter. Natürlich verlief auch hier alles in geordneten Bahnen. So etwas wie die westliche 68er-Studentenbewegung wäre in der DDR undenkbar gewesen. Im Studentenclub „Kalinin" hörte ich zum ersten Mal Free Jazz und bei einer Veranstaltung in der Bauhochschule die Leipziger Kultband *Renft*. Die Ballade „Als ich wie ein Vogel war" gehört noch heute zu meinen Lieblingstiteln. In dieser Zeit wurde ich ein großer Fan der Berliner *Modern Soul Band*; durch meine Frau, die aus Magdeburg stammte, lernte ich die legendären *Klosterbrüder* kennen, die später mein weiteres Leben noch maßgeblich beeinflussen sollten.

Ich spielte damals in einer Studentenband, in der auch ehemalige Thomaner mitwirkten. Wir hatten Auftritte in den südlichen DDR-Bezirken und machten 1970 auch eine kleine Ostseetournee.

Schon in Jugendjahren träumte ich von einem Leben als Profimusiker, und das Studium war für mich nur eine Zwischenstation. Leipzig war internationaler als viele andere DDR-Städte und der Anteil von Studenten aus anderen Nationen relativ hoch. Am gleichen Institut wie ich studierte ein Iraner Musikwissenschaft. Ich erinnere mich auch an einen langen Neuseeländer, der – damals war das völlig ungewöhnlich – einen Ohrring trug und mit seinem VW-Käfer an den Wochenenden immer nach West-Berlin fuhr. Sehr wohl schien sich in Leipzig ein kräftiger afrikanischer Student zu fühlen, dessen Vater ein reicher Stammesfürst war. Bekannt war auch ein Bulgare, der lieber „Hey Joe“ und andere Titel von *Jimi Hendrix* auf seiner Gitarre spielte, als Vorlesungen zu besuchen. Beneiden konnte man viele ausländische Studenten wegen ihrer großen Plattensammlungen, die wir nicht kaufen konnten.

Nach Beendigung des ersten Studienjahres mussten wir ins Erzgebirge fahren und wurden dort in einem NVA-Kinderferienlager als Betreuer eingesetzt. Meine Aufgabe war es, einen Fanfarenzug aufzubauen. Leider kam es am ersten Tag gleich zu einem Eklat. Der Lagerleiter, ein NVA-Offizier, war der Meinung, dass mein Bart für die Kinder von NVA-Angehörigen unzumutbar wäre, forderte mich auf, ihn abzunehmen und bemerkte noch lakonisch: „Wir ‚Sackträger‘ tragen hier in der Nationalen Volksarmee keine Bärte.“ Einem anwesenden Dozenten aus Leipzig war die ganze Angelegenheit sichtbar peinlich. Er meinte, ich solle den Bart vielleicht etwas kürzen. Das wollte ich nicht. Entweder ganz oder gar nicht. Um Ärger zu vermeiden, entschied ich mich für gar nicht.

Zum Studienalltag gehörten auch politische Seminare und Diskussionen. Als ich einmal in Politischer Ökonomie die Meinung äußerte, dass die DDR nicht in der Lage wäre, sich in allen Bereichen allein selbst zu versorgen, entstand eine heiße Diskussion und der Seminarleiter wollte mich vom Gegenteil überzeugen. Während meiner Abiturzeit hatte einer unserer Lehrer allerdings etwas anderes gesagt. Bei einem anderen Seminar ging es um gesellschaftliche Widersprüche. Ich fragte die Leiterin, wie sie sich denn deren Lösungen im Kommunismus vorstelle. Mit leicht arrogantem Lächeln meinte sie nur: „Natürlich wird es auch da Widersprüche geben, aber keine antagonistischen.“ Diese abstrakte und spekulative Argumentation kannte ich. Die heutigen Widersprüche zeigen allerdings, dass sie nicht allein mit klugen Sprüchen lösbar sind. Dritte Welt, Naher Osten, islamische und andere fundamentalistische Länder, Südost-Europa, afrikanische Staaten, die ehemalige Sowjetunion…

Ich erinnere mich auch noch gut an ein „organisiertes" Treffen meiner Seminargruppe mit einigen Leipziger Arbeitern in einem Restaurant. Es kam zu einer quälenden Unterhaltung, wobei einer der Jungarbeiter mit der Faust auf den Tisch schlug und meinte, dass die Arbeiterklasse auch auf diesen von ihnen geschaffenen Tisch stolz sein könne. Er war ein sympathischer Typ, und wir nickten ihm anerkennend zu. Natürlich hat die Arbeiterklasse viel geleistet, und das ist auch heute nicht anders. Nur – staatlich angeordnete Treffen und Diskussionen waren meistens von einer recht künstlichen Atmosphäre geprägt.

Im Studentenclub „Kalinin" wurde ich einmal Zeuge einer sehr unangenehmen Episode. Ein durchtrainierter Leipziger saß allein an einem Tisch. Als ein Student sich dazusetzte, forderte er diesen auf, zu verschwinden, weil angeblich alle Plätze besetzt seien. Nach der zweiten Aufforderung schlug er den Studenten brutal zusammen. Mit einer Aggressivität, die erschreckend war.

Eine Seminarleiterin war bei der Analyse eines Kinderbuches, in dem auch ein Volkspolizist eine Rolle spielte, der Meinung, dass es zwischen DDR-Volkspolizisten und westlichen Polizisten fundamentale Unterschiede gäbe. Der eine vertrete die Interessen des Volkes und der andere die der herrschenden Ausbeuterklasse. An ihren leicht fanatisch leuchtenden Augen sah man, dass sie von dem, was sie sagte, überzeugt war.

Ich konnte bisher keinen großartigen Unterschied zwischen Ost- und Westpolizisten feststellen. Nur, dass es unterschiedliche Menschen gibt.

Wenn ich heute immer höre, dass die zwischenmenschlichen Beziehungen in der ehemaligen DDR besser gewesen sein sollen als im Westen, kann ich das nicht ganz nachvollziehen. Es gab auch da – wie überall auf der Welt – Neid, Missgunst und Konkurrenzdenken, aber natürlich auch menschliche Wärme, Freundschaft und Hilfsbereitschaft. So groß waren – jedenfalls in dieser Beziehung – die Unterschiede zwischen Ost und West nicht.

Von einer Karriere als Verleger und Musikbuchautor hätte ich damals nicht zu träumen gewagt. Nicht nur in dieser Beziehung hatte ich später in der Bundesrepublik andere Möglichkeiten.

„Opium fürs Volk“

Ende 1989 ging auch im östlichen Deutschland, in der ehemaligen DDR, eine große weltgeschichtliche Utopie zu Ende. Karl Marx hätte seine Ansicht „Religionen sind Opium fürs Volk“ auch gleich auf seine Philosophie beziehen können, denn sie war auch nicht mehr als eine Ersatzreligion. Herrman von Berg, Konrad Löw und andere Politikwissenschaftler haben versucht zu beweisen, dass er seine Ideen von anderen „übernommen“ hätte, aber das soll hier kein Thema sein.

Schon vor Marx gab es utopische Sozialisten (u.a. Owen, Fourier, Babeuf, Proudhon), die sich Gedanken darüber machten, wie eine sozial gerechte Gesellschaft ohne Privateigentum konzipiert sein müsste, und das war verständlich, weil die Lebensbedingungen, die Unterschiede zwischen Armen und Reichen, schon in vorigen Jahrhunderten unerträglich waren und auch heute noch in vielen Ländern der Erde sind. Die große Frage ist nur: Wie kann man das ändern? Für Karl Marx war das ganz einfach: „Das Sein bestimmt das Bewusstsein“, und wenn man die Produktionsverhältnisse ändert, d.h. Privateigentum an Produktionsmitteln abschafft, wird der Mensch besser und das „Reich der Freiheit“ entsteht. Die Entwicklung der menschlichen Gesellschaft von der Urgesellschaft bis zur endgültigen paradiesischen Gesellschaftsordnung, dem Kommunismus, war nach seinen intellektuellen Groß-Abstraktionen gesetzmäßig.

Aber was ist auf dieser Welt schon gesetzmäßig? Sind denn die Gesetze der Physik und Chemie wirklich für das gesamte Universum relevant? Ist das menschliche Gehirn wirklich das höchste Entwicklungsprodukt der objektiven Realität? Und woher wissen die Materialisten eigentlich, dass es keinen Gott gibt? Der Atheismus war im realen Sozialismus absolute Staatsdoktrin.

Gesetzmäßig scheint mir eher der Untergang des real existierenden Sozialismus sowjet-marxistischer Provenienz gewesen zu sein. Die Diktatur des Proletariats hatte keine Chance, weil sie dogmatisch war, die Planwirtschaft ineffizient, die ökonomische Lage katastrophal und das System nicht zuletzt auch imperialistisch und menschenverachtend.

Während mein Bruder Hartwig studierte, sagte sein fanatischer Marxismus-Leninismus-Dozent einmal: „Wir werden unseren Sozialismus um jeden Preis aufbauen, auch wenn Tausende dabei draufgehen sollten."

Eine Äußerung, die man nicht mehr kommentieren muss. Bereits die Jakobiner hatten Blut an ihren Händen.

Im Laufe der 1980er Jahre wurde der Herrschaft der „guten" Menschen durch erstarkende innere Oppositionsbewegungen ein Ende gesetzt. Bei aller Kritik am Kapitalismus, seine wirtschaftliche Dynamik und seine weitere Existenz ist nicht zuletzt auf die freie individuelle Entfaltung menschlicher Kreativität, Initiativen und Möglichkeiten zurückzuführen, und davon konnte in den Ländern des realen Sozialismus keine Rede sein. Von einem selbstbestimmten Leben konnte man da nur träumen.

Alle, die wie ich in der ehemaligen DDR mit den Ideen der beiden „größten" Söhne des deutschen Volkes, Marx und Engels, und auch denen Lenins aufwuchsen, haben die ständige Schizophrenie zwischen Theorie und Praxis miterlebt. Diese Situation wurde von Carl-Jacob Danziger in seinem Buch „Die Partei hat immer Recht" sehr aufschlussreich beschrieben, und auch die Bücher von Milan Kundera über das Leben im realen Sozialismus sind von faszinierender Authentizität. Unerklärlich ist mir bei Marx und anderen kommunistischen Theoretikern immer gewesen, dass sie der Analyse des Individuums Mensch, der menschlichen Psyche zu wenig Bedeutung beimaßen.

Wie konnte es denn sonst dazu kommen, dass Millionen von Menschen das gescheiterte Experiment Sozialismus mit ihrem Leben bezahlen mussten? Haben sie nicht alle Todesurteile unterschrieben? Lenin, Stalin, Mao, Pol Pot...

Im „Schwarzbuch des Kommunismus“ eines französischen Autorenteams kann man sich gut darüber informieren.

Wenn ein kleiner Unternehmensgründer trotz sorgfältiger Marktanalyse und optimaler Konzeption dann später trotzdem Konkurs anmelden muss, sind nur wenige davon betroffen. Wie sieht es aber aus, wenn man Millionen von Menschen zwingt, nach einer Theorie zu leben, die sich in der Praxis nicht umsetzen lässt, die zum Scheitern verurteilt ist? Ich gehe so weit zu sagen, dass auch die Theoretiker Mitschuld an den vielen Menschenopfern, die das kommunistische Experiment gefordert hat, tragen.

Was wissen die meisten marxistischen Ideologen, die immer nur von Ausbeutung und Klassenkampf sprechen, denn eigentlich von den Problemen und Ängsten vieler Unternehmer? Wissen sie, wie es ist, wenn man von Banken keine Kredite für den ständigen Kapitalbedarf erhält, wenn man dann schlaflose Nächte hat, wenn man mit einer veränderten Marktsituation konfrontiert wird, wenn der Konkurrenzdruck zunimmt, wenn man ständig kreativ sein muss? Ich glaube nicht!

Geld ist für viele Linke ein Reizwort, und sie unterliegen dem Irrglauben, dass „Kapitalisten“ sich nur auf Kosten anderer bereichern wollen.

Sie wollen oder können nicht begreifen, dass unsere Gesellschaft letztendlich von unternehmerischer Freiheit und den damit verbundenen Risiken profitiert. Beuten Herzinfarkt-gefährdete Manager sich nicht selbst aus?

An den Schulen und Universitäten der DDR, in denen dialektischer Materialismus, politische Ökonomie, wissenschaftlicher Sozialismus und Marxismus-Leninismus gelehrt wurden, habe ich darüber jedenfalls nichts gehört. Bereits in der

9. Klasse wurden wir in der Schule bei dem Thema „dialektischer Materialismus" mit der Endlichkeit aller Erscheinungsformen der objektiven Realität konfrontiert. Es machte mir großen Spaß, darüber in größeren Dimensionen nachzudenken, und es war nicht schwer festzustellen, dass nicht nur unsere Sonne und Erde eines fernen Tages nicht mehr da sein werden, sondern auch die Menschheit, falls sie sich nicht schon vorher selbst auslöscht. Oder welches andere Säugetier vernichtet einander so radikal?

Das ist um so unerträglicher, weil Menschen andererseits auch zu genialen Leistungen fähig sind. Wir sind ohne Zweifel noch eine Mischung aus Tier und Kulturwesen. Entscheidend ist, was in diesem Spannungsfeld dominiert. Außerirdische würden uns sicher für eine Schimpansenart halten.

Bezüglich der Endlichkeit lag auf anderer Ebene sofort die Frage nahe: „Warum muss ich mein kurzes Leben einer Staatsreligion unterordnen und mit welchem Recht kann mich eine Regierung dazu zwingen?" Ältere ehemalige DDR-Bürger, die nach der Wende erkennen mussten, was man ihnen privat und auch beruflich alles vorenthalten hatte, wissen vielleicht, was ich meine.

Von Sahra Wagenknecht, die zu den PDS-Fundamentalisten gehört, wird erzählt, dass sie Goethes „Faust" auswendig kennt. In der Tat eine beachtliche intellektuelle Leistung, zumal sie auch noch eine schöne Frau ist. Gleichwohl verwundert es um so mehr, dass sie die stalinistischen Verbrechen sinngemäß als fehlerhafte Begleiterscheinungen beim Aufbau des Kommunismus abtut. Die Vernichtung von Millionen von Menschen übersteigt vielleicht auch das menschliche Vorstellungsvermögen. Gregor Gysi, den ich immer wieder wegen seiner Schlagfertigkeit bewundere, würde ich gern einmal fragen, was er von Privateigentum an Produktionsmitteln hält und wie er sich eine zukünftige Gesellschaft vorstellt. Ich kann mir gut vorstellen, dass er nicht zuletzt auch deswegen aus der aktiven Politik (PDS-Vorsitz) ausgestiegen ist, weil er keine Lust mehr hatte, sich sein restliches Leben mit bornierten Dogmatikern herumärgern zu müssen. Trotzdem kandidiert er zur Zeit für das Amt des regierenden Bürgermeisters von Berlin.

Eins ist klar: Wenn die PDS eines Tages an die Macht kommen würde, wäre das für Deutschland katastrophal. Die Diktatur des Proletariats lässt grüßen.

Auch wenn heute bestimmt nicht wenige Sozialisten noch immer der Meinung sind, Marx habe die „Weltformel“ gefunden, muss man sie immer wieder mit der Vergangenheit konfrontieren.

Anscheinend können sich Menschen nicht ändern. Oder warum gibt es nach wie vor Kriege, warum schlachten sie sich gegenseitig ab? Brauchen sie das zur Kompensation ihrer Aggressionen? Sind sie genetisch so determiniert? Es sieht fast so aus.

In der DDR gab es zu dieser Frage eine ganz einfache Interpretation: An Kriegen sind nur die Kapitalisten interessiert, weil sie durch Rüstungsproduktion noch mehr Profit machen können.

Ich frage mich manchmal, was wohl Astronauten denken und fühlen mögen, wenn sie die Erde umrunden. Vielleicht lässt sie diese Perspektive auch am Menschen zweifeln.

Nach meinen Erfahrungen mit zwei unterschiedlichen Systemen scheinen sich Kommunisten und Kapitalisten in einem Punkt zu ähneln: Beide wollen immer mehr, wollen immer Erster sein.

Ich bezeichne das oft als „Boris Becker-Mentalität“, und die gehört mit Sicherheit zu den wesentlichsten Eigenschaften der Menschen. Die Auswirkungen dieser Eigenschaften können allerdings sehr positiv und sehr negativ sein.

Es ist denkbar, dass Menschen eines Tages den Mars besiedeln werden, und das wird sicherlich auch eine Erweiterung ihres geistigen Horizonts bewirken.

Sie werden über sich und die Welt anders reflektieren.

Mich würde es schon sehr interessieren, wie es auf der Erde in fünfzig oder hundert Jahren aussieht.

Das weiß keiner, denn relativ gesehen sind alle Menschen unwissend.

Tatsache ist, dass es immer noch linke, rechte und andere Extremisten gibt und wir nicht als Demokraten geboren werden. Insofern sind Zukunftsängste nicht unbegründet.

Klosterbrüder, Gruppe *Magdeburg* und Kulturpolitik

Der Autor Götz Hintze schreibt in seinem „Rocklexikon DDR“ über die *Klosterbrüder*: „Eine der interessantesten, härtesten Rockbands und ein über Jahre anhaltender Geheimtip...“ Dem ist nichts hinzuzufügen.

Bevor ich 1972 dort Bandchef wurde, waren die *Klosterbrüder* bereits eine Band mit Kultstatus.

Ich hörte sie oft im legendären Magdeburger „Impro“. Um 1970 spielten sie Titel von *Cream*, *Jimi Hendrix*, den *Beach Boys*, *Wilson Pickett*, *Otis Redding*, *Deep Purple*, *Jethro Tull* und *Santana*. In dieser Zeit wurde noch viel nachgespielt und die *Klosterbrüder* waren darin perfekt. Besonders der Sänger Achim Kneis, mein späterer Freund und Leidensgenosse im Zuchthaus Cottbus, und der Gitarrist „Polle“ faszinierten mich. Achim sang mit begnadeter Stimme durch drei Oktaven. Internationales Format. „Polle“ spielte *Jimi Hendrix*-Titel so, dass mir der Mund offen stehen blieb. Damals gab es wenige Gitarristen mit einer derartigen Virtuosität.

Ab 1972 übernahm ich die Leitung der Band. Mein Ziel war, dass die *Klosterbrüder* eine Profiband werden und eigene Titel produzieren. Da wir alle ein Fernstudium an der Musikhochschule in Weimar aufnahmen und uns einer Staatlichen Prüfung in der Stadthalle Magdeburg stellten, erhielten wir von der Abteilung Kultur des Rates des Bezirkes Magdeburg die in der DDR so begehrten Berufsausweise. Als Profiband konnten wir uns jetzt ausschließlich der Musik widmen. Für DDR-Verhältnisse ein Traum. Mein jüngster Bruder Detlef spielte Schlagzeug, Achim Kneis sang, Jörg „Matze“ Blankenburg war an der Gitarre, Lothar „Paul“ Kramer an den Keyboards, Klaus „Stone“ Weigert am Bass und ich spielte Saxophon und Querflöte. Techniker und auch für die Organisation mitverantwortlich war Manfred „Herpie“ Baake.

Sehr schnell wurden wir durch das Nachspielen von Titeln der Bands *Colosseum*, *Jethro Tull* und *King Crimson* eine überregionale Fanband. Verstärkt wurde unser Image durch das Gerücht, die *Klosterbrüder* würden mit Särgen und Mönchskutten auftreten.

Fans aus allen Teilen der damaligen DDR reisten uns zu unseren Auftritten nach. Wenn ich heute Videoaufnahmen vom legendären Woodstock-Festival sehe, bin ich immer wieder überrascht, welche Ähnlichkeiten im Äußeren der Jugendlichen aus West und Ost vorhanden waren. Für Musik und Mode gab es keine Grenzen.

Hochburgen für Rockbands waren damals Mülsen St. Nicklas, Gaschwitz bei Leipzig, Görlitz, Zwickau, Glauchau, Plauen, Crimmitschau, Bischofswerda u.a.

Ich erinnere mich noch, wie bei einem Konzert in Grünberg Fans bei Kerzenlicht auf den Tischen tanzten. Mystische Stimmung, unvergessliche Augenblicke. Oft spielten wir auch in der Gaststätte „Zwei Linden“ in Görlitz. Unsere Görlitzer Fangemeinde war besonders treu, aber auch sehr extrem. Als wir unser Konzert mit „Lost Angeles“ von *Colosseum* eröffneten, schlugen bereits leicht Angetrunkene mit ihren Köpfen so gegen die Bühne, dass Blut floss. Was wollte die Jugend der DDR? Vielleicht – nach westlichem Vorbild – auch einen Hauch von „Sex & Drugs & Rock’n’Roll“ miterleben? Beim „Sex“ war es mit Sicherheit nicht nur ein Hauch und „Drugs“ gab es in Form von Alkohol. Und das reichlich. Zusammen mit dem Beruhigungsmittel Faustan eine wirkungsvolle, aber nicht ganz ungefährliche Mischung. Ich erinnere mich an viele unvergessliche Konzerte mit Adrenalinschüben. Unseren Fans müssen wir heute noch dafür dankbar sein, weil nicht zuletzt sie es waren, die uns das zurückgaben, was wir ihnen geben wollten und selbst auch brauchten: positive Energie.

Bei einem Konzert in der Nähe von Leipzig kamen auch die *Puhdys*, die in einem Nachbarort gespielt hatten, zu uns. Ein Fan von uns überfiel sie gleich mit der Aufforderung: „Hört euch die *Klosterbrüder* ruhig mal an, die machen gute Musik!" Das soll keine persönliche Wertung sein, denn die *Puhdys* waren ohne Frage die populärste DDR-Band. Jede Band wünschte sich volle Säle, denn die waren letztendlich existentiell nicht ganz unwichtig.

Mit den Fans kamen aber auch Probleme mit den staatlichen Organen auf uns zu. Einigen Funktionären war sicherlich klar, dass Rockmusik für die DDR-Jugend eine wichtige Funktion hatte. Eine Ventilfunktion zum Abbau von Aggressionen; denn unzufriedene Menschen sollte es in der DDR nicht geben. Leider machten einige bornierte Betonköpfe uns Musikern das Leben schwer. Als bei einem *Klosterbrüder*-Konzert in Tangerhütte zu viele Fans anwesend waren, wurde ich – der Informationsfluss zwischen den staatlichen Organen funktionierte – zwei, drei Tage später zum damaligen Direktor der Konzert- und Gastspieldirektion[15] Magdeburg bestellt. Mit süffisantem Lächeln prophezeite er mir: „Wenn so etwas noch einmal passiert, hat es die *Klosterbrüder* mal gegeben." Derartige Drohungen wiederholten sich. Angst vor einem Berufsverbot war für uns immer latent vorhanden, zumal in dieser Zeit auch einige sehr bekannte Rockgruppen verboten wurden: die *Bürkholz-Formation* und später *Renft*. Wir mussten auch mit ansehen, wie bei einem Konzert in der Stadthalle Magdeburg jugendliche Konzertbesucher von einem Polizeioffizier an den Haaren aus dem Saal geschleift wurden. Auch in Erfurt und Plauen gingen Polizisten brutal gegen Fans vor. Schon 1965 gab es in Leipzig eine Großaktion der Polizei gegen demonstrierende Musikfans. Klaus Jentsch hat dazu und auch zum Verbot der populären Rockband *Renft* in seinem Buch „Zwi-

[15] *KGD*

schen Liebe und Zorn“ einiges sehr Aufschlussreiches erzählt. Trotz Verbotes in einigen Kreisen nahm unsere Popularität ständig zu. Wir spielten damals fast rund um die Uhr. Natürlich waren die Musik und die Band mein Leben, und ich habe aus dieser Zeit viele schöne Erinnerungen, aber der Tag, an dem ich die DDR verlassen wollte, war vorprogrammiert.

1973 traten wir bereits mit einigen eigenen Titeln beim Interpreten-Wettbewerb in Karl-Marx-Stadt auf. Hier lernte ich die junge selbstbewusste Nina Hagen kennen, die gerade eine Band suchte. Im gleichen Jahr nahmen wir auch an den 10. Weltfestspielen in Berlin teil. Wir gaben mehrere Konzerte unter dem Fernsehturm und auf der Freilichtbühne Friedrichshain. Auf dem Alexanderplatz kam es zu interessanten Kontakten. Wir unterhielten uns lange mit einer Gruppe Jugendlicher aus West-Berlin, deren Aufenthalt in Ost-Berlin nur bis 24 Uhr genehmigt war. Am nächsten Tag brachten sie uns die LP „Valentyne Suite“ von *Colosseum* mit. Damals ein traumhaftes Geschenk.

Bei den Vorbereitungen zu den 10. Weltfestspielen – die DDR wollte immer weltoffen und international erscheinen – wurden die Leiter der teilnehmenden Bands zum FDJ-Zentralrat[16] bestellt. Man wies uns auf die Wichtigkeit dieses Ereignisses hin und forderte von uns Höchstleistungen. Ich wagte es, nach neuen Instrumenten und besseren Verstärkeranlagen zu fragen und machte mich damit sehr unbeliebt. Hinter meinem Rücken wurde anschließend die Frage gestellt: „Was ist denn das für einer?“ Neben den Problemen mit den staatlichen Organen – ich darf heute gar nicht mehr daran denken – gab es noch eine lange Reihe anderer. Auch existentielle. Wirklich gute, erstklassige Instrumente, Zubehör, Verstärkeranlagen etc. gab es nur im Westen. All das musste in die DDR ge-

[16] *Freie Deutsche Jugend*

schmuggelt werden und wir bezahlten dafür Überpreise. Kleine Vermögen und hohe Zinsen für private Kredite.

Ich erinnere mich noch gut an ein Konzert in Dresden. Mitglieder der Gruppe *Electra* waren auch anwesend. Nach fünfzehn Minuten riss bei Klaus „Stone" Weigert eine Basssaite. Er hatte keinen Ersatz und wir mussten abbrechen. Momente, die zur Ewigkeit werden können und in denen man im Boden versinken möchte. Die Konzertbesucher verließen bedrückt den Saal. Keiner sagte was. Sie hatten Mitleid mit uns, denn der Mangel an speziellen Produkten war allgegenwärtig.

Ein weiteres großes Problem waren Kraftfahrzeuge. Auf neue Autos musste man Jahre warten und unsere gebrauchten waren immer reparaturbedürftig. Kfz-Techniker mussten gut bezahlt oder mit D-Mark bestochen werden. Durch uns verdienten sie oft mehr als in ihrem Betrieb. Einen Kleinbus oder Lkw zu bekommen, war wie ein Sechser im Lotto.

Der Druck von Plakaten musste genehmigt werden und konnte ohne Beziehungen Wochen dauern. Beim Ostseedruck in Rostock einmal Jahre.

Nach einem Unfall musste ich einmal auf die Reparatur meines Autos zweieinhalb Jahre warten. Trotz Bestechungsgeldes und obwohl es sich um eine kleine private Werkstatt handelte. Sehr förderlich konnten auch „Zuwendungen" für einige KGD-Mitarbeiter sein, um besondere Auftrittsmöglichkeiten und Bezirkstourneen zu erhalten. Diese oder ähnliche Probleme hatten damals mehr oder weniger alle DDR-Bands. Ohne Idealismus lief nichts. Und von diesem – fast besessenen – Idealismus profitierte auch der Staat, der mittlerweile erkannt hatte, dass er das Phänomen Rockmusik akzeptieren musste. Man brauchte uns.

Bands, die damals schon Westtourneen machen durften, hatten es etwas leichter. Sie brachten sich dann – allerdings auch als Schmuggelware – Instrumente und anderes mit. Den größten Teil ihrer eingespielten Devisen erhielt zwar der Staat, aber die verbleibenden, begehrten Devisen konnten gut getauscht und auch für eventuelle „Zuwendungen“ gebraucht werden. Unser ständiger Finanzbedarf musste sehr oft durch private Kredite abgedeckt werden. Es gab einige, die uns dabei aushalfen, aber ohne mehr oder weniger hohe Zinsen lief auch da nichts.

Bei allen Problemen habe ich auch absolut selbstlose Menschen kennen gelernt. Bei einer Panne auf der Autobahn in der Nähe von Dresden fuhr ich in einen kleineren Ort mit einem LPG-Stützpunkt. Dort begann ein Kfz-Techniker sofort mit den Reparaturarbeiten. Nachdem mein Pkw wieder startklar war, lehnte er rigoros jegliche Bezahlung ab.

Auch während einer Polentournee halfen mir Dorfbewohner spätabends bei einem nicht ganz einfachen Schlauchwechsel. Episoden, die man nicht vergisst.

1974 wurde mein Bruder Detlef vom Bassisten Henning Protzmann für die Gruppe *Panta Rhei* abgeworben. Wir spielten bis 1975 sehr erfolgreich mit einem neuen Schlagzeuger weiter und ließen meinen Bruder, als H. Protzmann *Karat* gründete, wieder einsteigen. Leider, denn 1976 ging er zur *Klaus-Lenz-Bigband.* Ein bekannter DDR-Musiker schrieb in seiner Biographie sinngemäß: „Bei den *Klosterbrüdern* war D. K. ein Trommler und bei Lenz wurde der brave D. K. zum Schlagzeuger.“ Man kann meinem Bruder ja einiges unterstellen, aber brav war er sicherlich nie. Fast eine Beleidigung. Für mich hatte er nach seiner *Panta Rhei*-Zeit auch das verloren, was ich an ihm liebte: so zu spielen, als wäre es das letzte Mal. Leidenschaftlich, äußerst energiegeladen, mit einer gewissen Aggressivität. Rock pur. Wer kennt nicht die Drummer von *Colosseum*, *Deep Purple*, *Rainbow*, *Police…*

1978 gelang ihm mit einem gefälschten Pass die Flucht von Budapest nach Wien. Einen Tag vor seiner Flucht – wir hatten einige Jahre keinen Kontakt gehabt – besuchte er mich in Magdeburg und vertraute sich mir an. In der folgenden Nacht rief er mich aus Wien an, und später folgten ein paar Postkarten. Einen Tag nach seiner „Republikflucht" erhielt ich vom Leiter der Jazz-Rock-Bigband *Fusion* einen sehr erregten Anruf. Er wollte von mir wissen, ob ich wüsste, wo mein Bruder sei. Ich verneinte seine Frage. Wütend gab er – ein vom DDR-System Überzeugter – von sich: „Wenn ich den kriege, wandert er in den Knast." Leider machte ich in diesen Tagen einen großen Fehler. Dummerweise erzählte ich einem KGD-Mitarbeiter von einer Ansichtskarte, die mein Bruder mir aus Wien geschickt hatte. Kurze Zeit später musste ich mich bei der Kriminalpolizei melden. Empfangen wurde ich dann allerdings von einer MfS-Mitarbeiterin. Sie fragte sachlich, ob ich mich zu den Umständen der Flucht meines Bruders äußern könne. Ich verneinte. Dann ging die Tür auf und ein großer, grobschlächtiger und unangenehm wirkender Stasi-Mann betrat den Raum. Herausfordernd und aggressiv begann er mit seinem Verhör: „Sie wollen von der Flucht Ihres Bruders nichts gewusst haben?" Ich verneinte erneut und fügte hinzu, dass ich mich davon distanzieren würde. Er: „Das wollen wir auch schwer hoffen!" Das weitere „Gespräch" war voller real-sozialistischer Floskeln. Für mich nur anstrengend. So hautnah hatte ich bis dahin die unverschämte, anmaßende und gefährlich drohende Sprache der Stasi nicht erlebt.

Wenige Tage später kam die MfS-Mitarbeiterin zu mir nach Hause und holte die Ansichtskarte aus Wien ab. Nach einigen Wochen wurde ich dann in eine andere Abteilung der Kripo bestellt und wieder getäuscht. Auch hier handelte es sich um zwei MfS-Mitarbeiter, die mit mir ein „Gespräch" führen wollten. Der ältere von ihnen war ein zarter dunkelhaariger Typ mit krausen Haaren. Er machte auf mich einen leicht neurotischen Eindruck. Ein Hundertprozentiger. Seinen Namen erfuhr ich übrigens später von der KGD, weil er für die Kulturszene zuständig war. Den zweiten Stasi-Mann kannte ich. Er hieß Michael und hatte während einer Tanzveranstaltung in

Magdeburg-Rothensee, bei der wir mit den *Klosterbrüdern* spielten, versucht, meiner Frau näher zu kommen. Er erzählte ihr, dass er gerade seinen NVA-Dienst abgeleistet hätte. Diese Begebenheit lag Jahre zurück. Sehr überrascht war er nun, als ich ihm sagte, dass ich ihn kenne und auch seinen Vornamen wüsste.

Leicht verunsichert stritt er ab, Michael zu heißen. Bei diesem Gespräch ging es wieder um die Republikflucht meines Bruders. Danach wurden sie vertraulicher und sagten mir sogar, dass ihnen auch viele Titel der Gruppe *Magdeburg* gefallen würden. Ihr Interesse an allem, was mit der DDR-Rockszene zusammenhing, war unüberhörbar. Zum Schluss meinten sie fast freundlich, dass es doch ganz schön wäre, wenn man sich nochmal zu einem „netten" Gespräch bei einer Tasse Kaffee treffen könnte. Ich antwortete ihnen sofort sehr direkt, dass Spitzeldienste für mich nicht in Frage kämen. Ihr süßsaures Lächeln verriet, dass man mit ihnen Klartext sprechen musste. Sie sagten nur noch, dass ich von diesem Gespräch niemandem erzählen dürfe. Obwohl ich nur einigen guten „Freunden" davon erzählte, warf mir die Stasi später mein „Vergehen" vor.

1995 konnte ich in meiner Stasi-Akte lesen, dass ich mich nicht bereit erklärt hätte, als Zuträger zu arbeiten. Und: „Kessler lehnt konsequent und nachdrücklich jede Verbindung mit dem MfS ab." Spontane Reaktionen und Antworten können oft nachteilig sein. 1978 beim MfS waren sie für mich richtig. Etwas später erhielt ich noch „Besuch" von einem jüngeren MfS-Mitarbeiter. Er stellte dumme Fragen, inspizierte unsere Wohnungseinrichtung und durchsuchte meine Plattensammlung. Den Schnüffler rauszuwerfen traute ich mich natürlich nicht. Auch unser damaliger Keyboarder erhielt mehrmals Besuch von zwei MfS-Mitarbeitern, die ihn zur Mitarbeit überreden wollten. Meine Erfahrungen waren für ihn hilfreich. Sie ließen sich nicht mehr sehen. Allerdings interessierten sich auch einige Medienleute für ihn.

Um eine Journalistin kümmerte er sich etwas, einen schwulen Moderator ließ er abblitzen.

Meiner Stasi-Akte konnte ich auch entnehmen, dass selbst Einsätze ins sozialistische Ausland nur mit Zustimmung des MfS erfolgen konnten. George Orwell, „1984". Absolute Kontrolle.

Für nicht wenige IM wird die mehr oder weniger erzwungene Zusammenarbeit mit dem MfS eine psychische Belastung gewesen sein, die in gewisser Weise bis heute anhält.

Zerstörte menschliche Beziehungen, Lebensentwürfe und Karrieren.

Während unseres Jahresurlaubs 1974 war ich mit meiner Frau das erste Mal im Ausland. In Budapest. Das war zu jener Zeit eine andere Welt. Im Gegensatz zur DDR wurden dort viele kleine private Unternehmen zugelassen. Und das war unübersehbar. Neben vielen Angeboten gab es auch die von uns so begehrten Jeanssachen: Hosen, Hemden, Jacken und Mäntel. Begehrte westliche Bücher und Schallplatten konnte man teilweise auch kaufen. Heute eine Selbstverständlichkeit, damals Mangelware. Ein Gefühl von Freiheit war auch in Polen spürbar. Durch Urlaubsaufenthalte an den Masurischen Seen und Konzerttourneen mit der Gruppe *Magdeburg* lernte ich Land und Leute gut kennen.

Ab Mitte 1975 wurde ich fast wöchentlich in die KGD Magdeburg bestellt. Ich ahnte natürlich, dass es auch hier Mitarbeiter mit Stasi-Kontakten gab. Nach Einsicht in meine Stasi-Akte hatte ich später Gewissheit. Ich vergesse aber auch nicht, dass es KGD-Mitarbeiter gab, die immer ein offenes Ohr für unsere Probleme hatten. Aufgrund eines „Förderungsvertrages" erhielten wir einmal im Jahr eine bezahlte Probe. Gleichzeitig mussten wir alle Konzertveranstaltungen, die wir selbst wie eine Agentur buchten, über die KGD abrechnen. Sie erhielten so Geld für nicht erbrachte Arbeitsleistungen.

Letztendlich funktionierten alle DDR-Rockbands wie kleine kapitalistische Unternehmen. Sie mussten sich selbst organisieren und auch ihre Produktionsmittel waren eigenfinanziert. Wie im Westen gab es natürlich auch untereinander einen gewissen Konkurrenzkampf.

Im Frühjahr 1975 nahmen wir mit den *Klosterbrüdern* unsere ersten eigenen Titel „Fieber" und „Lied einer alten Stadt" im Rundfunk der DDR auf. Produzent war Walter Cikan, den ich aus meiner Studienzeit in Leipzig kannte. In guter Erinnerung habe ich neben Walter und dem Rundfunkredakteur Wolfgang Martin auch die Produzentin Luise Mirsch. Menschen, die man brauchte. „Lied einer alten Stadt" wurde dann von der VEB-Firma AMIGA auf einer Polit-Single veröffentlicht. Das war überhaupt nicht in unserem Sinne, aber wir konnten nichts dagegen tun. 1975 unternahmen wir zusammen mit der *Stern Combo Meißen* unter dem Namen *Fusion* eine gemeinsame, sehr erfolgreiche Konzerttournee quer durch die DDR. Für diese mehr als sechzig Konzerte – manchmal fanden zwei an einem Tag statt – hatte Axel Gothe, der heute in New York lebt, einige größere Werke geschrieben, die mit einer Quadro-Sound-Anlage aufgeführt wurden. Es war *das* Konzertereignis 1975. Ich erinnere mich noch an einige große Open Air-Konzerte, die in Crimmitschau, Sermuth und Schwerin stattfanden. AMIGA zeigte an der Übernahme eines Konzertmitschnittes kein Interesse. Jeder einigermaßen clevere westliche Unternehmer hätte sofort Platten pressen lassen. Heute tun aber einige ehemalige AMIGA-Leute so, als hätten sie die Marktwirtschaft erfunden.

Leider kam es 1975 bei den *Klosterbrüdern* zu einer Umbesetzung. Unser Gitarrist Jörg „Matze" Blankenburg gründete seine Band *Reform* und unser Keyboarder Lothar „Paul" Kramer stieg bei der *Stern Combo Meißen* ein. Ich holte danach den Gitarristen Pitti Piatkowski und einen Keyboarder aus Dresden in die Band. Leider passte der Keyboarder überhaupt nicht zu uns. Die für eine Band sehr wichtige „Chemie" war durch ihn gestört. Deshalb mussten wir uns von ihm trennen.

Durch unsere Neuproduktion „Kalt und heiß" blieben wir aber weiter sehr erfolgreich. Präsent im Funk, Fernsehen und in der Live-Szene. Doch der Stress mit den staatlichen Organen hörte nicht auf. Das Komitee für Unterhaltungskunst aus Berlin hatte unserem damaligen Texter, B. L., mitgeteilt, dass in einem sozialistischen Land der Name *Klosterbrüder* nicht tragbar wäre: Er assoziierte für sie zu sehr eine Verbindung zur Kirche und passte nicht in das atheistische DDR-Weltbild. Mit dem Namen *Klosterbrüder* hätte es für uns keine richtige Weiterentwicklung geben können. Viele Bands träumten damals von Funk, Fernsehen, einer eigenen LP und Auslandstourneen. Der Höhepunkt wären Auftritte in westlichen Ländern gewesen. Wir waren eine ambitionierte Profiband. Was sollten wir machen?

Ende 1975 wurde dann bei der Fernsehveranstaltung „Soli-Beat" im Kulturpalast Dresden offiziell unsere Umbenennung von *Klosterbrüder* in Gruppe *Magdeburg* bekannt gegeben. Das war ein weiteres Puzzleteil zum Ausreiseantrag. Für viele Fans waren wir jetzt, mit dem Namen *Magdeburg*, eine „rote" Band.

Bei einem Konzert in Landsberg bei Halle wurden einige Besucher uns gegenüber sogar recht aggressiv. Unsere Popularität war angekratzt. Versprochene Unterstützungen vom Komitee für Unterhaltungskunst blieben aus. Nur mit großem eigenem Kraftaufwand konnten wir gut im Geschäft bleiben. Neue Fans gewinnen. Neue Ziele stecken.

Mitte 1976 nahmen wir erfolgreich an der „Pop-Session" in der „Waldoper" von Sopot in Polen teil. Unter den teilnehmenden Bands war auch die englische Band *Supercharge*. Damals habe ich natürlich noch nicht im Traum daran gedacht, dass ich eines Tages als Musikverleger mit deren Chef und

Saxophonisten Albie Donnelly ein Lehrbuch und Video veröffentlichen würde. Ich hätte auch nie geglaubt, einmal mit *Inga Rumpf* eine kleine Konzerttournee und mit dem weltbekannten Gitarristen Larry Coryell eine Jazz-Gitarrenschule zu machen. Oder dass ich im Jahre 2001 mit den *Klosterbrüdern* und *Manfred Mann's Earth Band* auf der Bühne der Stadthalle in Magdeburg stehen würde.

Unsere kreativste und erfolgreichste Zeit als Gruppe *Magdeburg* hatten wir dann in der Besetzung: Achim Kneis (voc), Pitti Piatkowski (g), Ritchie Barton (keyb), Andreas Kuhnt (b) und Bernd Schilanski (dr). Ich spielte Saxophon, Querflöte und Keyboards. Techniker waren Horst Heuer und Heinz Richter aus Bernburg. Beide sind heute große New York-Fans.

Mit unseren Titeln „Was wird morgen sein", „Wenn ich zwei Leben hätt'", „Vorsicht, Glas!" und „Verkehrte Welt" errangen wir erste Plätze in den Wertungssendungen[17] des DDR-Rundfunks. Diese Songs – mit vielen Mollharmonien, leicht slawisch-melancholisch – entsprechen vielleicht meiner Mentalität. Ich hatte schon immer eine gewisse Affinität zu slawischer, jiddischer und auch Zigeunermusik.

Trotz guter Rundfunkplatzierungen wurden wir vom Fernsehen der DDR weitgehend ignoriert. Lange Haare und Bärte passten nicht so recht ins real-sozialistische Fernsehen. Wenn wir bei der Jugendsendung „rund" auftreten durften, musste unser Sänger Achim Kneis seine Haarpracht unter einer Baskenmütze verstecken. Er sah dann aus wie ein Fremdenlegionär. Obwohl wir beim Rundfunk der DDR schon etwa vierzig eigene Titel produziert hatten, von denen sich fünfzehn in Wertungssendungen etablieren konnten, blieben wir weiterhin von AMIGA unbeachtet. Eine eigene LP wäre für unsere Weiterentwicklung sehr wichtig gewesen. Von Bands, die sich

[17] *Dabei bewerteten die Hörer, ähnlich einer Hitparade, die gespielten Titel.*

erst nach uns formiert hatten, waren bereits LPs erschienen. Dazu gehörten *Berluc*, *Karussell*, *Engerling*, *Reform*, *Kreis* u. a.

Erst 1980, nach indirekter Bestechung und Klinkenputzen meinerseits, war AMIGA gnädig. Unsere erste und einzige LP „Magdeburg" wurde endlich veröffentlicht. Kurz danach – wir waren ein eingespieltes und wieder sehr erfolgreiches Team – wurden Pitti Piatkowski und Ritchie Barton von der Gruppe *City* abgeworben. Ihr Ausstieg war für uns übrige *Magdeburger* schockierend. Konnte man junge Musiker, denen damals Westtourneen – und die dabei zu verdienenden Devisen – versprochen wurden, halten? Ich glaube kaum. Die Anziehungskraft des Westens war zu dieser Zeit magisch. Ritchie stieg später bei *Silly* und Pitti bei *NO55* ein.

Mit Pitti habe ich nach der Wende als Verleger einige sehr erfolgreiche Gitarrenlehrbücher veröffentlicht, und mit Ritchie und Uwe Hassbecher nahm ich 2001 im „Danzmusik-Studio" in Berlin drei Titel für eine neue *Klosterbrüder*-Maxi-CD auf.

Als eine AMIGA-Mitarbeiterin davon erfuhr, dass ich mich um eine Westveröffentlichung unserer *Magdeburg*-LP bemühte, fragte sie mich leicht arrogant, mit welchen Firmen ich Kontakt aufgenommen hätte, denn für AMIGA kämen nur „Major Companies" in Frage. Die Krönung war für mich, als ich in den 90er Jahren in einem Spiegel-Interview des ehemaligen AMIGA-Chefs – er war schon im Westen reich geworden – lesen konnte, wie er sich damit brüstete, dass er hinter seinem Schreibtisch Bittsteller empfangen und allmächtig darüber entscheiden konnte, wer eine LP veröffentlichen durfte und wer nicht.

Wie im alten Rom: Daumen hoch oder runter. Solche Leute haben damals Kulturpolitik gemacht, und wir waren von ihnen abhängig.

Ich habe heute beruflich mit vielen internationalen Verlagen zu tun und kann nur feststellen: Je größer die Firmen sind, desto bescheidener sind oft deren Chefs.

Unsere Kompositionen wurden immer problemlos vom Rundfunk der DDR akzeptiert. Mit den Texten sah das ganz anders aus. Sie wurden vom Lektorat jedes Mal akribisch auseinandergenommen. Die entscheidende Frage war immer: Sind sie politisch tragbar? Deshalb waren auch viele Textinhalte von DDR-Songs oft sehr verschlüsselt, indirekt und lyrisch. Sie sollten unangreifbar sein. Ich sehe noch immer Gisela Steineckert und Fred Gertz vom Lektorat vor mir, wie sie mit uns diskutierten. Einmal wurde ein Titel von uns mit drei verschiedenen Texten produziert. Er hieß zuerst „Untreue Freunde", dann „Schweigt, ihr Propheten" und zum Schluss „Gottlose Lieder". Damit ist alles gesagt. Sehr frustrierend wurden zunehmend auch die sich ständig wiederholenden Auftrittsorte. Routinemäßig von der Ostsee bis zum Erzgebirge und zurück. Wir hatten zwar einige Male in Polen gespielt, aber auf unserer Wunschliste stand eine größere Konzerttournee durch die Sowjetunion. Andere Bands hatten das bereits hinter sich. Damals konnte man in den größeren Städten der SU noch mehrere Tage vor ausverkauften Hallen spielen. Wir erhielten sehr viel Post von sowjetischen Fans, die zum Teil auch DDR-Sender empfangen konnten. Meine ständigen Bemühungen bei der Künstleragentur der DDR zur Genehmigung einer Tournee wurden immer wieder mit fadenscheinigen Begründungen abgewiesen. Als ich mich diesbezüglich persönlich an die sowjetische Agentur in Moskau wandte, erhielt ich von der DDR-Künstleragentur einen belehrenden Brief mit dem Hinweis, dass Auslandskonzerte ausschließlich über sie vermittelbar wären. Eigene Aktivitäten hätte ich gefälligst zu unterlassen.

Nach einer gemeinsamen DDR-Tournee mit der ungarischen Rockgruppe *General* organisierte deren Chef für uns eine Ungarn-Tournee. Von der Künstleragentur wurde eine andere Band hingeschickt. Spätestens da war klar, dass auch einige Mitarbeiter der Künstleragentur nur auf „Zuwendungen" reagierten.

Sehr frustrierend war auch ein Erlebnis im Januar 1980. Wegen Glatteis erschien die Gruppe *Magdeburg* zu den Proben für einen Auftritt im Jugendfernsehen der DDR etwas zu spät. Vom Moderator wurden wir deshalb mit „Scheißband" begrüßt.

Als wir uns im Mai 1980 in Karl-Marx-Stadt bei der Jugendsendung „rund", die auch in alle Sowjetrepubliken ausgestrahlt werden sollte, mit neuer Besetzung vorstellen wollten, kam es zum endgültigen Eklat. Wir hatten drei Tage geprobt und sollten mit unserem Titel „Wenn ich zwei Leben hätt'" als erste auftreten. Kurz vor Sendebeginn forderte ein aufgeregter Redakteur unseren Sänger auf, sich seine Haare abzuschneiden oder sie unter einer Mütze zu tragen. Achim Kneis lehnte ab. Der Rest der Gruppe stand hinter ihm. Ich habe noch immer die aggressiven Worte des Produktionsleiters im Ohr: „Und damit seid ihr fürs Fernsehen der DDR erledigt." Das war's. Sehr deprimiert fuhren wir dann in Richtung Berlin und mir war intuitiv klar, dass irgendetwas zerbrochen war. Es war der Anfang vom Ende. Später hörte ich noch von Kollegen anderer Bands, dass einige Fernsehleute höhnisch geäußert hätten, die Gruppe *Magdeburg* habe Harakiri gemacht. Harakiri mit Sicherheit nicht, eher Gedanken über einen etwas anderen Neubeginn.

Äußerst wütend über den Vorfall in Karl-Marx-Stadt sagte ich einem KGD-Mitarbeiter, dass wir keine echte Chance mehr hätten, weil wir als Profiband auf Fernsehpräsenz angewiesen wären. Ein paar Tage später erhielt ich Besuch von dem kraushaarigen MfS-Mitarbeiter, der für die Musikszene zuständig war. Seinen erschrockenen Augen sah man an, dass er ahnte, dass ich es sehr ernst meinte. Konsequenzen waren vorprogrammiert.

Im Sommer 1980 traten wir noch einmal mit einigen führenden Bands aus Ungarn, der ČSSR und Polen bei der „Pop-Session“ in Sopot auf. Wir waren außerordentlich erfolgreich. Auch im Osten wurden Rockgruppen zum Teil euphorisch gefeiert. Ich habe später bei Konzerten in der Berliner „Waldbühne“ selten eine bessere Stimmung erlebt. In einer Sopoter Diskothek, die sich unmittelbar an der Seebrücke befand, kam ich mit einem westdeutschen Urlauber ins Gespräch, der mir klarmachen wollte, wie unfrei wir in der DDR lebten. Er hatte Recht, aber wegen der Anwesenheit eines mithörenden Funktionärs des FDJ-Zentralrates konnte ich natürlich meine ehrliche Meinung dazu nicht äußern. Ganz im Gegenteil.

Als ich nach Sopot während unseres Sommerurlaubs, den ich bei meinen Eltern an der Grenze zu Lübeck verbrachte, Zeit hatte, in Ruhe über die letzten Jahre zu reflektieren, sah ich für meine persönliche Weiterentwicklung und die der Band keine echte Perspektive mehr. Der ganze, über einen langen Zeitraum angesammelte Frust ließ nur eine – für mich nicht einfache – Entscheidung zu: Ich musste hier raus. Raus aus der DDR. Und das so schnell wie möglich. Wie lange das allerdings dauern würde und welchen Preis ich dafür bezahlen sollte, habe ich zu dieser Zeit noch nicht ahnen können.

Als wir im September wieder mit der Probenarbeit begannen, weihte ich meinen Freund Achim Kneis, den Sänger unserer Band, in meine Ausreiseabsichten ein.

Sehr erstaunt war ich, als ich von ihm hörte, dass er das schon viel früher erwartet hätte.

Wir hatten jahrelang zusammengearbeitet, alle Höhen und Tiefen durchlebt und ich freute mich natürlich, als er mir sagte, dass er die Nase schon lange voll habe und mit in die Bundesrepublik wollte.

Ich hatte aber nie die Absicht, mit der ganzen Band einen Ausreiseantrag zu stellen.

„Rädelsführer“ wollte ich als Bandchef auf keinen Fall sein. Achim leistete mehr oder weniger Überzeugungsarbeit. Nach einigen Wochen waren alle Bandmitglieder für eine Ausreise in die Bundesrepublik. Wir gaben noch ein Jahr lang Konzerte, und das war sehr belastend, denn man spielte noch in der DDR und war in Gedanken schon im Westen. In diesem letzten Jahr mit *Magdeburg* machte ich aus meiner Meinung bezüglich der DDR-Kulturpolitik keinen Hehl mehr. Ich hatte nicht mehr viel zu verlieren.

Nach unserem letzten Konzert in Neubrandenburg hatte ich im Restaurant des Hotels „Vier Tore“ ein Gespräch mit einem bekannten Rundfunk-Moderator. Unser politischer Disput eskalierte. Er wurde immer ärgerlicher, ich aggressiver. Als wir bei Rosa Luxemburg angekommen waren, meinte er dann sichtlich erregt: „Was weißt du denn schon von Rosa Luxemburg?“ Bestimmt nicht viel, aber etwas sehr Wichtiges: Sie, eine überzeugte Kommunistin, stellte die Diktatur des Proletariats in Frage.

Jahre vorher hatte ich im Hotel „Vier Tore“ schon ein ganz eigenartiges Erlebnis. Wir saßen abends nach einem Konzert an der Hotelbar. Uns gegenüber ein leicht angetrunkener Mann mittleren Alters, der Kontakt suchte. Er stellte sich als LPG-Vorsitzender vor, der hier – und das machte er mehrmals im Jahr – Ablenkung suchte. Man merkte, dass er sich aussprechen wollte und wir lernten schnell sein Lieblingsthema kennen: Politik. Angeblich war er als überzeugter Kommunist in die Fänge des MfS geraten. Er zeigte uns eine Brandwunde an seiner Schulter, die von Folterungen mit einem heißen Bügeleisen stammen sollten. Wir waren geschockt. Sollte das stimmen? Kein Zweifel bestand allerdings daran, dass er über bemerkenswerte geschichtliche und politische Kenntnisse verfügte. Schnell war er bei den stalinistischen Verbrechen. Als ich ihn unterbrach und auf die ungeheuerlichen Verbrechen der Nazis hinwies, winkte er nur mitleidig lächelnd ab und antwortete, dass ich einmal die Programme der KPD und NSDAP vergleichen sollte, denn die Unterschiede wären nicht so groß. Besonders irritierte mich seine Meinung, dass auch die Kommunisten – wenn sie 1933 an die Macht gekommen wären – etwas gegen Juden unternommen hätten. Das konnte und wollte ich nicht glauben. War sprachlos. Das Versagen der KPD führte er auf die intellektuelle Inkompetenz ihres Vorsitzenden Ernst Thälmann zurück, der für ihn nicht mehr war als der Organisator von Straßenkämpfen. War er ein „Verrückter“? Oder hatte er nicht ganz Unrecht?

Verwundert hatte mich auch seine Meinung, dass die weiße Rasse der negriden intellektuell überlegen sei und nur Vermischung diesen Unterschied aufheben könne. Er berief sich dabei auf Forschungsergebnisse und die Dritte Mendelsche Regel.

Derartiges hatte ich vorher nie gehört. Ein befremdlicher Rassismus.

Im Frühsommer 1981 gaben wir noch ein Konzert im FDJ-Ferienlager am Scharmützelsee. Mit dabei war auch die Polit-Gruppe *Jahrgang 49*. Mit ihnen gab es keine Diskussionen. Konnte es auch nicht geben, denn sie übersahen uns mit bemerkenswerter Arroganz.

Während dieser Zeit hatte ich noch ein sehr unangenehmes Erlebnis. Ein älterer Staatsanwalt bestellte mich in das Bezirksgericht Magdeburg und wollte mich für eine etwas zu spät überwiesene Alimentenzahlung eines unserer Bandmitglieder verantwortlich machen. Ich sagte ihm, dass ich mit diesem privaten Problem nichts zu tun hätte. Obwohl einer seiner Mitarbeiter mir Recht gab, schrie er mich äußerst aggressiv an und drohte mir.

Irritierend war für mich auch, dass ein Staatsanwalt falsches Deutsch sprach. Mehrmals fragte er neidisch und voller Frust: „Sie fahren doch oft im Ausland?“

Bei einem unserer letzten Konzerte in Berlin übernachteten wir im Hotel „Stadt Berlin“ und trafen abends an der Hotelbar Kollegen der Gruppe *Karussell*. Ich sprach Klartext. Sprach Dinge an, die jeder als kritikwürdig empfinden musste. 1995 fand ich in meiner Stasi-Akte einen handschriftlichen Bericht über dieses Gespräch. Das hätte ich von dem freundlichen Leipziger Bandchef nicht erwartet. Andere Kollegen überreden zu wollen, auch Ausreiseanträge zu stellen, das wäre in der damaligen DDR wirklich „Harakiri“ gewesen.

Der Ausreiseantrag, Berufsverbot und Angst

Am 21. September 1981 schickten wir, die Mitglieder der Gruppe *Magdeburg*, einen von allen unterschriebenen Antrag auf Übersiedlung in die BRD an das Ministerium des Innern in Berlin.

Eine mehrseitige Begründung war dem Antrag als Anlage beigefügt. Keine Band hatte das bisher gewagt. Ein Risiko mit unberechenbaren Folgen. Zwei Tage später begann für uns – und das war voraussehbar – ein Spießrutenlauf. Die gesamte Band wurde sehr früh morgens zur KGD Magdeburg bestellt. Mit der KGD verband uns eine jahrelange Zusammenarbeit. Eine Kopie unseres Antrages mit Begründung lag auf dem Tisch. Die drei anwesenden KGD-Mitarbeiter, die uns und unsere Entwicklung mit all ihren Höhen und Tiefen gut kannten, wussten, dass unser Schritt nicht ganz unverständlich war. Vielleicht hatten sie es sogar geahnt. Aber auch sie waren Mitarbeiter einer staatlichen Institution. Mit ängstlichen, aufgeregten Blicken – in meinen Augen fast ein wenig bittend – wollten sie uns davon überzeugen, unseren Antrag zurückzunehmen. Als „gelernte" DDR-Bürger ahnten sie, was auf uns und auch auf sie zukommen würde. Sie hatten genauso Angst wie wir. Angst vor den Konsequenzen unseres Ausreiseantrages. Eine Mitarbeiterin – sie war immer sehr diplomatisch, und ich mochte sie – brachte Verständnis für berechtigte Gründe unseres Antrages zum Ausdruck, sagte aber auch immer wieder eindringlich, dass man über alles sprechen könne. Außerdem würde man Künstler in der DDR nicht – wie es im Westen der Fall sei – hängen lassen, wenn sie älter würden.

Trotz der Hilfsangebote waren die stundenlangen Diskussionen sinnlos. Jahrelang hatten wir die KGD-Mitarbeiter auf unsere Probleme hingewiesen. Oft auch sehr direkt und nachdrücklich. Jetzt war es zu spät. Wir blieben hart und der Ausreiseantrag auf dem Tisch. Für uns war dieser Schritt absolut gerechtfertigt. Er war es damals und ist es aus heutiger Sicht auch noch. Es musste dazu kommen. Wir hatten gehofft, dass man uns – wie Mitglieder der Rockgruppe *Renft* und auch andere Künstler – relativ schnell in den Westen abschieben würde. Das war naiv. Ein großer Irrtum.

Von staatlicher Seite wollte man ein Exempel statuieren. Andere Berufskollegen sollten es nicht wagen, auch Ausreiseanträge zu stellen. Angst vor staatlicher Gewalt, das hatte schon bei Hitler und Stalin gut funktioniert. Den Mund halten, sich unterordnen und anpassen. Mitte 1989 war endgültig Schluss damit.

Latent begann die Opposition schon viel früher. Der „Buschfunk" funktionierte in der DDR sehr gut. Die gesamte Musikszene war über unseren Ausreiseantrag informiert. Im Hotel „Stadt Berlin" traf ich kurz nach unserer Antragstellung noch unseren Texter. Wir hatten ein gutes Verhältnis. Uns verband so etwas wie Freundschaft. Ihn hatte ich neben meiner Familie als Einzigen über unsere Ausreiseabsichten informiert. Ein Fehler, wie sich Jahre später herausstellen sollte. Bei unserem Treffen im September 1981 in Berlin – wir hatten eben unseren Ausreiseantrag gestellt – kam er gerade von einer Geburtstagsfeier von Hartmut König, Mitglied des FDJ-Zentralrates, der bereits Bescheid wusste und zu ihm sagte: „Alles Verräter!" Mich würde schon interessieren, was Herr König heute vom Sozialismus hält. Nicht alle können Wendehälse sein.

Wenige Tage nach dem KGD-Gespräch wurden alle Mitglieder der Band zur Abteilung Inneres des Rates des Bezirkes Magdeburg bestellt.

Hier lernten wir dann das Prinzip „Zuckerbrot und Peitsche" kennen. Stasi-Strategie. Genau wie die KGD-Mitarbeiter versuchte der Leiter der Abteilung Inneres uns – fast zutraulich – davon zu überzeugen, dass man über alles sprechen könne und uns helfen wolle, unsere Probleme zu lösen. Einzige Bedingung: Der Ausreiseantrag müsse sofort vom Tisch. Endlose

Diskussionen folgten. Wir ließen uns nicht erweichen. Blieben wieder unbeirrt. Es gab kein Zurück mehr, denn den Ausreiseantrag hätte man uns nie verziehen. Dann kam vom Leiter der Abteilung Inneres die „Peitsche". Er wurde lauter und sagte drohend: „Es gibt auch andere Arbeit." Das hieß: Wenn wir den Antrag nicht zurücknähmen, würde man uns in die Produktion schicken. Eine unüberhörbare Warnung. Berufsverbot für eine weitere Tätigkeit als Musiker. Man warf mir noch vor, dass ich eine an Erich Honecker gerichtete Erklärung unterschrieben hätte, in der die DDR-Kulturschaffenden zum Ausdruck brachten, voll und ganz hinter der Politik der Partei der Arbeiterklasse zu stehen. Genauso wie die Wahlen waren auch derartige Unterschriften in der DDR eine einzige Farce. Anfang 1981 bestellte man den Bandchef von *Reform*, Jörg „Matze" Blankenburg und mich in die SED-Bezirksleitung Magdeburg. Man legte uns ein an Erich Honecker gerichtetes Schreiben vor, erklärte uns kurz dessen Wichtigkeit und zwang uns indirekt zur Unterschrift. Hätten wir sie verweigert, wären mit Sicherheit unangenehme Fragen und Diskussionen auf uns zugekommen.

Während dieser Zeit hatte ich Verwandten beim Umzug in eine Neubauwohnung geholfen und bei der Benutzung des Fahrstuhls wurde ein Hausbewohner, der SED-Mitglied war, sehr ärgerlich. Ich sagte ihm sinngemäß, dass er wohl denke, als Genosse etwas Besonderes zu sein. Einige Tage später wurde ich zur SED-Bezirksleitung bestellt und musste mich entschuldigen.

Für mich war klar, dass ich im September einen Ausreiseantrag stellen würde, zusätzliche Probleme konnte ich also nicht gebrauchen.

Zum Schluss erwähnte der Leiter der Abteilung Inneres noch, dass der vorliegende kollektiv gestellte Antrag inakzeptabel wäre. Ausreiseanträge dürften nur einzeln oder bei Familien mit entsprechenden Angehörigen gestellt werden. Und das taten wir dann auch. Fast meine ganze Verwandtschaft lebte in der Bundesrepublik, deshalb stellten meine Familie und ich jetzt einen Antrag auf Familienzusammenführung.

Nachdem wir als Band unseren Ausreiseantrag gestellt hatten, wurde „Hans die Geige“ – er war Mitglied der letzten *Magdeburg*-Besetzung – von einer FDJ-Funktionärin gefragt: „Könnt Ihr nicht warten?“ Spätestens seit ich 1995 Einsicht in meine Stasi-Akte genommen hatte, wusste ich, dass wir bis zum 9. November 1989 hätten warten können.

In diesen anstrengenden Tagen bauten wir, die Mitglieder der Band, uns gegenseitig auf. Hatten immer noch die Hoffnung, dass alles schnell vorbeigehen würde. Es sollte anders kommen. Die Gespräche gingen weiter. Wir wurden als nächstes zur Abteilung Kultur des Rates des Bezirkes Magdeburg bestellt. Es folgten wieder endlos lange Diskussionen mit der abschließenden Drohung, man könne uns auch unsere Berufsausweise entziehen. Das hieß Berufsverbot und war eine Gefährdung unserer Existenzgrundlage. Es war unübersehbar, dass der subtile psychische Druck des MfS zunahm. Laut DDR-Ideologen gab es Berufsverbote nur in kapitalistischen Ländern, insbesondere in der BRD.

Kurze Zeit später wurden wir erneut zur Abteilung Kultur bestellt. Anwesend war dieses Mal ein Mitarbeiter des Kulturministeriums aus Berlin. Ihm sah man an, dass er äußerst ungern nach Magdeburg gekommen war und die ganze Situation ihn stresste. Ärgerlich sagte er, dass wir wahrscheinlich unter einer Paranoia litten. Wer allerdings unter Paranoia litt, war spätestens nach der Wende klar. Ich erinnere mich noch an den letzten Fernsehauftritt von Erich Mielke. Auch der Mann aus Berlin hätte sich die Fahrt nach Magdeburg sparen können.

Wenige Tage danach erhielten wir Briefe von der Abteilung Kultur des Rates des Bezirkes Magdeburg, in denen man uns aufforderte, unsere Berufsmusikerausweise abzugeben.

Das bedeutete für uns Berufsverbot und Auftrittsverbot für die Gruppe *Magdeburg*. Was sollten wir jetzt machen? Wer in der DDR keiner geregelten Arbeit nachging, wurde zwangsläufig inhaftiert. Es gab den berüchtigten Asozialen-Paragrafen. Bereits im „Manifest der Kommunistischen Partei“ (1848) von Marx und Engels taucht der Begriff „Arbeitszwang“ auf.

Drei Mitglieder der Gruppe *Magdeburg* hielten dem anhaltenden Druck nicht stand. Sie nahmen nacheinander ihre Ausreiseanträge zurück. Die Stasi ging dabei sehr zielstrebig und doch subtil vor. Ein *Magdeburg*-Mitglied wurde erpresst und nahm nach ungefähr einem Monat seinen Antrag zurück. Unser Schlagzeuger erhielt Anfang 1982 eine Karte von der Kriminalpolizei mit der Aufforderung, sich zur Klärung eines Sachverhaltes zu melden. Das Verhör wurde dann – wie zu erwarten – von MfS-Mitarbeitern geführt. Primär ging es darum, wer bei den Ausreiseaktivitäten der Gruppe *Magdeburg* der Rädelsführer war. Mich hätten sie sehr gern fertig gemacht, aber Bernd Schilanski machte ihnen klar, dass es eine gemeinsame Aktion war. Nach stundenlangem Verhör merkte er, dass man ihn dabehalten wollte. Seine Vermutung war richtig. Obwohl er als Musiker Berufsverbot hatte, warf man ihm asoziales Verhalten vor, und er wurde in die VP-Untersuchungshaftanstalt für Kriminelle eingeliefert. Die ersten vierzehn Tage waren für ihn – auch bedingt durch weitere Stasi-Verhöre – die Hölle. Da er von jeglichen Informationen der Außenwelt abgeschnitten war, konnte er natürlich nicht wissen, dass ich sofort nach seiner Inhaftierung das Büro Dr. Vogel verständigt hatte.

Um sich psychisch zu stabilisieren, meldete er sich in der Haft freiwillig zur Arbeit. Nach etwa einem halben Jahr wurde er mit der Auflage entlassen, als Gabelstaplerfahrer in der Produktion zu arbeiten. Seinen Ausreiseantrag musste er natürlich zurücknehmen.

Übriggeblieben als Antragsteller waren jetzt nur noch mein Freund Achim Kneis, unser Bassist Andreas Kuhnt und ich.

Für uns begannen endlose Tage, Wochen, Monate und Jahre des Wartens, des Hoffens und der Angst.

Ich begann meine Zeit jetzt anders zu organisieren, und das war eine nicht ganz einfache Umstellung. Keine Band, keine Proben, keine Konzerte, keine Fans. Auf mich allein gestellt begann ich, täglich an neuen Songs zu arbeiten.

Einige Kompositionen aus dieser Zeit habe ich später im Westen veröffentlicht. „Wir sind keine Automaten", „Risiko", „Flammendes Eis" und „Gib mir eine letzte Chance". Nach unserem Berufsverbot wurde ich zur Abteilung Kultur des Rates der Stadt Magdeburg bestellt. Bei dieser Befragung war ich mit dem Leiter allein. Wieder Fragen und Diskussionen mit mir bekannter stereotyper, sich endlos wiederholender, banaler Argumentation, die mich nicht überzeugen konnte, meinen Antrag zurückzunehmen. Ganz im Gegenteil. Meine Gründe waren für ihn „kleinbürgerlich". Anders Denkende und Abweichler waren eben „kleinbürgerlich". So einfach war das. Mit einem negativ besetzten Wort konnte man einen „Gegner" ganz leicht diffamieren.

Als ich es wagte, ihm zu sagen, dass ich nicht erkennen könne, dass man sich im Sozialismus freier entwickeln kann als im Kapitalismus, winkte er nur ärgerlich ab.

Er warf mir vor – wie viele Vernehmer vor und nach ihm –, nicht in großen gesellschaftlichen und politischen Zusammenhängen denken zu können. Außerdem sei der Sozialismus nur eine Übergangslösung auf dem Weg zum Kommunismus. In der Tat, ein unschlagbares Argument. Wie lange sollten die DDR-Bürger noch auf ganz normale Freiheiten warten?

Stolz wies der Abteilungsleiter auch darauf hin, dass er Gesellschaftswissenschaften studiert hatte und – mit einer leichten Anwandlung von Arroganz – dass alles auf dieser Welt gesetzmäßig sei. Gesetzmäßig war sicherlich auch der Untergang der DDR. Mir gingen jedenfalls 1982 seine belehrenden Aussagen auf die Nerven.

Am Ende unseres Gespräches fragte der Kulturfunktionär mich noch ganz nebenbei, als was ich jetzt arbeiten würde und wovon ich lebe. Ich antwortete ihm, dass ich für potentielle Interpreten komponiere und noch Lizenzen von der AWA[18] erhalte. Er nickte nur viel sagend.

Wenige Tage später begann meine Frau eine Arbeit als Spülhilfe in der Küche eines privaten Cafés.

Wann lassen sie uns endlich raus? Das war die tägliche Frage. Täglich wurde spekuliert, diskutiert und gehofft. Ohne Hoffnung war das alles nicht zu überstehen.

„Einladungen" zu weiteren Gesprächen mit staatlichen Organen folgten. Wiederholungen. Immer wieder Fragen zum Arbeitsverhältnis. Zum Schluss immer wieder die Warnung, besser sehr vorsichtig zu sein.

Bei einem dieser Gespräche – es waren eher Vernehmungen – wurde mein Wissen über das Musikbusiness erweitert. Ein Mitarbeiter der Abteilung Inneres des Rates der Stadt Magdeburg erklärte mir, dass Peter Maffays Erfolg auf den *Karat*-Titel „Über sieben Brücken musst du geh'n" zurückzuführen sei. Meinen zurückhaltenden Einwand, dass Maffay auch schon vorher nicht ganz unbekannt gewesen sei, ignorierte er. Auch eine bekannte Alltagsweisheit konnte ich von ihm hören: „Qualität setzt sich durch!" Er meinte damit, dass auch für die Gruppe *Magdeburg* eines Tages eine Westtournee möglich gewesen wäre.

Meiner Stasi-Akte konnte ich 1995 allerdings etwas anderes entnehmen. Man hätte uns nie fahren lassen. Gleichzeitig sagte mir der Mitarbeiter von „Inneres", dass man nicht alles haben könne und ich im Westen sowieso untergehen würde.

Sprüche, die ich noch oft hören sollte. Ich habe einige Funktionäre – meist jüngere – kennen gelernt, die sich sehr für Rockmusik interessierten, sie aber auch für ihre politische Ar-

[18] *Anstalt zur Wahrung der Aufführungsrechte auf dem Gebiete der Musik*

beit benutzten, oder benutzen mussten. Ich denke da an die Fernsehsendungen „rund", „Soli-Beat", „Rock für den Frieden".

Als wir mit der Gruppe *Magdeburg* noch Konzerte gaben, erfuhr ich von einem führenden Mitglied des FDJ-Zentralrates, dass die internationale Rock- und Popszene stagniere, es aber einen neuen Messias am Pophimmel gäbe: *City* aus Berlin. Nach seiner Meinung kam nach den *Beatles* und *Rolling Stones* nichts Erwähnenswertes mehr. Nichts gegen *City*, sie waren keine unsympathischen Kollegen und „Am Fenster" ist ein Mega-Hit.

Ein Magdeburger Rechtsanwalt, dem ich meine Situation darstellte, war der Meinung, man würde uns nie aus der DDR-Staatsbürgerschaft entlassen. Ernüchterung. Weitere aufkeimende Angst vor dem Ungewissen. Die Ungewissheit und Schutzlosigkeit waren in dieser Zeit das Schlimmste. Auch bei Vertretern der Kirche suchte ich Unterstützung. Führte Gespräche. Umsonst. Warum, erfuhr ich Jahre später aus meiner Stasi-Akte. Im Netzwerk der Stasi befanden sich auch Kirchenleute. Auch unter ihnen gab es IM.

Eine weitere Hiobsbotschaft kam von meiner Schwägerin. Von ihrem Schwager – einem Stasi-Offizier – hatte sie gehört, dass unser Fall sehr ernst sei und wir keine Chance hätten, auszureisen. Diese Information war zwar schockierend, aber er war nicht für Ausreiseanträge zuständig. Vielleicht eine Information aus zweiter Hand.

Ausreisewillige wussten, dass der Berliner Rechtsanwalt Dr. Vogel schon vielen geholfen hatte, aus der DDR herauszukommen. Natürlich immer in Zusammenarbeit mit staatlichen Stellen. Leider blieben unsere Besuche in seinem Büro ergebnislos. Erst später – als die Stasi uns inhaftiert hatte – konnte er aktiv werden. Eine weitere Adresse war auch die Ständige Vertretung der BRD in Ost-Berlin. Meine Frau und ich nahmen all unseren Mut zusammen und fuhren nach Berlin. Auf der Straße vor dem Eingang der Ständigen Vertretung patrouillierten DDR-Volkspolizisten. Wir versuchten, unsere Ängste zu verdrängen.

Als die Polizisten weit genug vom Eingang entfernt waren, traten wir ein. Nachdem wir einem Pförtner unser Anliegen erklärt hatten, telefonierte er kurz, und wir wurden dann von einem jüngeren Mitarbeiter abgeholt. In seinem Arbeitszimmer bat er uns, Platz zu nehmen und hörte zu. Für ihn war das tägliche Routine. Zu viele DDR-Bürger besuchten in dieser Zeit die Ständige Vertretung. Diejenigen, die später den Mut hatten, sie zu besetzen, haben sich viel erspart. Nur, ein Besuch war eigentlich sinnlos. Wer heraus durfte oder nicht, bestimmten 1982 immer noch die DDR-Machthaber. Auch ein an Erich Honecker gerichteter Brief mit der Bitte, unseren Antrag auf Übersiedlung in die Bundesrepublik positiv zu bewerten, war zwecklos. Er blieb unbeantwortet. Ich hatte mir dafür extra seine Biographie gekauft. Gerade er, der zehn Jahre als politischer Häftling im Zuchthaus Brandenburg verbracht hatte, hätte wissen müssen, wie unmenschlich es ist, eingesperrt zu sein. Trotzdem hatte er keine Skrupel, das Gleiche zu tun wie die Nazis.

Anders Denkende landeten auch während seiner Diktatur im Zuchthaus.

Am 16. April 1982 holte mich die Stasi zu einem langen, sehr aggressiv geführten Verhör in ihre U-Haftanstalt in der Magdeburger Umfassungsstraße. Ganz bewusst habe ich dieses Buch mit diesem einschneidenden Erlebnis begonnen. Nach dem Non-Stop-Verhör wachte ich jeden Morgen mit Angst auf. Angst vor neuem Klingeln. Ich war urlaubsreif.

Im Sommer 1982 fuhr ich mit meiner Familie an die Ostsee in das Ferienhaus eines Freundes. Große Lust, auf meine Probleme und Sorgen einzugehen, hatte er nicht. Das Wort „Ausreiseantrag“ konnte er nicht mehr hören. Im Gegenteil. Damals waren er und seine achtzehnjährige Freundin noch der

Meinung, dass es nichts Besseres als den Sozialismus gäbe. Seine „schlaue“ Freundin war dann allerdings vor uns in den Westen ausgereist.

Wie er dachten damals allerdings nicht wenige DDR-Bürger. Eine Zeit lang auch ich. Mein jüngster Bruder war bereits im Westen. Er, der bei Herbert Grönemeyer am Schlagzeug saß, rief mich ab und zu an. Da ich ahnte – später erhielt ich die Bestätigung –, dass die Stasi mithörte, waren diese Telefonate äußerst anstrengend und unfrei.

Im Kopf war immer eine Schere.

Die Staatsorgane ließen mich nicht in Ruhe. Ich wurde wegen einer angeblichen Zeugenaussage zur Kriminalpolizei bestellt. Ein Mitarbeiter befragte mich zu einem Vorgang im Straßenverkehr. Ich wusste von nichts. Nebenbei stellte er noch andere, eigenartig diffuse, rätselhafte Fragen. Was sollte das? Er gab sich jedenfalls nicht als MfS-Mitarbeiter zu erkennen. War völlig emotionslos. Was wollte man von mir? Wieder Stasi-Taktik? Diese Fragen blieben offen.

Nachdem meine Familie und ich unseren Ausreiseantrag gestellt hatten, nahmen unsere sozialen Kontakte merkbar ab. Viele hatten sicherlich Angst, sich mit uns zu treffen. Gleichzeitig erhielten wir Besuche von Leuten, mit denen wir vorher weniger zu tun hatten.

Die Vermutung, dass einige der Besucher IM waren, lag nahe. 1995 wurde mein Verdacht nach Einblick in meine Stasi-Akte bestätigt.

Kraft gab mir vor allem der Zusammenhalt mit meinem Freund Achim Kneis. Wir besuchten uns oft und bauten uns gegenseitig auf. Waren eine Schicksalsgemeinschaft. Alle politischen Fernsehsendungen, aber auch „Rockpalast“ und anderes waren für uns willkommene Ablenkung.

Der Vater von Achim gehörte in der Nazi-Zeit den Zeugen Jehovas an. Dafür saß er im KZ. Auch in der DDR wurde diese Religionsgemeinschaft anfänglich verfolgt. Später stillschweigend geduldet. Achim hatte durch die bekannte Vergangenheit seines Vaters lockeren Kontakt zu ihnen. Auch die wöchentlichen Treffs mit zwei Zeugen Jehovas waren Zerstreuung. Das Irdische war für sie nur eine zu ertragende Übergangslösung vor dem Eintritt ins Paradies. Das Land und der Ort, in dem man lebt, waren für sie völlig unwichtig, deshalb wollten sie uns sogar einmal von unserem Vorhaben abbringen.

Da die Zeugen Jehovas Pazifisten sind, hatte der Sohn von einem unserer Bekannten den NVA-Grundwehrdienst verweigert. Dafür wurde er eingesperrt und musste etwa dreieinhalb Jahre in Rüdersdorf bei Berlin im Zementwerk schuften.

Veranstaltungen in Magdeburg besuchten wir äußerst selten. Ich erinnere mich noch an „The Band", einen Film, den ich mit Achim sah.

Bei einem Nachwuchs-Musikerwettbewerb wurde ich vom Veranstalter – einem Kulturfunktionär, aber früheren *Klosterbrüder*-Fan – nach Hause geschickt. Er bat mich um Verständnis. Ich verstand ihn, fühlte mich aber verletzt und ausgestoßen. Ich gehörte nicht mehr dazu.

Beim Verlassen der Veranstaltung lief mir noch ein bekanntes Stasi-Gesicht über den Weg, ein MfS-Mitarbeiter, der mich zur „Republikflucht" meines Bruders „befragt" hatte.

Die Zahl der Menschen, die aus der DDR herauswollten, nahm zu.

Auch die Cousine meiner Frau wollte gemeinsam mit ihrer Familie ausreisen. Auf einer Familienfeier sagte ihr Schwager – er war Polit-Offizier – zu mir, wenn er etwas zu sagen hätte, würde er mich wie eine Zigarre zertreten. Dieser Mensch entpuppte sich nach dem Mauerfall als Wendehals mit zweifelhaftem Ruf.

Der Stasi-Terror ging weiter. Anfang 1983 erhielt ich von der Abteilung für Arbeit einen Brief, in dem man mich aufforderte, in wenigen Tagen mit dem Nachweis eines Arbeitsverhältnisses zu erscheinen.

Achim Kneis erhielt die gleiche Aufforderung. Wir mussten schnell handeln. In der Nähe von Magdeburg lebte ein selbständiger Schausteller, den Achim gut kannte, und der half aus. Er drückte seinen Firmenstempel mit Unterschrift in unsere Sozialversicherungsausweise, und wir waren ab sofort Schaustellergehilfen. Zu Hause bei Achim rollten wir dann Lose, die für den Rummel gedacht waren. Unser „Arbeitsverhältnis" beinhaltete auch, dass wir Ponys auf der Weide hüten sollten. Die Familie des Schaustellers erhielt später – nach meiner Ankunft in West-Berlin – als erste ein „Westpaket". Etwas beruhigter ging ich nach ein paar Tagen – ich konnte ja jetzt eine Beschäftigung nachweisen – zur Abteilung für Arbeit. Mich empfing ein großer, kräftiger Mitarbeiter mittleren Alters. Er begann ein sehr allgemeines Gespräch. Nicht unfreundlich, aber ein gefährlich drohender Unterton schwang mit. Ich spürte die negative Energie, die von ihm ausging. Gespannte Atmosphäre. Kein Hass, aber für ihn war ich ein „Klassenfeind". Seit drei Jahren stand für mich fest: Ich will in die Bundesrepublik ausreisen. Nach dieser langen Zeit des Wartens, Hoffens und auch der Angst war ich übersensibilisiert. Der Mitarbeiter der Abteilung Arbeit – er stellte sich jedenfalls so vor – war mit Sicherheit von der Stasi beauftragt, mich weiter zu verunsichern und zu verängstigen. Unerwartet wurde er privat und erzählte mir, dass er als überzeugter Kommunist aus der BRD in die DDR – das für ihn bessere Deutschland – gekommen sei. Nach seinem Dialekt zu urteilen, klang es glaubhaft. Dann änderte sich sein Tonfall abrupt, und er fragte herausfordernd nach meinem Arbeitsverhältnis. Leicht erregt reichte ich ihm meinen SV-Ausweis. Nach einem Blick darauf sah er mich viel sagend, fast mitleidig an und sagte mir mit leisem Unterton: „Passen Sie gut auf sich auf!" Leicht verstört und irritiert verließ ich sein Büro.

Am 15. Juni 1983 fanden in der Nähe unserer Wohnung auf dem Alten Markt in Magdeburg Musiktage statt. Nachmittags besuchten meine Frau, Achim und ich diese Veranstaltung. Dort trafen wir drei Mitglieder der *Puhdys*, die am nächsten Tag auf einer Freilichtbühne spielen sollten. Stolz zeigten sie uns ihren gerade veröffentlichten Bildband und meinten beiläufig, ob es nicht besser für uns wäre, die Ausreiseanträge zurückzunehmen. Für uns gab es diesbezüglich keine Diskussionen mehr. Wir bummelten weiter. Suchten Ablenkung, wollten auf andere Gedanken kommen. Dann: flüchtige Blicke. Um uns herum schloss sich ein Ring. Ich sah mir bekannte Gesichter aus der Abteilung Inneres und meine Frau eines, das sie kurze Zeit später wieder sehen sollte: das Gesicht eines Wachhabenden aus der Stasi-UHA.

Für Achim und mich war es der letzte DDR-Tag in Freiheit. Vierundzwanzig Stunden später kamen sie…

Die ersten achtzehn Stunden in der Untersuchungshaftanstalt des MfS

Mein Freund Achim Kneis und ich wollten am Nachmittag des 16. Juni 1983 ein Rockkonzert auf dem Alten Markt in Magdeburg besuchen. Daraus sollte nichts werden. Wir saßen noch mit meiner Frau am Kaffeetisch, als gegen 16.00 Uhr das Telefon klingelte. Renate nahm ab und hörte, wie eine männliche Stimme fragte: „Hallo, wer da?" Sie antwortete: „Kessler." Der Fremde: „Oh, da hab ich mich verwählt."

Als es wenig später an unserer Wohnungstür klingelte, befand ich mich gerade im Badezimmer. Meine Frau öffnete und vor ihr standen drei große, kräftige Männer in Zivil. Einer sagte: „MfS, wir müssen Ihren Mann sprechen!" Mein Gehirn arbeitete auf Hochtouren. Das, wovor ich nach meinem Non-Stop-Verhör vom 16. April 1982 jeden Tag Angst gehabt hatte, war eingetreten.

Die Stasi kam zum zweiten Mal und wieder überfallartig.

Benommen trat ich aus dem Badezimmer und hörte wie aus der Ferne: „Herr Kessler, wir müssen Sie zur Klärung eines Sachverhaltes mitnehmen!" Gleichzeitig klingelte es wieder und Norbert D., der Mann der Cousine meiner Frau – sie waren auch Antragsteller – stand vor der Tür. Er, der Beziehungen zu einem Großhandel hatte, brachte uns unser wöchentliches Fleischpaket und war auch zu Kaffee und Kuchen eingeladen. Es entstand eine leicht chaotische Situation. Meine Frau führte Norbert in die Küche und flüsterte ihm zu: „Stasi!" Er legte sofort das Paket ab und verließ unsere Wohnung. Ein MfS-Mitarbeiter sagte jetzt: „Frau Kessler, Sie müssen auch mitkommen." Meine Frau fragte sofort: „Was passiert mit unserem Sohn?" Die routinierte Antwort war: „Wir kümmern uns schon um ihn."

Renate und ich zogen unsere Jacken an und wurden nach unten auf die Straße geführt, wo wir in einen bereitstehenden, gelben Pkw vom Typ „Wartburg“ einsteigen mussten, der sofort losfuhr. Ich ahnte, wohin es ging. Die Fahrtstrecke kannte ich vom 16. April 1982. Während das Auto durch belebte Straßen fuhr, sah ich meine Frau fassungslos an. Als einer der MfS-Mitarbeiter eine Bemerkung machte, sagte Renate sofort: „Das war doch Ihre Stimme vorhin am Telefon.“ Er antwortete lakonisch: „Frau Kessler, sowat ham' wa doch nich' druff.“

Später, nach unserem Wiedersehen in der Bundesrepublik, erzählte mir Renate, dass sie während der Fahrt in die Stasi-UHA voller Hoffnung war, weil endlich Bewegung in unsere Ausreiseangelegenheit gekommen war.

Mit einer endgültigen Inhaftierung hatte sie aber nicht gerechnet.

Für mich war die Atmosphäre im Pkw unerträglich. Ich war voller nervöser, rauschähnlicher Anspannung und schaute wie durch eine Nebelwand nach draußen. Wie im Film: buntes Treiben, Menschen auf belebten Straßen, Geschäfte, Gaststätten, Busse, quietschende Straßenbahnen, hupende Autos...

Eindrücke, die ich für ein Jahr und einige Monate vermissen sollte.

Das Stasi-Auto hielt vor dem mir bereits bekannten großen Metalltor der Untersuchungshaftanstalt des MfS Magdeburg. Es folgte der gleiche Ablauf wie am 16. April 1982: Ein Bewacher klingelte, das Tor ging auf, der Pkw fuhr auf den Hof, schnelles Aussteigen und Zuführung in das Gebäude. Nur: Dieses Mal war meine Frau dabei. Wir wurden sofort getrennt, in kleine fensterlose Räume gebracht und mussten alle persönlichen Sachen abgeben. Mir jagten wieder verschiedene Fragen durch den Kopf: Was hat die Stasi mit uns vor? Wird es wieder wie bei mir am 16. April 1982 „nur“ ein Non-Stop-Verhör mit anschließender Entlassung oder behalten sie uns dieses Mal hier? Was passiert mit Renate und unserem Sohn Sven? Ich be-

fand mich in einer Situation, der ich schutzlos ausgeliefert war. Angst kroch in mir hoch. Angst vor dem endgültigen Stasi-Knast. Nach etwa einer Stunde des Grübelns, Spekulierens, aber auch noch Hoffens, die mir endlos vorkam, wurde ich von einem Wachhabenden in ein Vernehmerzimmer gebracht. Das deprimierende Ambiente kannte ich ja schon.

Graue Wände, vergittertes Fenster, Schreibtisch, Tonbandgerät, Telefon, Protokolle, Schreibblock, Kugelschreiber. Der nicht sehr große, leicht dickliche Vernehmer forderte mich auf, Platz zu nehmen. Er nahm seinen Kugelschreiber in die Hand, schaltete das Tonbandgerät an und begann mit dem Verhör, das dieses Mal achtzehn Stunden dauern sollte.

Es folgten die gleichen Fragen, die ich in den letzten zwei Jahren bei den vielen „Vernehmungen" oft gehört hatte. Zu oft.

Warum? Mit wem? Was? Wie? Wo? Wer? Meine bisherigen Verhör-Protokolle mit den sich gleichenden Fragen und Antworten lagen auf seinem Schreibtisch. Was sollte das ganze Theater? Ich konnte und wollte das alles nicht mehr hören. Musste aber konzentriert antworten, weil man mir wieder die Worte im Mund umdrehte. Ich wurde mit „Beschuldigter" angesprochen und immer wieder aufgefordert, zur „Wahrheitsfindung" beizutragen. Es folgten kräftezehrende Stunden voller Angst und Anspannung. Wieder wie am 16. April 1982 betraten andere MfS-Offiziere einzeln oder zu viert das Vernehmerzimmer. Wieder verschiedene Typen. Zwei junge Durchtrainierte, die vielleicht zu Schulungszwecken anwesend waren, ein unangenehm fies und gefährlich wirkender und ein sehr gut aussehender potentieller „Romeo". Interessiert fixierten sie mich und stellten routiniert Fragen, die den psychischen Druck auf mich erhöhen sollten. Wieder musste ich sehr häufig zur Toilette. Gleicher Ablauf wie am 16. April 1982.

Nach stundenlangem Verhör kam mein Vernehmer zur Sache – sein Gesicht war leicht verschwitzt und gerötet – und stellte die Frage, die Grundlage für mein späteres Gerichtsurteil sein sollte: „Haben Sie Ihren in der BRD lebenden Bruder, Detlef Kessler, beauftragt, sich mit dem Bundesministerium für innerdeutsche Beziehungen in Verbindung zu setzen, um Ihre Ausreise zu erwirken?“ Ich verneinte. Er sah mich ungläubig an, nahm einen Zettel – einen von vielen, die ihm mehrfach gebracht worden waren – und sagte mit einem leichten Siegerlächeln: „Da haben Ihre Frau und Herr Kneis aber etwas ganz anderes ausgesagt.“ Er sah sich am Ziel seines „Klassenauftrages“.

Etwas irritiert fragte ich überflüssigerweise: „Ist Achim Kneis auch hier?“ Da ich zu meiner Frau und meinem Freund Achim Kneis absolutes Vertrauen hatte, wusste ich, dass der Vernehmer bluffte. Für mich bestand jetzt kein Zweifel mehr daran, dass die Stasi eine Anklageschrift konstruieren wollte, um mich „rechtmäßig“ verurteilen zu können.

Es war üblich und ganz natürlich, dass sich Bundesbürger mit Angehörigen in der DDR, die offizielle Ausreiseanträge gestellt hatten, an das Bundesministerium für innerdeutsche Beziehungen wandten. Mit genau diesem Ministerium tauschte das MfS über Dr. Vogel auch seine Listen aus. Listen, auf denen Namen von Menschen standen, für die die DDR von der Bundesrepublik „Kopfgeld“ kassierte, und das war in meinen Augen nichts anderes als Menschenhandel im 20. Jahrhundert.

In der Bundesrepublik erfuhr ich später von Achim und meiner Frau, dass mein Vernehmer natürlich gelogen und ihnen das Gleiche von mir erzählt hatte. Stasi-Taktik.

Das mir bekannte Katz-und-Maus-Spiel ging endlos weiter. Er bestand auf seiner Beschuldigung. Ich stritt ab. Zeitverschwendung.

Draußen war es hell geworden, und ich hatte traumatische Stunden hinter mir. War ausgebrannt. Auch bei meinem Vernehmer wurden leichte Ermüdungserscheinungen sichtbar. Er begann jetzt mit der handschriftlichen Verfassung des Protokolls. Ich hatte wieder Zeit zum Grübeln und Spekulieren. Eine Frage hatte mich während des gesamten Verhörs bewegt. Lassen sie uns, Renate, Achim Kneis und mich, raus oder müssen wir hier bleiben? Tritt das ein, was ich fast zwei Jahre lang befürchtet hatte?

Intuitiv war mir klar: Wenn ich hier wieder rauskomme, ändert sich nichts. Alles stagniert wie vorher. In der Inhaftierung lag auch eine Chance: die Chance, von der Bundesrepublik freigekauft zu werden.

Nachdem mein Vernehmer mit dem Schreiben des Protokolls fertig war, musste ich alles durchlesen. Es war klischeehaft nach einem mir bereits bekannten Muster abgefasst und auffallend klein geschrieben.

Ich wusste, was ich gesagt hatte und was nicht, und bestand auf Korrekturen, die aber an den Beschuldigungen nichts ändern sollten. Ein Wort fiel mir in dem Protokoll auf, das ich vorher nie gebraucht hatte: erinnerlich. Im Kontext: „Das ist mir nicht erinnerlich." Ein Wort, das in folgenden Protokollen noch oft Verwendung finden sollte.

Nachdem ich jede einzelne Seite des Protokolls unterschrieben hatte, sagte mein Vernehmer zu mir, dass ich hier bleiben müsse und einem Haftrichter vorgeführt werde. Von dem wachhabenden Posten wurde ich dann in den Keller geführt. Hier warteten bereits gelangweilt zwei andere MfS-Mitarbeiter, die mir routiniert befahlen, mich auszuziehen. Als ich nackt vor ihnen stand, war mir klar, dass für mich jetzt etwas Unbegreifliches, Ungeheuerliches begann: Stasi-Knast. Meine gesamten Sachen musste ich bei den so genannten Effekten abgeben und erhielt dafür anstaltseigene Kleidung. Einen Trainingsanzug, Unterwäsche, Hausschuhe, Arbeitsschuhe ohne Schnürsenkel, Decken und kariertes Bettzeug. Danach wurde ich mit den Händen auf dem Rücken zwei Treppen zu einem Zellentrakt hochgeführt. Auf einem langen Gang befanden sich links und rechts Zellentüren. Man befahl mir, vor einer zu halten. Dann Aufschluss, ich musste eintreten und die Tür wurde hinter mir verschlossen.

Ich befand mich jetzt in Zelle 8 – offiziell Verwahrraum – der MfS-UHA Magdeburg.

Nr. 8, das war jetzt mein neuer Name.

Mein Freund Achim Kneis erzählte mir später in Köln, wie ihn die Stasi am 16. Juni 1983 in Magdeburg festgenommen hat. Er war mit dabei, als Stasi-Leute meine Frau und mich aus unserer Wohnung abholten und nach unten zu einem bereitstehenden Pkw führten, der in der Nähe seines eigenen stand. Schnell öffnete er die Tür, nahm aus einer Tasche ein Blatt Papier und notierte in gebückter Haltung mit einem Kugelschreiber das Kennzeichen des losfahrenden Stasi-Autos mit der Absicht, damit sofort zur Ständigen Vertretung der Bundesrepublik nach Ost-Berlin zu fahren. Als ihm dann völlig unvorbereitet jemand von hinten auf die Schulter klopfte und eine männliche Stimme fragte: „Sind Sie Herr Kneis?“, hatte er gerade noch Zeit, den Zettel in der Hand zu zerknüllen. Er antwortete: „Ja, um was geht's?“ Einer von zwei Stasi-Leuten sagte darauf: „MfS, wir müssen Sie zur Klärung eines Sachverhaltes mitnehmen.“ Achim erwiderte: „Ich habe im Augenblick aber keine Zeit.“ Die Antwort des Stasi-Mannes war unmissverständlich, als er mit einem drohenden Unterton sagte: „Die werden Sie sich wohl nehmen müssen!“ Achim, dem jetzt klar war, dass es ernst wurde, sagte dann, dass er sein Auto hier nicht stehen lassen könne. Die Antwort war: „Darum werden wir uns schon kümmern.“ Er musste den beiden Stasi-Leuten dann in einen bereitstehenden Pkw folgen, in dem bereits eine stabile MfS-Mitarbeiterin saß. Die Notiz, die er noch immer zerknüllt in seiner Hand hielt, steckte er schnell in seine Hosentasche. Er sagte beim Einsteigen, dass er aber noch seine Frau informieren müsse. Die Antwort kam prompt: „Das trifft sich gut, dann können wir sie ja auch gleich mitnehmen.“ Während der Fahrt in Richtung der Arbeitsstelle von Gitta

Kneis sagte Achim zu den Stasi-Leuten in erregtem Tonfall: „Lassen Sie meine Frau aus dem Spiel, denn die hat mit der ganzen Angelegenheit nichts zu tun!“ Als der Wagen anhielt, stieg er aus und ließ auf dem Weg in das Geschäft, in dem Gitta arbeitete, den zerknüllten Zettel mit der Nummer des Kennzeichens auf die Straße fallen. Dann informierte er sie kurz, und beide wurden in die MfS-UHA gefahren. Eine Szene wie aus einem Nazi-Film. Nach dem Schock des überfallartigen Abholens wurde Gitta bis zum Morgen des nächsten Tages verhört und dann auf die Straße entlassen. Achim erfuhr das erst einige Tage später, als er seinem Vernehmer damit gedroht hatte, kein Wort mehr zu sagen, bevor er nicht wüsste, was mit seiner Frau passiert sei. Weitere Verhöre erfolgten für sie einmal wöchentlich.

Die ganze Dramatik der Festnahme von Familie Duckstein erfuhr ich erst später in West-Berlin. Veronika, die Cousine meiner Frau, ihr Mann Norbert und die Kinder Yvonne und Nadine wurden um 5.00 Uhr morgens von einem ganzen Stasi-Kommando aus ihren Betten geholt. Auf der Straße wurden dann die schreienden Kinder weggerissen, in einen Pkw gezerrt und in ein Heim gebracht. Die Eltern kamen in die Stasi-UHA. Norbert traf ich nach seiner Verurteilung im Zuchthaus Cottbus wieder und Veronika war in dem berüchtigten Frauenzuchthaus „Hoheneck“. Erst auf nachhaltigen Druck von Norberts Vater konnten die Kinder das Heim verlassen. Nadine wurde dann von einer Pfarrersfamilie aufgenommen und Yvonne kam zu ihren Großeltern. Veronika, deren Vater bei der Volkspolizei war, hat keinen Kontakt mehr zu ihren Eltern.

In der Einzelzelle

Zur subtilen Stasi-Strategie gehörte auch, Gefangene ganz bewusst in Einzelzellen zu sperren. Ihnen sollte die Möglichkeit genommen werden, psychischen Druck durch Gespräche mit anderen Gefangenen abbauen zu können. Jedes Kommunikationsbedürfnis sollte für Verhöre ausgebeutet werden.

Die ersten Minuten in der Einzelzelle waren für mich so, als wäre ich gerade aus einer Narkose erwacht. Ich konnte immer noch nicht zwischen schlechtem Traum und Wirklichkeit unterscheiden. Innerhalb kürzester Zeit hatte sich mein Leben drastisch verändert. Es war etwas passiert, was nie hätte passieren dürfen. Die neue Situation wollte ich einfach nicht wahrhaben, aber ich musste mich jetzt auf Monate oder Jahre Stasi-Knast einstellen.

Ungläubig und noch immer nicht ganz anwesend betrachtete ich die Zelle. Unmittelbar rechts am Zelleneingang war an der Wand eine Tischplatte befestigt, auf der ein Plastikbesteck lag. Ein darauf stehender Behälter irritierte mich etwas. Ähnliches kannte ich bisher nur für Öle und Fette. In diesem befand sich Marmelade. Gegenüber war ein Toilettenbecken ohne Deckel und daneben ein Waschbecken ohne Spiegel. Das Zellenfenster bestand aus Glasbausteinen, die leicht versetzt waren, um eine bedingte Be- und Entlüftung der Zelle zu gewährleisten. Nach meiner Schätzung war die Zelle etwa drei Meter lang, zweieinhalb Meter breit und drei Meter hoch. Messer aus Plastik und Schuhe ohne Schnürsenkel gab es nicht grundlos, denn potentielle Selbstmorde waren nicht ausgeschlossen.

Ich setzte mich auf eine Pritsche und schaute fassungslos auf die graue Wand. Auf dem Zellenflur hörte ich ständig eilige Schritte; durch einen in der Zellentür befestigten „Spion", der mit Hilfe einer beweglichen kleinen Klappe von außen auf- und zugemacht werden konnte, wurde ich fast in Minuten-Abständen kontrolliert.

Ein Geräusch werde ich nie vergessen, denn es hat mich meine ganze Knastzeit über begleitet: das ständige Klappern von Schlüsselbunden und das ständige Auf- und Zuschließen von Türen. Nervenzerreißende Geräusche, die man fast verinnerlicht hat. Da ich stark übermüdet war, legte ich mich trotz Verbotes auf die Pritsche und hörte in einem unwirklichen Dämmerzustand an der Wand ein Klopfen, das offenbar nach einem mir unbekannten System erfolgte. Nach etwa vierzehn Tagen wurde für mich dieser rätselhafte Vorgang entschlüsselt.

Halbwach – meine Nerven waren überreizt – dämmerte ich vor mich hin. Gegen Nachmittag wurde dann eine in der Tür befindliche Luke geöffnet und ein Plastiknapf mit Essen durchgereicht, den ich auf dem Tisch abstellte und beiseite schob. Durch den Stress war mir der Appetit vergangen, und ich hatte Durchfallerscheinungen. Später hörte ich einen Wachhabenden im Gang „Heiß Wasser" rufen. Aus Neugier ließ ich mir etwas davon durch die Luke reichen und verdünnte es mit Marmelade. Diese Mixtur war ungenießbar. Was es mit dem „Heiß Wasser" auf sich hatte, sollte ich nach ein paar Tagen erfahren, als mein Vernehmer mir mitteilte, dass ich mein privates Geld, das sich in der Effektenkammer befand, für den „Einkauf" verwenden dürfte. Ich bestellte danach bei einem Dienst habenden MfS-Posten Tee, den ich mit dem so genannten „Heiß Wasser" aufbrühen konnte, und Zigaretten. Seitdem bin ich ein starker, fast ein Kettenraucher geworden. Bei einer späteren ärztlichen Untersuchung in der Bundesrepublik wurde bei mir eine Verschwartung in der Lunge festgestellt. Die Ursache kann allerdings auch von einer verschleppten Lungenentzündung herrühren.

Am späten Abend des ersten Tages – ich kämpfte gerade auf der Toilette mit meinem Durchfall – wurde die Zellentür blitzartig aufgeschlossen. Derartige unwürdige Situationen sollten zum Knast-Alltag gehören. Der Stasi-Mann befahl mir, mitzukommen, und ich wurde mit den Händen auf dem Rücken ins

Vernehmerzimmer geführt. Am Schreibtisch saß der gleiche MfS-Offizier, der mich schon achtzehn Stunden verhört hatte. Sein Gesicht, das sehr übernächtigt aussah, sollte ich noch Monate sehen, denn er war für mich zuständig und sein Auftrag war, „Geständnisse" aus mir herauszulocken. Er musterte mich unauffällig. Ihn interessierte natürlich, wie die ersten Stunden dieser für mich extremen Ausnahmesituation auf mich gewirkt hatten. Als er mich aufforderte, jede Seite des Verhörprotokolls, das inzwischen mit Schreibmaschine abgetippt war, zu unterschreiben, sprach er mich mit „Nr. 8" an. Nachdem ich mit dem Unterschreiben fertig war, sagte er mir, dass ich einem Haftrichter vorgeführt werde. Ganz beiläufig erwähnte er noch, dass meine Schwägerin Bettina sich um meinen Sohn Sven kümmern würde. Dann brachte mich der Dienst habende Posten zu dem bereits auf mich wartenden Haftrichter, der auch gleich zur Sache kam. Mit einschüchterndem Tonfall sagte er, dass ich aufgrund meiner strafbaren Handlungen in U-Haft bleiben müsse. Und: „Sie wollten ja unbedingt in die BRD?!" Diese von seinesgleichen verhassten drei Buchstaben sprach er besonders lang und aggressiv aus.

Danach wurde ich wieder in meine Zelle eingeschlossen. Wenig später ging die Essensluke auf, und ich erhielt noch ein dürftiges Abendbrot. Das Knastessen war grundsätzlich ausreichend, aber sehr vitaminarm. Etwa gegen 21.30 Uhr – die Zeit konnte ich nur ahnen, weil man mir auch meine Uhr abgenommen hatte – wurde Nachtruhe ausgerufen. Meine Decke hatte ich bereits mit der knastüblichen blauweiß karierten Bettwäsche bezogen. Ich legte mich auf die Pritsche und versuchte zu schlafen. In zyklischen Abständen wurde die Klappe des Spions geöffnet, wobei das Licht kurz ein- und wieder ausgeschaltet wurde. Diese Kontrollen liefen die ganze Nacht. Ich konnte nicht einschlafen und musste mehrfach das Klo benutzen.

Etwa gegen 6.00 Uhr morgens wurde mit einem Schlüssel lautstark gegen die Tür geschlagen, und ich musste meine Morgentoilette durchführen. Danach wurden Brot, Margarine und undefinierbarer Ersatzkaffee durch die Luke gereicht. Marmelade konnte ich dem Plastikbehälter entnehmen, der ja immer auf dem Wandtisch stand. Nach dem Frühstück reichte mir der Dienst habende Posten ein „Neues Deutschland“[19] durch die Luke. Um mich abzulenken und meinen bohrenden Gedanken zu entfliehen, las ich darin. Ich erinnere mich noch an einen Artikel über die Aborigines und einen Bericht aus Kuala Lumpur.

Nach dem Mittagessen, das grundsätzlich mit einem Plastiklöffel gegessen werden musste, wurde ich in einen mir bisher unbekannten Raum geführt. Hier warteten bereits zwei etwas beleibte Stasi-Männer auf mich. Mit routinierter Gelassenheit befahlen sie mir, auf einem drehbaren Stuhl Platz zu nehmen. Dann fotografierten sie mich in Vorder- und Seitenansicht. Die entsprechenden Fotos konnte ich 1995 in meiner Stasi-Akte sehen. Nach dem Fotografieren sagte dann einer von ihnen zu mir: „Jetzt woll'n wer mal Klavierspielen.“ Das hieß, von mir wurden Fingerabdrücke genommen. Ich musste zuerst alle Finger und Handflächen beider Hände auf ein Stempelkasten-ähnliches Behältnis drücken und danach auf weißes Papier pressen. Derartige Szenen kannte ich bisher nur aus Kriminalfilmen. Nach Beendigung der unangenehmen Prozeduren wurde ich wieder in meine Zelle geführt.

Weil man am Tag nicht auf den Pritschen liegen durfte, nahm ich auf einem Hocker Platz und wartete auf das Pfeifen zur Nachtruhe.

Danach folgten für mich schlaflose Stunden mit negativen Gefühlen, die sich nicht so schnell verarbeiten ließen. Am nächsten Morgen wurde ich wieder meinem Vernehmer vor-

---

[19] *ND, Zentralorgan der SED*

geführt. Die folgenden – fast täglichen – Verhöre gingen in der Regel von 8.00 bis 12.30 Uhr, dann war etwa eine Stunde Mittagspause und danach ging es bis 17 Uhr weiter. Mein Vernehmer sagte mir, dass ich aufgrund meines „Verbrechens“ nach § 99 des DDR-Strafgesetzbuches verurteilt werden würde. Es handelte sich hierbei um „landesverräterische Nachrichtenübermittlung“, für die man bis zu zwölf Jahre inhaftiert werden konnte. Mir stockte der Atem. Einige Sekunden war absolute Stille. Der Vernehmer fixierte mich abschätzend, und sein Gesichtsausdruck verriet, dass er mit der Wirkung seiner Worte zufrieden war. Ich muss sehr blass ausgesehen haben. Dann gab er mir eine Liste mit Adressen von Rechtsanwälten und sagte, dass ich mir einen für meine Verteidigung aussuchen könne. Fiebernd überflog ich das Papier und fand, was ich suchte, den Namen Dr. Wolfgang Vogel. Sein Name war damals für alle, die ausreisen wollten, ein Geheimtip. Ein Synonym für Hoffnung. Meine mentale Befindlichkeit verbesserte sich sofort. Ich sah meine Chancen steigen und sagte meinem Vernehmer, dass ich mich für den Berliner Rechtsanwalt Dr. Vogel entscheiden würde. Als wenn er nichts anderes erwartet hätte, nickte er nur beiläufig, reichte mir dann einen Kugelschreiber und ein Blatt Papier mit der Aufforderung, einen schriftlichen Antrag zu stellen. Ich versuchte ein Schreiben an das Büro Dr. Vogel mit der Bitte zu formulieren, mich in meiner Angelegenheit zu vertreten. Normalerweise machte ich derartige Dinge mit links. Bedingt durch die vorhergehende enorme psychische Belastung hatte ich jetzt fast so etwas wie eine Schreibblockade. Ich musste sogar überlegen, wie einige Wörter geschrieben werden.

Nachdem alles erledigt war, wurde ich wieder in meine Zelle geführt. Nachmittags wieder Verhör. Nachdem ich mich durch den Brief an Dr. Vogel etwas beruhigt hatte, überraschte mich mein Vernehmer mit einem neuen Schock. Er sagte mir, mit einem Lächeln, das nichts Gutes ahnen ließ, dass bei mir zum § 99 noch der § 213, das hieß Vorbereitung zur Republikflucht, hinzukäme. Ich war wie gelähmt. Hatte dafür keine Erklärung. Als der Vernehmer mir mitteilte, dass N. und I.T. auch in U-Haft wären und ausgesagt hätten, dass wir gemeinsam die Steilküste in Boltenhagen ausgespäht hätten, um eine Flucht über die Ostsee vorzubereiten, war ich zwar sehr empört, aber gleichzeitig auch erleichtert. Kurz vor unserer Inhaftierung, im Mai 1983, waren mein Freund Achim, N. und I.T. gemeinsam mit meiner Familie und mir an die Ostsee in das Ferienhaus meines Freundes gefahren. Die T.s waren Bekannte von Familie Kneis, N.T. ein ehemaliger Arbeitskollege von Achim. Familie T. hatte, nachdem sie von dem Ausreiseantrag der Gruppe *Magdeburg* erfahren hatte, sofort Achim aufgesucht und ihm mitgeteilt, dass sie das Gleiche vorhätten. Auch meine Frau und mich belästigten sie mit einem nervenden Besuch. Mir passte das überhaupt nicht, weil ich immer Angst vor der Stasi-Interpretation hatte, ich sei der „Rädelsführer" einer Clique von Antragstellern. Während wir gemeinsam an der Ostsee waren, wurde Familie T. aktiv: Sie fuhren gemeinsam mit Achim und meiner Frau an die Steilküste von Boltenhagen. Ich blieb ganz bewusst im Ferienhaus meines Freundes, weil ich keine Lust hatte, an einer derartigen, für mich schwachsinnigen Aktion teilzunehmen.

Ich war in der Nähe der Ostsee groß geworden und auch bei der Grenzbrigade Küste gewesen. Gerade deshalb hatte ich niemals eine Flucht über die See – insbesondere mit ganzer Familie – in Erwägung gezogen. Derartige Pläne waren in der Regel zum Scheitern verurteilt und lebensgefährlich. Das diesbezüglich naive Gequatsche von N.T. wollte und konnte ich nicht mehr anhören.

Beim Verhör wies ich meinen Vernehmer fast wütend darauf hin, dass ich an der Steilküste nicht mit anwesend war und nie die Absicht gehabt hatte, die DDR illegal zu verlassen. Trotzdem war die Hinzunahme des § 213 für mich eine zusätzliche wochenlange Belastung. Familie T. wurde nach relativ kurzer Zeit aus der U-Haft entlassen, weil sie ihren Ausreiseantrag zurückgenommen hatte. Mein Vernehmer hatte sich noch über den Putzfimmel von Frau T. lustig gemacht, denn sie hatte versucht, aus ihrer Zelle eine Puppenstube zu machen. Als meine Frau sie Monate später in der Magdeburger Milchbar „Marietta" wiedertraf und sie wegen ihrer uns sehr belastenden falschen Aussage lautstark zur Rede stellte, sagte N.T. mit geheimnisvollem Getue, dass man ihn und seine Frau unter Drogen gesetzt hätte. Renate war um eine passende Antwort nicht verlegen. Kurze Zeit danach wurden N. und I.T. wieder verhaftet und später auch in die Bundesrepublik abgeschoben.

Eine Mitgefangene meiner Frau, die aus Schönebeck kam, hatte allerdings nach der Wirkung einer verabreichten Beruhigungstablette die Stasi mehrmals lautstark als Schweine bezeichnet.

Filmreif war auch die Geschichte ihres kubanischen Freundes, der Einzelteile eines Motorrades bei Flügen mit in seine Heimat nahm. Bei seinen Schmuggelaktivitäten von einem real-sozialistischen Land ins andere trug er immer mehrere Hosen und Pullover übereinander.

Sein Motorrad, mit dem er dann stolz durch Kuba fuhr, stand nachts immer neben seinem Bett.

Nach einigen Tagen U-Haft lernte ich zum ersten Mal den so genannten „Freihof" kennen. Auf dem Hof der Stasi-UHA befanden sich einige zellenartige Verschläge aus Rauhputzmauern, die mit Maschendraht überspannt waren. Ich wurde in einen dieser Käfige gesperrt und konnte dort etwa fünfzehn bis zwanzig Minuten meine Runden drehen, während auf einem Metallsteg darüber ein bewaffneter MfS-Posten patrouillierte und mich genau beobachtete.

Zum ersten Mal erblickte ich jetzt einen Teil der U-Haftanstalt aus einer anderen Perspektive. Durch den Maschendrahtzaun sah ich eine hohe Knastmauer mit diversen Zellenfenstern, einen rauchenden Schornstein, eine hohe Gefängnismauer mit Wachturm und ein Stück blauen Himmel.

Es war ein schöner Sommertag, aber alles hatte etwas Unheimliches und Unwirkliches. Richtig begreifen konnte ich es noch immer nicht, dass ich hier war. Ähnlich einer Autosuggestion redete ich mir ein, dass dieser Zustand nur vorübergehend sei und bessere Zeiten kommen würden. Ich versuchte mir selbst, so gut es ging, Mut und Hoffnung zu machen. Nach der „Freistunde", die jedem Häftling täglich gesetzlich zustand, aber nicht immer eingehalten wurde, wartete bereits mein Vernehmer mit seinen sich immer wiederholenden Fragen auf mich. Es sollten aber noch einige kommen, die mir schlaflose Nächte bereiteten.

Nach etwa einer Woche brachte mich ein Bewacher über mehrere Treppen hinab und vorbei an schallisolierten Dunkelzellen, den so genannten „Tigerkäfigen", in den untersten Keller. Er schloss eine Metalltür auf und ich musste in einen heruntergekommenen und feuchten Kellerraum eintreten. Widerlicher Schweißgeruch drang in meine Nase. Ein anwesender Stasi-Mann befahl mir, mich nackt auszuziehen und meine Unterwäsche auf einen undefinierbaren Haufen zu werfen. Danach musste ich in einen vergitterten Käfig gehen, der zugeschlossen wurde. Dann kam die Aufforderung zum Duschen. Schlimmer kann man nicht eingesperrt sein. Ich geriet in Panik. Ängstliche Gedanken schossen mir durch den Kopf. War das hier eine Folterzelle oder eine Gaskammer? Erst als von oben Wasser auf mich niederprasselte, wurde ich etwas ruhiger. Nachdem ich geduscht hatte, erhielt ich neue Handtücher und Unterwäsche.

Meiner Frau erging es beim ersten Duschen ähnlich. Als sie vorbei an abgeblätterten Wänden in den tiefen Keller geführt wurde, dachte sie an eine bevorstehende Erschießung und, weil man ihr gesagt hatte, sie werde zum Duschen geführt, auch an eine Gaskammer. Im Duschkäfig machte sie dann eine „Katzenwäsche", rieb nur ihre Arme mit ein wenig Wasser ab, worauf die Wärterin ganz verwundert fragte: „Warum haben Sie Ihre Haare nicht gewaschen?" Auch Achim Kneis erzählte mir später, dass er, als er beim ersten Duschen die Haufen mit Kleidungsstücken sah, ähnliche Gedanken hatte.

Mit Sicherheit hat das Wort „Gaskammer" für uns Deutsche eine ganz besondere Bedeutung und wird uns bis ans Ende aller Tage begleiten. Ganz unbegründet waren unsere Ängste beim Duschen im tiefen Stasi-Keller allerdings nicht. Man geht heute davon aus, dass Dissidenten vom MfS auch bestrahlt wurden. Oder an welchen Spätfolgen starben Rudolf Bahro, Jürgen Fuchs und Gerulf Pannach?

Als ich nach der Wende die Stasi-UHA, die zur öffentlichen Besichtigung freigegeben war, aufsuchte, war der Eingang in den Keller versperrt. Anderes war verändert und sogar verschönert. Die Aufsicht hatte unsere ehemalige Versicherungsfrau aus Magdeburg. Sie begrüßte mich herzlich und wollte mich gleich allen Besuchern vorstellen. Ihrem Sohn hatte ich für die Prüfung der 10. Klasse Nachhilfeunterricht gegeben. Als ich nach meiner Ausreise zum ersten Mal den Transitweg von West-Berlin nach Kassel benutzte, wurde ich von ihm kontrolliert. Er war auch beim MfS gelandet und wollte mich nicht erkennen.

Frauen mit Zivilcourage

Ende 1984 durften meine Frau und mein Sohn, der damals 13 war, ungefähr einen Monat nach mir in die Bundesrepublik ausreisen. Von ihnen erfuhr ich, was am 16. Juni 1983 passiert war, nachdem Renate und ich von Stasi-Leuten abgeholt worden und von allen Informationen abgeschnitten waren. Als unser Sohn Sven, der regelmäßig auf einem Sportplatz vor unserem Haus Fußball spielte, nach Beendigung des Trainings hochging – wir wohnten im ersten Stock – und unsere Wohnungstür aufschloss, kamen ihm drei MfS-Mitarbeiter entgegen. Er fragte gleich: „Was machen Sie denn hier? Wie kommen Sie eigentlich in unsere Wohnung?" Ein Stasi-Mann hielt ihm provozierend unseren Haustürschlüssel vor die Nase und sagte: „Den haben wir von Deiner Mutter, und auch die Genehmigung, die Wohnung wegen Beweismitteln zu durchsuchen. So, stör' uns jetzt nicht und geh' wieder runter!" Sven antwortete: „Nein, das geht nicht, denn ich muss für morgen noch Hausaufgaben machen." Das passte den MfS-Leuten natürlich überhaupt nicht, denn sie waren beim „Arbeiten". Genauer gesagt, beim Rumschnüffeln und konnten dabei keinen Zeugen gebrauchen. Unwillig schickten sie meinen Sohn in die Küche mit der Aufforderung: „Mach' Deine Schularbeiten richtig, sonst gibt's was hinter die Ohren!"

Während sie weiter nach „Beweismitteln" suchten, kontrollierte einer von ihnen ständig meinen Sohn. Nach etwa einer Stunde – Sven hatte nur vorgegeben, Schularbeiten machen zu müssen und schrieb irgendwelche Texte ab – fragte er die „Schnüffler", wie lange es noch dauern würde und wo er bleiben solle. Weil sie etwas sprachlos aussahen, kam mein Sohn ihnen zu Hilfe und sagte: „Ich könnte bei meiner Tante bleiben." Die Stasi-Leute waren fast erleichtert und telefonierten. Kurze Zeit später erschien ein weiterer MfS-Mitarbeiter und holte unseren Sohn ab. Die anderen „arbeiteten" in unserer

Wohnung weiter. Mit einem Kleinbus vom Typ „B 1000" wurde Sven zu der Wohnung meiner Schwägerin gefahren, wobei er dem Fahrer noch den Weg erklären musste. Vor der Haustür seiner Tante angekommen, stieg Sven aus und klingelte. Dem Stasi-Mann sagte er dann: „Meine Tante ist da", und der fuhr sofort los. Die Tür hatte sich aber gar nicht geöffnet, weil meine Schwägerin noch im Fahrstuhl war. Durch Zufall war sie einen Tag eher aus dem Urlaub nach Hause gekommen. Nach mehrmaligem Klingeln öffnete sich die Haustür und Sven fuhr mit dem Fahrstuhl in den 7. Stock. Erstaunt wurde er von seiner Tante empfangen, der er dann berichtete, was passiert war. Bettina rief umgehend ihre Schwester Gerlinde an, die noch auf der Arbeit war. Ohne groß nachzudenken, handelten sie sofort und fuhren dorthin, wo sie uns vermuteten. Gerlinde, Bettina und Sven. Wolfgang, Gerlindes Mann, saß am Steuer ihres Wartburg. Gerlinde klingelte an der Tür zur Stasi-UHA. Während Wolfgang zur Sicherheit in einer Nebenstraße im Auto wartete, wurden die anderen reingelassen.

Nachdem diverse Türen hinter ihnen auf- und zugeschlossen wurden, mussten sie sich bei einem Pförtner ausweisen und fragten dann nach Familie Kessler. Der MfS-Mitarbeiter telefonierte. Nach einer sehr langen Wartezeit erschienen drei Stasi-Männer, die energisch fragten, was sie hier wollten. Gerlinde reagierte auf das unhöflich schroffe Benehmen und antwortete: „Zuerst sagt man mal Guten Abend, und zum anderen können Sie auch Ihre Hände aus den Hosentaschen nehmen!" Zu einer derartigen Antwort gegenüber der Stasi gehörte schon viel Mut, aber in der Naivität scheint auch viel Kraft zu liegen. Die MfS-Mitarbeiter wussten angeblich von nichts. Gerlinde und Bettina gaben sich damit nicht zufrieden und sagten, dass sie nicht eher rausgehen würden, bevor sie wüssten, wo ihre Schwester Renate und ihr Schwager Dietrich wären. Außerdem äußerten sie, dass es eine große Schweinerei sei, Menschen, die nichts verbrochen hätten, einfach einzusperren und ein minderjähriges Kind auf der Straße abzusetzen, ohne einen Angehörigen zu informieren; das würde ein Nachspiel haben!

Die Stasi-Leute logen, weil ihre „Kollegen", die unsere Wohnung durchschnüffelten, zu Sven gesagt hatten, dass seine Eltern in der U-Haftanstalt wären. Leicht irritiert sagte ein Stasi-Mann, dass er noch einmal telefonieren müsse. Danach bestätigte er, dass Renate und ich da wären. Nach dieser Information waren meine Verwandten erleichtert, denn sie wussten jetzt, wo wir waren; aber auch für sie sollten schlaflose Nächte folgen. Nachdem sie ungeschoren die Stasi-UHA verlassen durften, war ihr nächstes Ziel, an kompetenter Stelle zu erfahren, warum man uns inhaftiert hatte, was wir eigentlich verbrochen hatten. Gleichzeitig wollten sie sich um eine Sprecherlaubnis mit uns bemühen.

Einen Tag später telefonierte Gerlinde und bekam tatsächlich etwa eine Woche später einen Termin bei dem für inhaftierte Ausreisewillige zuständigen Staatsanwalt K. An dem folgenden „Gespräch" nahmen meine Schwägerinnen Gerlinde und Bettina und auch meine Schwiegermutter teil. Als „Rädelsführerin" beschwerte Gerlinde sich darüber, dass Sven ohne Eltern war und man ihn einfach vor der Haustür ihrer Schwester abgesetzt hatte. Der Staatsanwalt wollte der „Angelegenheit" nachgehen. Gleichzeitig wies Gerlinde noch darauf hin, dass ihre Schwester Renate an chronischen Herzbeschwerden leide. Bettina fragte sehr bestimmt, warum sie noch keine Post von ihrer Schwester Renate erhalten hätte. Ironisch antwortete der Staatsanwalt: „Vielleicht will sie Ihnen nicht schreiben." Erregt erwiderte Bettina: „Sie will uns nicht schreiben? Sie kann uns nicht schreiben!" Das war ein unmissverständlicher Hinweis auf den Gesundheitszustand ihrer Schwester.

Wochen später erhielt Gerlinde für Renate und Bettina für mich eine Sprecherlaubnis. Auf die mutige Äußerung, dass es eine große Schweinerei sei, unschuldige Menschen einzusperren, erwiderte der Staatsanwalt nur ironisch: „Sie müssten doch über die kriminellen Handlungen Ihrer Verwandten Bescheid wissen.“ Was sollte man darauf noch antworten?

Bettina hatte zwischenzeitlich Besuch von ihrem Schwager und einem anderen Stasi-Offizier auf ihrer Arbeitsstelle erhalten. Sie fragten sie, ob sie unseren Sohn Sven bei sich aufnehmen würde. Sie sagte sofort zu.

Besonders in Diktaturen ist es nicht einfach, Zivilcourage zu zeigen. Fast unvorstellbar ist es, dass 1943 Berliner Frauen gegen die Inhaftierung ihrer jüdischen Männer protestierten und so deren Entlassung erzwangen.

Ohne die Zivilcourage der ehemaligen DDR-Bürger von 1989 gäbe es sicherlich heute kein vereintes Deutschland.

Ich werde verlegt

Nach etwa drei Wochen Einzelhaft wurde eines Tages blitzartig meine Zellentür aufgeschlossen und ein MfS-Posten befahl mir: „Sachen packen und mitkommen!" Mein erster Gedanke war: Was haben sie jetzt mit mir vor?

Auf dem Gang musste ich meinem Bewacher etwa fünf Schritte nach rechts folgen, dann schloss er völlig unerwartet auf der linken Seite eine Zellentür auf. Vor dem Zellenfenster stand ein anderer Häftling, der mich etwas erschrocken ansah, so wie ich ihn mit Sicherheit auch. Der Stasi-Mann zeigte nur gelangweilt auf die leer stehende Pritsche und schloss die Zellentür. Mein – mir völlig unbekannter – Mitgefangener streckte mir seine Hand entgegen und sagte: „Ich bin Kalle." Trotz dieser freundlichen Geste war ich verunsichert und neue Fragen aktivierten mein Gehirn. Warum hat man mich mit einem anderen zusammengelegt? Könnte er ein Spitzel sein? Mit seinen schwarzen Haaren und dunklen Augen sah er etwas fremdländisch aus.

Nach einem kurzen verbalen „Abtasten" erkannte ich an seinem Dialekt aber sehr schnell, dass er ein echter Magdeburger war. Von ihm erfuhr ich dann, dass er sich bereits über zwei Monate in U-Haft befand. Erschrocken antwortete ich: „Das halte ich niemals durch." Unser Mitteilungsbedürfnis war groß und bei unseren tagelang anhaltenden Gesprächen kamen wir uns sehr schnell näher. Wir erzählten uns unsere Lebensgeschichten; das war sehr befreiend. Psychischer Druck wurde dadurch etwas abgebaut, kompensiert.

Größte Priorität hatte für Kalle seine Familie. Sie war sein Ein und Alles. Mit seiner Frau, die zwei Kinder mit in die Ehe brachte, hatte er einen gemeinsamen Sohn. Sie befand sich in der Zelle über uns.

Wie er mir erzählte, wurden sie eines Tages frühmorgens, als sie sich auf dem Weg zur Arbeit befanden, überfallartig von der Stasi verhaftet. Seine Frau, die bereits einige Westreisen hinter sich hatte, wollte gemeinsam mit Mann und Kindern im Rahmen einer Familienzusammenführung zu ihren Eltern nach Bad Vilbel übersiedeln. Bei „Republikflucht" hätte sie sich und ihrer Familie viel Leid erspart. Der jetzige Preis war zu hoch.

Für die außerordentlich vielen Verhaftungen von Antragstellern in den 80er Jahren gab es nur eine Ursache: Mit Menschenhandel konnte die ökonomisch ruinierte DDR ihre dringend benötigten Devisen erkaufen. Diese Tatsache kann auch von PDS-Nostalgikern nicht negiert werden.

Kalle war Autokranfahrer und erzählte mit Begeisterung von dieser Tätigkeit, die ihm viel Spaß machte. Er gehörte zu den beneidenswerten ausgeglichenen Frohnaturen, die mit sich und der Welt im Reinen sind. Für Mitgefangene ein Glücksfall, denn Charaktere wie er machten mit ihrer Art die Knastsituation etwas erträglicher.

Von ihm wurde ich dann über die Bedeutung des rätselhaften Klopfens an der Wand aufgeklärt. Für den Austausch von Informationen mit Zellennachbarn gab es eine ganz simple Methode. Durch Klopfen gegen die Wand konnte man mit Hilfe eines einfachen „Morsealphabetes" ganze Sätze übermitteln. Das funktionierte nach dem ABC-System folgendermaßen: A = 1-mal Klopfen, B = 2-mal Klopfen, E = 5-mal, R = 18-mal. Damit war das Wort „aber" gemorst. Einige Gefangene beherrschten diese Kommunikationsmöglichkeit meisterhaft, hatten eine erstaunliche Routine entwickelt. Ich konnte mich durch Klopfen dann gleich mit meiner Frau, die sich zusammen mit Kalles Frau über uns befand, verständigen. Ich morste ihr sofort, dass sie nichts über Flucht erzählen dürfe. Wir hatten zwar nie derartige Pläne gehabt, aber ich traute der Stasi nicht, denn ich wusste aus meinen Verhören, dass sie einem das Wort im Munde umdrehten und Beschuldigungen konstruierten. Auch mit Achim nahm ich Verbindung auf und klopfte ihm das Gleiche, denn den drohenden Hinweis meines Vernehmers, ich könne bis zu zwölf Jahren Haft verurteilt werden, nahm ich sehr ernst.

Große Überwindung kostete es mich jedes Mal, wenn ich in Gegenwart von Kalle meine Notdurft verrichten musste. Umgekehrt ging es ihm nicht anders. Menschen, die nie im Gefängnis waren, können sich nicht vorstellen, wie erniedrigend und menschenunwürdig das ist. Aber für uns gab es keine Alternative. Besonders unangenehm war es immer, wenn man gerade auf dem Klo saß und zum Verhör geführt werden sollte.

Unsere Runden in den Käfigen auf dem „Freihof" konnten Kalle und ich jetzt in der Regel gemeinsam drehen. Als es dabei einmal regnete, waren unsere Gesichter voller „Sommersprossen". Diese stammten vom rostigen Maschendrahtzaun, der sich über unseren Köpfen befand.

Falls einer von uns vorzeitig zum Verhör musste, waren für ihn die ihm gesetzlich zustehenden Minuten unter „freiem" Himmel beendet, und das passierte einige Male. Auch das Duschen fand für uns meistens gemeinsam statt. Neu war für mich, dass die Gefängniswärter von Gefangenen im Knast als „Schließer" bezeichnet wurden. Diese Bezeichnung ist mehr als zutreffend, denn sie bezieht sich auf deren Haupttätigkeit.

Trotz unserer traurigen Situation hatten Kalle und ich einen gewissen Spaß daran, unseren „Schließern", mit denen wir täglich zu tun hatten, interne Namen zu verpassen. Ein jüngerer Großer, mit verbissenem, diensteifrigem Gesicht hieß bei uns der „Ostfriese". Ein anderer jüngerer mit etwas lockigen dunklen Haaren „Locke". Einen nicht unfreundlichen mittleren Alters nannten wir „Langläufer". Man erkannte ihn schon ungesehen an seiner forschen Gangart. Ein etwas grobschlächtig wirkender „Schließer" hieß bei uns der „Neandertaler". Diesen Namen hatte er nicht ganz verdient, denn er war ein ruhiger

Vertreter und uns gegenüber korrekt. Diese „Schließer" waren für alle Zuführungen zuständig.

Am 19. Juli 1983 wachte ich sehr früh auf und setzte mich auf meine Pritsche. Kalle tat das Gleiche, reichte mir die Hand und sagte: „Herzlichen Glückwunsch zum Geburtstag." Auch an diesem Tag wurde ich zum Verhör geführt. Erstaunlicherweise äußerte mein Vernehmer: „Sie haben ja heute Geburtstag, aber ich darf Ihnen nicht gratulieren." Dann begann er mit seiner „Arbeit".

In gewissen Abständen konnten wir uns in der Knastbibliothek jeweils zwei Bücher – die natürlich politisch-ideologisch einwandfrei waren – aussuchen. Ich las den mir bereits bekannten „Stillen Don" und einiges von Tolstoi. Nach meiner Beurteilung waren diese Werke viel tiefgründiger und kritischer, als vom MfS vermutet.

Während dieser Zeit wurden Kalle und ich mit einem speziell für Gefangenentransporte angefertigten Kleintransporter vom Typ „B 1000" in die Hauptzentrale des MfS zum Röntgen gefahren. Im „B 1000" waren innen rechts und links verschlagartige kleine Kabinen mit Türen installiert, in denen jeweils ein Gefangener während der Fahrt eingesperrt wurde. Klaustrophobie durfte man in diesen Minizellen nicht haben. Darüber, dass Röntgenstrahlen zum Schaden eines Menschen angewandt werden könnten, haben wir uns damals keine Gedanken gemacht.

Der Sommer 1983 war so unerträglich heiß, dass wir uns trotz Verbots nur mit Unterwäsche bekleidet in unserer Zelle aufhielten. Für Kalle, der sich jetzt über zwei Monate in U-Haft befand, wurden die Verhöre etwas weniger, weil seine Anklageschrift langsam vorbereitet wurde. Nach seinem Freikauf durch die Bundesrepublik wollte er mit seiner Familie zu seinen Schwiegereltern in die Nähe von Frankfurt am Main nach Bad Vilbel ziehen, und er war sehr überzeugt, dass er sofort Arbeit finden würde. Beides sollte sich später erfüllen.

Verhöralltag und politische Diskussionen

Als ich 1995 Einblick in meine Stasi-Akte hatte und die von mir unterschriebenen Seiten der Verhörprotokolle überflog, war für mich die Zeit, die ich in der Stasi-U-Haft verbringen musste, wieder gegenwärtig. Bei den monatelangen Verhören war der Ablauf immer gleich. Nach Beendigung des eigentlichen Verhörs brauchte mein Vernehmer viel Zeit, um den Inhalt handschriftlich zusammenzufassen. Die kleingeschriebenen DIN A4-Seiten musste ich dann einzeln lesen und unterschreiben. Auf größere Korrekturen ließ er sich nicht ein.

Vor Beginn eines nächsten Verhörs wurden mir dann die abgetippten Seiten des vorhergehenden vorgelegt, die ich auch wieder einzeln unterschreiben musste. Die Verhörprotokolle waren nach einem stereotypen Muster verfasst und ihre Konzeption verriet eine dafür durchgeführte Schulung des Vernehmers. Neben den zahlreichen Wiederholungen entließ mich mein Vernehmer doch einige Male – insbesondere an Wochenenden – am Ende eines Verhörs mit „Nachdenkaufgaben". Er stellte Fragen, die ich nicht so schnell zuordnen und deshalb auch nicht beantworten konnte.

Irgendwie schien er unter permanentem Erfolgsdruck zu stehen. Seine rote Gesichtsfärbung und die häufigen Schweißausbrüche ließen das erkennen. Wenn dann sonntags kein Verhör stattfand, verbrachte ich meine Zeit mit belastendem Grübeln und Spekulieren.

Einmal ging es um die Aussage unseres Texters der Gruppe *Magdeburg*, die mich in eine sehr unangenehme Situation brachte. Ihm hatte ich als Einzigem die schriftliche Begründung des Ausreiseantrages der Gruppe *Magdeburg* – die politisch absolut nicht angreifbar war – gegeben. Ich konnte nicht ahnen, dass er – zu dem ich ein Vertrauensverhältnis hatte – IM war. Wie es dazu kam, weiß ich nicht.

Ich weiß nur, dass er wie viele andere DDR-Bürger an den nicht mehr zu übersehenden Widersprüchen zwischen Theorie und Praxis litt. Mit ihm – der ein begeisterter Rockfan war – führte ich oft politische Gespräche. Er kam aus einem „hundertprozentigen" Elternhaus, war SED-Mitglied und glaubte an die theoretischen Ideen des Sozialismus. Gleichzeitig neigte er auch zu versteckter Systemkritik. Anderen ging es ähnlich. Sehr erstaunt war ich allerdings, als er Anfang 1989 mit seiner Freundin, einer Tänzerin, in West-Berlin ankam. Er brauchte – wie immer – Geld und wollte mich nach kurzer Zeit anpumpen, aber ich hatte selbst ähnliche Probleme.

Eine Wohnung besorgte ich den beiden dann noch über André, einen Freund, den ich im Zuchthaus Cottbus kennen gelernt hatte.

Bei einem unserer wenigen Gespräche fragte er mich in leicht angetrunkenem Zustand, was seine Existenz auf dieser Welt eigentlich berechtigte. Ich antwortete ihm, dass er sicherlich denke, dass für mich diese Frage zu hoch sei. Er nickte nur. Eine leichte Selbstüberschätzung gehörte zu seinem widerspruchsvollen Charakter.

Während eines anderen Treffens sagte ich ihm, dass jeder Mensch ein gewisses Recht auf Egoismus habe. Er stritt das vehement ab. Ich meinte allerdings nicht den kleinlichen Egoismus gegenüber seinen Mitmenschen, sondern das Recht jedes Menschen auf ein selbstbestimmtes Leben in einem Wohnort seiner Wahl. Erstaunlicherweise sahen meine Frau und ich unmittelbar vor der Wende im Fernsehen bei einer Momentaufnahme aus einer Ost-Berliner Kirche jemanden, der ihm zum Verwechseln ähnlich sah.

Kurz vor einem Wochenende überraschte mich mein Vernehmer mit einem anderen „Beweismittel". Er zeigte mir ein Schreiben, das die Stasi von ihrer Schnüffel-Aktion aus unserer Wohnung mitgenommen hatte. Es war von einem Bekannten aus Merseburg, der auch in der Musikbranche tätig war. Die

Angelegenheit lag Jahre zurück, war völlig belanglos, und ich hatte sie längst vergessen. Trotzdem wurde ich durch derartige Überraschungen immer wieder verunsichert. Dann zeigte er mir noch eine Grafik mit dem Bandnamen *Marathon*, die unser Schlagzeuger entworfen und die ich meinem Bruder für ein geplantes eigenes Projekt zugeschickt hatte. Auch das lag Jahre zurück. Ein erneuter Beweis dafür, wie lange ich schon von der Stasi kontrolliert wurde.

Da ich nichts mehr zu verlieren hatte, denn den Stasi-Knast hatte ich nicht verhindern können, ließ ich mich mit meinem Vernehmer auch auf politische Diskussionen ein. Er sagte mir, dass er ein überzeugter Kommunist sei, einen klaren Klassenstandpunkt habe und seine Arbeit sehr gern mache. Seine für mich irritierende Meinung war: Egal was für einen Standpunkt man hat, die Hauptsache ist, man hat einen.

Bei einem der vielen Verhöre sagte er mir, dass man mich in einer anderen Situation des Klassenkampfes an die Wand gestellt hätte. Keine Frage, unter Stalin wäre das passiert. Er meinte dann aber, in der augenblicklichen Situation wäre das nicht nötig. Der Polizistenmörder und Minister für Staatssicherheit, Erich Mielke, hätte seinen „Tschekisten" bestimmt gern andere Befehle gegeben.

Sein Vorbild war sicherlich der Gründer der Tscheka, Felix Dscherschinski, der auch als Chef der GPU[20] bis zu seinem Tod im Jahre 1926 dem Regime in der Sowjetunion seinen Stempel aufgedrückt hatte.

Bei anderer Gelegenheit sagte ich meinem Vernehmer, dass ich nicht der letzte wäre, der einen Ausreiseantrag gestellt hat. Er sah mich nur mit großen Augen an und ließ das unkommentiert. Als ich einmal vorsichtig darauf hinwies, dass die Arbeiter in der Bundesrepublik mehr verdienen würden und ei-

[20]*GPU russ. Abkürzung für Staatliche Politische Verwaltung, die 1922 aus der Tscheka hervorgegangene politische Geheimpolizei der UdSSR.*

nen höheren Lebensstandard hätten als die in der DDR, winkte er nur ab und sagte: „Ausbeutung bleibt Ausbeutung. Dann backen wir eben kleinere Brötchen, aber unser System ist historisch gesehen trotzdem überlegen." Dieser Logik war nichts zu entgegnen.

Erstaunlicherweise brachte er auch zum Ausdruck, dass ihnen, dem MfS, die Aktivitäten der westlichen 68er-Bewegung, der autonomen Linken und der RAF überhaupt nicht gefielen, sie würden nur dem Klassenkampf schaden. Keine Frage, derartige Entwicklungen hätte man in der DDR im Keim erstickt und kurzen Prozess gemacht. Erich Mielke und seine Mannen konnten keine anderen „Revolutionäre" gebrauchen, sie wollten alles selbst unter Kontrolle haben. Und es sagte ihnen nicht zu, dass die Zustände in der DDR teilweise auch von der linken westlichen Presse kritisiert wurden.

Erstaunt war ich allerdings später in der Bundesrepublik, wie viele Menschen mit linken Einstellungen mir über den Weg liefen. Von der DDR hatten sie völlig falsche Vorstellungen, wie es umgekehrt auch der Fall war. Das wurde spätestens nach der Wende offensichtlich. Ein guter Bekannter von mir kannte sogar noch Andreas Baader aus seiner West-Berliner Kneipenzeit. Interessant bleibt allerdings die Frage, wie es möglich war, dass einer wie Baader, der aus der Halbwelt kam, ihm intellektuell weitaus überlegene RAF-Mitglieder wie Ulrike Meinhof und Gudrun Ensslin so manipulieren und seinem Diktat unterwerfen konnte. Ein Thema für Doktorarbeiten.

Ab und zu bestellte sich mein Vernehmer per Telefon eine Tasse Kaffee und fragte mich, ob ich auch eine haben wolle. Leider bin ich leidenschaftlicher Kaffeetrinker und bejahte seine Frage. Meine Frau hatte in dieser Beziehung anderes Format.

Während eines Verhörs ließ er mich einmal mit einem äußerst aggressiv wirkenden MfS-Mitarbeiter allein. Die entsetzliche Totenstille wurde nur durch das Umblättern von Zeitungsseiten gestört. Ein anderes Mal, als ich von zwei sehr jungen Vernehmern verhört wurde, sah es sehr nach Schulungszwecken aus. Ihnen merkte man an, dass sie noch nicht lange bei der Stasi waren. Im Vergleich zu ihren „Lehrmeistern“ waren sie fast nett.

Nach einer gewissen Wartezeit erhielt ich von meinem Vernehmer die Nachricht, dass Dr. Vogel mein Mandat übernommen hätte – ich hatte auch nichts anderes erwartet –, dass aber der Magdeburger Rechtsanwalt Sch. ihn vertreten würde.

Bestandteil der Verhöre war auch, dass mein Vernehmer mich über Personen aus der Musikbranche ausfragte. Zu einem ehemaligen Fahrer der Gruppe *Magdeburg*, dessen sehr freier und für DDR-Verhältnisse kaum zu glaubender Lebenswandel bekannt war, musste ich mich schriftlich äußern. Es überraschte mich nicht, dass er nach der Wende als IM enttarnt wurde. Erschütternd ist nur, dass er einen guten Bekannten in den Stasi-Knast gebracht hatte.

Während meiner U-Haft erhielt ich auch Schreiberlaubnis an meine Schwiegereltern, die mir antworten durften. Das MfS wollte damit wahrscheinlich seine „Humanität“ dokumentieren. Trotz weniger Zeilen fiel mir das Formulieren dieser Briefe schwer. Der Wortlaut reduzierte sich im Wesentlichen auf: „Vielen Dank für Eure Post mit Inhalt (Geld für den Einkauf). Mir geht es den Verhältnissen entsprechend gut. Macht Euch keine Sorgen. Wie geht es Euch?“

Für mich persönlich musste ich feststellen, dass ich unter psychischer Belastung manchmal ernsthaft überlegen musste, wie einige Wörter richtig geschrieben werden. Bezüglich meiner Gesamtsituation war das aber völlig unwichtig.

Einen Augenblick während der vielen Verhöre werde ich niemals vergessen. Ich schaute durch das vergitterte Fenster und sah draußen etwas Grünes, Baumähnliches. Die Situation hatte etwas Unwirkliches. Ich fragte mich: „Was soll das ganze Theater hier? Wozu die stundenlangen Verhöre? Warum diese für mich unnötige Zwischenstation?“ Vierzig Kilometer weiter war Helmstedt, und ich ging davon aus, dass man mich eines Tages herauslassen würde.

Auch wenn es schizophren klingen mag: Wenn man fast täglich acht Stunden mit einem anderen Menschen allein ist, entwickelt sich eine ganz persönliche Beziehung. Ich kann nicht sagen, dass ich meinen Vernehmer gehasst habe.

Erwähnenswert ist noch, dass die Vernehmer-Offiziere beispielsweise mit der Abteilung von Markus Wolf recht wenig zu tun hatten. Auch beim MfS gab es Hierarchien und die einzelnen Ebenen waren ganz bewusst voneinander abgeschottet.

In der Viermannzelle

Nach etwa fünf Wochen wurden Kalle und ich in eine Zelle, in der schon zwei andere Gefangene waren, verlegt. Mit den „Neuen“, die auch Antragsteller waren, kamen wir schnell ins Gespräch. Der eine von ihnen lebte im Harz und die Stasi hatte ihn während seines Reservistendienstes von der Ostsee „abgeholt“. Während seiner Fahrt zur MfS-UHA sprach niemand ein Wort, wie er uns erzählte. Auf dem Hof angekommen, sagte dann einer seiner „Bewacher“ ganz trocken: „So ist das denn.“ Wir konnten tagelang darüber lachen. Unser „Harzer“ erzählte uns auch, wie er auf der Fahrt zum Röntgen Todesangst ausgestanden hatte. Eingepfercht in eine Einzelkabine suchte er ängstlich während der ganzen Fahrt hinter sich in Kopfhöhe nach einer kleinen Öffnung. Ihm hatte man erzählt, dass in der DDR Todesurteile in fahrenden Kraftfahrzeugen vollstreckt würden. Während der Fahrt durch holpriges Gelände sollte sich ein Schuss in Nackenhöhe lösen. Der „B 1000“ hieß ab jetzt bei uns „Genickschuss-Barkas“.

Von dem „Harzer“ lernte ich Schach spielen und war anfangs nur der Verlierer. Unter psychischer Belastung ist man noch mehr über Niederlagen frustriert. Nach einem ersten Sieg war meine Freude besonders groß. Der „Harzer“ träumte davon, nach der Ausreise in die Bundesrepublik Paris zu besuchen. Den Stadtplan hatte er schon erstaunlich gut im Kopf und übte ständig an der Verbesserung seiner französischen Sprachkenntnisse.

Bei dem anderen noch sehr jungen „Neuen“, der aus Salzwedel kam und sehr übermütig war, fielen mir gleich seine wunden und feuerroten Unterarme auf. Er hatte versucht, seine Tätowierungen herauszubrennen. Von ihm erfuhren wir eine schaurige Geschichte. Ein U-Häftling, mit dem er vorher auf einer Zelle war, hatte auf einem Feld einen sowjetischen

Soldaten mit einem Spaten erschlagen. Über derartige Vorfälle erfuhr man in den DDR-Medien natürlich absolut nichts.

Meine fast täglichen Verhöre gingen unvermindert weiter. Eine Frage, die meinen Vernehmer von Anfang an interessiert hatte, war: „Wie stellen Sie sich nach einer eventuellen Übersiedlung in die BRD Ihren beruflichen Werdegang vor?" Ich antwortete nur ausweichend. Innerlich stand für mich fest, dass ich in der Bundesrepublik beruflich sehr aktiv werden wollte. Diese Motivation war auch sehr wichtig für mich, um den Stasi-Knast einigermaßen zu überstehen. Was dann im Westen passieren würde, war in meiner aktuellen Situation von sekundärer Bedeutung.

Zweimal erhielt ich während meiner Zeit in der U-Haftanstalt eine Sprecherlaubnis. Für diese Anlässe musste ich in der Effektenkammer meine Zivilkleidung anziehen und wurde dann in einen kleinen Besucherraum geführt. Vorab wurde ich darüber belehrt, dass die Sprecherlaubnis nicht länger als dreißig Minuten gehen dürfe und eine Begrüßung mit Handschlag nicht erlaubt sei. Beim ersten Mal traf ich meine Schwägerin Bettina. Gehemmt durch die Anwesenheit eines MfS-Postens kam es bei uns nur zum Austausch von Banalitäten. Für uns beide war dieses Zusammensein sehr anstrengend. Beim zweiten „Sprecher" traf ich den Rechtsanwalt Sch., der mich vor Gericht vertreten sollte. In diesem – auch sehr unfreien – Gespräch wies er mich darauf hin, dass ich mich während meiner Haftzeit sehr ruhig verhalten und unauffällig bleiben solle. Vielleicht redete ich mir das auch nur ein, aber meine Chancen, in den Westen entlassen zu werden, schienen zu steigen.

Kalles Anklageschrift war vorbereitet und er wurde in die VP-UHA, die „Krimi-UHA" verlegt. Wir trennten uns mit den besten Wünschen, sollten uns aber nicht zum letzten Mal sehen.

Für Kalle kam ein Neuer, der an der Tankstelle beim Rasthof Börde arbeitete und mit einigen Kollegen D-Mark unterschlagen hatte. Transitreisende wurden von ihnen ordnungsgemäß in D-Mark abkassiert, aber intern tauschten sie Valuta gegen Ost-Mark aus. Die Stasi hatte sie wochenlang observiert und dann zugeschlagen. Bei ihrem „Rädelsführer" fand man im Garten eingegraben tausende von D-Mark. Wenn ich unseren neuen Mitgefangenen frühmorgens mit dickem Bauch – nur der war voluminös an ihm – rauchend auf seiner Pritsche sah, hatte ich Mitleid mit ihm. Er, der auf einem Bauernhof in der Nähe von Magdeburg groß geworden war, hatte sein Leben lang hart gearbeitet und war in etwas hineingeraten, was er nicht überblicken konnte.

In der neuen Zelle pumpten wir einmal das Klo leer, so konnte ich dann mit meinem Freund Achim, der in der Zelle über mir lag, „telefonieren". Leider wurde ich dabei vom „Ostfriesen" überrascht, der aber glücklicherweise auf eine Bestrafung verzichtete. Während dieser Zeit wurde ich zu einer ärztlichen Untersuchung in einen oberen Sanitätsraum geführt. Dort wartete bereits eine junge, kompakt gebaute MfS-Aufseherin auf mich; ich musste mich nur mit Unterhose bekleidet auf eine Liege legen. Um das lange und unerträgliche Schweigen zu unterbrechen, rutschte mir heraus: „Ich wollte mich schon immer mal untersuchen lassen." Dann kam der Arzt.

Einmal hatten meine Frau und ich in Anwesenheit der beiden jungen Vernehmer, die mich schon einmal verhört hatten, eine Sprecherlaubnis. An ihren interessierten Blicken konnte man erkennen, dass sie – sicherlich wieder zu Schulungszwecken – unsere Gesichter und unsere Reaktionen in der für uns psychisch belastenden Ausnahmesituation studieren wollten.

Meine Frau sah sehr mitgenommen aus, und ich musste all meine Kraft zusammennehmen, um einen emotionalen Ausbruch zu vermeiden. Von einem Gespräch konnte nicht die Rede sein. Bei aller Freude, Renate zu sehen, war dieser Sprecher für uns eine einzige psychische Belastung.

Während eines Verhörs fragte mich mein Vernehmer, wie ich denn mit dem Sohn meiner Frau klarkäme. Ich musste ihn enttäuschen und darüber aufklären, dass meine Frau und ich erst kurz nach der Geburt unseres Sohnes geheiratet hatten. Durch den Irrtum eines Frauenarztes kam unser Sohn schon im Mai statt im August zur Welt. Die ersten Wehen hatte sie deshalb völlig überraschend am Arbeitsplatz.

Nach etwa drei Monaten teilte mein Vernehmer mir mit, dass man meine Frau aus der U-Haftanstalt entlassen hätte, weil die Untersuchung abgeschlossen sei und man von einer weiteren Haftstrafe Abstand nehmen könne.

Renate erzählte mir später, wie man sie völlig unerwartet auf die Straße gesetzt hatte. Nach einigen Bemühungen erreichte sie von einer Telefonzelle aus endlich ihre Schwester Bettina. Sie trafen sich in deren Wohnung, wo sie erst einmal ausgiebig badete und ihr strapaziertes Äußeres wieder herrichtete. Am darauf folgenden Tag hatte ihre Schwester Gerlinde einen Termin beim Rechtsanwalt Sch., den Renate gleich mit wahrnahm.

Die Familie war erleichtert, als sie erfuhr, dass Renate ihren Ausreiseantrag nicht zurückgenommen hatte. In den nächsten Tagen erhielt sie diverse Anrufe – das war nicht anders zu erwarten – und einige Besuche von „Bekannten".

Renate hatte sich während ihrer Inhaftierung in der Stasi-UHA tapfer geschlagen. Schon beim Eintritt in das Vernehmerzimmer sagte sie zu den Stasi-Leuten: „Hören Sie zu, meine Herren, und wenn das hier hundert Jahre dauert, ich nehme meinen Antrag nicht zurück." Ein Vernehmer antwortete: „Setzen Sie sich erstmal hin!" Bei weiteren Verhören drückten die Vernehmer auch ihre Verwunderung darüber aus, dass wir beide uns so ruhig verhielten. Mich hatte man für arrogant gehalten.

Ich hatte mich eher zurückgehalten und wollte alles, was mit meinem Ausreisevorhaben zusammenhing, und insbesondere den Stasi-Knast so unbeschadet wie möglich überstehen. Meine Energien brauchte ich für die Zeit danach. Vielleicht waren sie unbewusst auch etwas neidisch auf mich, denn ich hatte ein für DDR-Verhältnisse freieres und interessanteres Leben als sie geführt.

Gegen Ende August erhielt ich von meinem Vernehmer die Information, dass meine Anklageschrift vorbereitet würde und gleichzeitig die Hiobsbotschaft, dass ich bald in die VP-UHA verlegt werde. Das hieß: Krimi-Knast.

Ich weiß bis heute nicht, ob das der Höhepunkt der schikanösen Stasi-Maßnahmen war oder ob die MfS-UHA überbelegt war.

Renate erzählte mir später in der Bundesrepublik, dass sie nach ihrer U-Haft zweimal das Büro Dr. Vogels in Ost-Berlin aufgesucht hatte. Sie ließ einige Papiere von mir da, und man sagte ihr, dass ich mich in der Haft unauffällig verhalten solle und auf keinen Fall krank werden dürfe.

Kriminelle und Kakerlaken

Anfang September 1983 wurde ich von meiner Zelle in der MfS-UHA in die Effekten geführt und musste meine Zivilkleidung anziehen. Nach einer sehr langen Wartezeit befahl man mir und zwei anderen Häftlingen, in die Einzelkabinen – zwei waren schon belegt – des „Genickschuss-Barkas" einzusteigen. Die Fahrt ging in Richtung VP-Untersuchungshaftanstalt. In den Krimi-Knast. Dort angekommen, mussten wir sofort aussteigen. Ein Mitgefangener kam mir irgendwie bekannt vor. Nach einigen sprachlosen Sekunden – mein Gehirn arbeitete auf Hochtouren – sagte ich: „Aaaa…chim!" Achim, mein Freund, der mir körperlich kompakt in Erinnerung war, hatte während der über dreimonatigen U-Haft mehr als dreißig Kilo abgenommen. Er war zumindest äußerlich ein anderer Mensch geworden und lachte mich an. Ich muss wirklich einen sehr verblüfften Gesichtsausdruck gehabt haben. Seiner Frau schrieb er nach Hause: „Da hat aber einer gestaunt."

Zwei blau uniformierte Gefängniswärter trennten mich sofort von allen anderen und brachten mich dann in einen Furcht einflößenden, riesengroßen und hohen Innenraum des Gefängnisgebäudes. In der Mitte sah ich eine Metalltreppe, die zu verschiedenen Etagen führte. Die unzähligen nummerierten Zellen der Trakte waren über balkonähnliche Laufstege erreichbar. Ein erdrückendes Ambiente, das ich bisher nur aus Filmen kannte. Ein Schließer brachte mich – vorbei an einem nackten, sehr allein gelassen dastehenden Häftling – in einen Duschraum. Als mir nach längerer Wartezeit eine Plastikschüssel mit Rübensuppe gebracht wurde, ahnte ich, was auf mich zukommen würde. Die Stasi-UHA kannte ich. Hier konnte es nur noch schlimmer werden.

Nach Stunden, die wieder viel psychische Kraft kosteten, kam endlich ein Kalfaktor, der die Tür aufschloss und mir sagte, dass ich duschen solle.

Danach wurde ich von einem „Schließer“ über die Metalltreppe in einen höher gelegenen Trakt geführt. Er schloss eine Zellentür auf, ich musste eintreten und war von einer Rauchwolke umgeben. Sekundenlang sah ich nichts und konnte kaum atmen. Am Tisch saßen drei Häftlinge, die mich abschätzend musterten. Sie qualmten so genannte „Tüten“, die aus in Zeitungspapier gewickelten Kippenresten bestanden. Im Gegensatz zur Stasi-UHA war die Zelle auffallend klein und dreckig. An den Wänden standen zwei Doppelstock-Betten aus Metall. Ich stellte mich kurz vor, setzte mich zu den anderen und bot allen eine Zigarette der Marke „Cabinet“ an. Sie griffen sofort zu.

Es gibt Situationen, die man kein zweites Mal erleben möchte, und diese gehörte dazu. Ich hatte keine Alternative, ich musste mit diesen Menschen ab jetzt rund um die Uhr zusammen sein und irgendwie mit ihnen klarkommen. Sie, die alle wegen krimineller Delikte inhaftiert waren, erzählten mir erst einmal, dass mein Vorgänger immer auf offener Pritsche onaniert hatte.

Da es mich interessierte, wie Krimis sind, ließ ich mich auf Gespräche ein und stellte auch Fragen. Mir fiel gleich der Älteste von ihnen auf. Er war nicht besonders groß, hatte ein etwas breiteres Gesicht, schwarze Haare und dunkle Augen. Sein nervöser Blick verriet mir, dass er unter Stress stand. Warum, sollte ich auf unangenehme Art schon in der ersten Nacht erfahren. Er hatte bereits dreizehn Jahre Haft mit kurzen Unterbrechungen hinter sich. In der Knastsprache nannte man einen wie ihn BVer (das war die Abkürzung für Berufsverbrecher). Dieses Mal saß er ein, weil er im betrunkenen Zustand auf seine Lebensgefährtin eingestochen hatte. Er traf sie unmittelbar in der Herzgegend, aber sie überlebte glücklicherweise. Sein Dialekt verriet, dass er aus dem ehemaligen deutschen Osten stammte. Meine Vermutung stimmte, er war in Sopot geboren und nach dem Zweiten Weltkrieg mit seinen

Eltern nach Westdeutschland geflüchtet. Dort hatte er angeblich fünf Jahre wegen eines Raubüberfalls im Zuchthaus verbracht und war dann in die DDR gegangen, wo er seine „Karriere“ fortsetzte. Beim Raubüberfall auf einen Geldtransporter der US-Armee waren nach seiner Darstellung noch vier weitere jugendliche Unternehmersöhne beteiligt, die das alles nur wegen des „Kicks“ gemacht hatten. Man mag diese abenteuerliche Story glauben oder nicht, an seiner kriminellen Vergangenheit habe ich zu keiner Zeit gezweifelt.

Als das Abendbrot durch die Luke gereicht wurde, war mir endgültig klar, dass sich meine Haftbedingungen wesentlich verschlechtert hatten. Das Essen war hier minderwertig und nicht ausreichend. Die erste Nacht wurde für mich zur absoluten Katastrophe. Ich lag auf der Pritsche unter dem älteren BVer und die ganze Nacht krachten seine Ausdünstungen durch seine Matratze und gelangten zu mir nach unten. Der Gestank war unerträglich. Es war schon sehr dunkel, als ich plötzlich merkte, wie es auf meiner Gesichtshaut permanent krabbelte. Durch Schläge ins Gesicht versuchte ich mich – erfolglos – von dem Martyrium zu befreien. Als ich am nächsten Morgen in den Spiegel sah, war mein Gesicht voller Blutflecken. Blut von Kakerlaken. Hinter dem Spiegel, den ich etwas von der Wand abhob, bewegte sich ein schwarzes Heer von diesen Tierchen. Die Ursache für die penetranten Ausdünstungen des BVers waren Tabletten, die er täglich einnehmen musste, weil er Alkoholiker war.

Einer der beiden jüngeren Häftlinge hatte mit einem Kumpel, der sich inzwischen auch in U-Haft befand, mehrmals Autos für anschließende Spritztouren geknackt, und das Milieu, in dem er sich jetzt wieder befand, war ihm nicht fremd. Er, der aus einer Kleinstadt des Bezirkes Magdeburg kam, war von Beruf Forstarbeiter. Sein Vater stammte aus Bayern und war nach dem Zweiten Weltkrieg im Osten geblieben. Mit dem „Autoknacker“ sollte ich noch Wochen verbringen müssen, in denen mir seine leicht provozierende Art sehr auf die Nerven ging. Sehr oft prahlte er damit, wie er die Frau eines Freundes in einer Badewanne „gevögelt“ hatte.

Für die Krimis war ich ein Außenstehender, weil sie intuitiv merkten, dass ich unschuldig eingesperrt war und mit ihrem Milieu nichts zu tun hatte. Sie merkten auch schnell, dass ich trotz körperlicher Überlegenheit jeden Streit vermeiden wollte. Ich hielt mich diesbezüglich an die Anweisungen meines Rechtsanwalts. Der andere jüngere Häftling war mir gegenüber ruhig und respektvoll. Er war inhaftiert, weil er mit einigen Mitschülern andere Jugendliche, die an der Ehle bei Biederitz campten, in ihren Zelten überfallen hatte.

Für mich war es immer wieder sehr unangenehm, wenn ich in Anwesenheit dieser für mich fremden Menschen das Klo benutzen musste, das sich unmittelbar neben dem Tisch befand, an dem auch gegessen wurde. In ihrer Knastsprache hieß es „Bello“ und wenn sie sich länger mit jemandem unterhielten: „Wir haben abgespult.“ Ihr Umgang mit der deutschen Sprache war katastrophal und wurde noch durch ihren extremen Dialekt verstärkt, so dass ich nach einiger Zeit nicht mehr wusste, was richtig oder falsch war.

Nach etwa vierzehn Tagen wurde dem älteren BVer befohlen, sich fertig zu machen. In aufgelöster Stimmung dachte er zuerst, dass er entlassen würde. Doch das war naiv, denn er wurde nur in eine andere Zelle verlegt. Weil der 7. Oktober, der Tag der Republik, nahte, hofften viele Gefangene – wie alljährlich – auf eine Amnestie.

Das Bett des BVers sollte nicht kalt bleiben. Kurz nach ihm wurde ein dicklicher Häftling in unsere Zelle gebracht. Er, der als Friedhofsarbeiter tätig war, hatte gemeinsam mit einem Arbeitskollegen Goldzähne, die sie aus den Kiefern von Leichen herausbrachen, an einen Goldschmied aus Leipzig verkauft. Diese blasphemischen Taten waren nach längerer Zeit aufgeflogen. Er sprach immer davon, dass sie Zähne „gezupft“ hatten. Nach anfänglich großer Klappe stellte sich bald heraus, dass er ein Jammerlappen war. Er weinte fast, wenn er darüber spekulierte, ob seine „Kleine“ fremdgehen würde oder nicht. Nachdem der etwas ruhigere Jüngere abgeholt wurde, kam für ihn ein siebzehnjähriger Farbiger in die Zelle, der auch bei dem Überfall auf die Camper dabei gewesen war. Er hatte gerade den Abschluss der 10. Klasse mit „gut“ bestanden und sein etwas anderes Bildungsniveau war für mich sofort erkennbar. Leider ließ er sich dann doch negativ von den älteren Krimis beeinflussen. Aber ich mochte ihn trotzdem. Nach meinen ersten Schachversuchen in der Stasi-UHA spielte ich einige Partien gegen ihn.

Auf dem Freihof mussten wir mit Gefangenen aus anderen Zellen im Kreis unsere täglichen Runden drehen. Hier lernte ich den Mitgefangenen Hundt kennen, der auch aus der Stasi-UHA kam und dessen Frau – wie ich später erfuhr – mit meiner Frau auf einer Zelle war. Er wirkte sehr energisch und wollte kompromisslos sein Ausreisevorhaben durchsetzen.

Nach der Freistunde – die Bezeichnung war irreführend, weil es sich fast immer nur um etwa zwanzig Minuten handelte – wurden wir mit mehreren Gefangenen in einen Warteraum geführt und von da aus auf unsere jeweiligen Viermannzellen verteilt. In dieser Zwischenstation lernte ich einige schlimme Krimis kennen. Ein großer, schlanker, noch sehr junger aus der Altmark hatte eine etwa achtzigjährige Frau ausgeraubt, vergewaltigt und ermordet. Wäre er mir auf der Straße begegnet, hätte ich das niemals für möglich gehalten. Ein anderer, sehr athletischer Gefangener machte einen besonders sympathischen Eindruck auf mich. Er war DDR-Jugendmeister im Turnen gewesen und erzählte gern von seinen Erfolgen. Voller Hoffnung glaubte er an eine bevorstehende Amnestie. Als ich später erfuhr, weshalb er in U-Haft war, verstand ich die Welt nicht mehr und zweifelte an meiner Menschenkenntnis. Gemeinsam mit seinem Bekannten Weißgerber, einem Schäfer, wollte er einen Pkw vom Typ „Moskwitsch" an einen Landarbeiter aus einem Dorf nahe der Westgrenze verkaufen. Nachdem beide 23 000 Mark erhalten hatten, legten sie ihm von hinten eine Drahtschlinge um den Hals und erdrosselten ihn. Die Abwehrversuche des kräftigen LPG-Bauern waren zwecklos gewesen. Nach dem heimtückischen Mord entkleideten sie die Leiche, warfen sie in einen kleinen Fluss und verbrannten die Kleidung auf einem Feld. Nur durch die nicht verbrannten Metallknöpfe kam die Kriminalpolizei nach wochenlangen Recherchen den Tätern auf die Spur. Diese hatten inzwischen vom Geld des Mordopfers Anbauwände für ihre Wohnungen gekauft. Kurz vor ihrer Verhaftung flüchtete Weißgerber in den Westen und der Leistungsturner landete verdienterweise in der Krimi-UHA. Die DDR-Regierung verlangte danach von der Bundesrepublik die Auslieferung Weißgerbers zu dessen rechtmäßiger Verurteilung. In den Medien beider deutscher Staaten wurde der „Fall Weißgerber" dann lange Zeit politisch ausgeschlachtet. Weißgerber, der seine Tat bestritt, arbeitete in Ruhe und Frieden auf der westlichen Seite der Grenze in seinem Beruf als Schäfer. Erst nach langen und zähen Verhandlungen wurde er in der Bundesrepublik wegen Mordes verurteilt. Das war auch überfällig.

Bei einem unserer Aufenthalte in der Zwischenstation, die zwangsläufig immer nach den Runden auf dem Freihof stattfanden, machte ich auch die Bekanntschaft eines kleinen, schlanken Algeriers, der zum Arbeiten in die DDR gekommen war. Er, der sehr unter der U-Haft litt, soll eine Deutsche brutal zusammengeschlagen haben. Weil er als Ausländer sehr allein gelassen wirkte – er konnte kaum Deutsch –, schenkte ich ihm ab und zu Zigaretten.

Ein anderer U-Häftling, der auf mich einen sehr vernünftigen Eindruck machte, war, weil er zwei Wochen nicht gearbeitet hatte, wegen asozialen Verhaltens verhaftet worden. In der DDR bestand Arbeitspflicht. Einige Male unterhielt ich mich auch mit einem recht gut aussehenden Häftling, der besonderen Wert auf die Verwendung von Fremdwörtern legte. In U-Haft war er wegen eines angeblichen Einbruchs. Mit erstaunlicher verbaler Kompetenz versuchte er uns davon zu überzeugen, dass der gegen ihn erhobene Vorwurf ein Missverständnis und er unschuldig sei. Ich zweifelte an seiner Glaubwürdigkeit. Ein Lehrer, der seine Unschuld beteuerte, klang für mich überzeugender.

Die unruhigen Augen einiger Häftlinge verrieten ihre kriminelle Energie, und manche von ihnen waren sogar sehr stolz darauf, zum wiederholten Male in U-Haft zu sein. Ihr Auftreten war in der für sie vertrauten Umgebung sicher, fast souverän. Stolz waren sie auch auf ihre Tätowierungen; so viele wie beim wöchentlichen Duschen hatte ich vorher nie gesehen. Einige hatten sie am ganzen Körper und einer sogar auf seinem Penis. Respektvoll sprachen sie auch von einem gewissen Manne K., der wieder einmal in U-Haft war. Ihn, einen BVer, der fast sein ganzes Leben im Knast verbracht hatte, sollte ich noch am letzten Abend, den ich in der unsäglichen Krimi-UHA verbringen musste, kennen lernen. Einige Male wurde ich von meiner Zelle in einen unteren Raum geführt, wo mein Stasi-Vernehmer schon auf mich wartete. Ich war froh, einige Zeit nicht das primitive, anstrengende und laute Gequatsche der Krimis hören zu müssen und empfand die folgenden Verhöre im Gegensatz zur Stasi-UHA als weniger stressig. Mein Vernehmer fragte mich bei seinem ersten Besuch, wie ich mich denn eingelebt hätte, und ich bin mir nicht sicher, ob das scheinheilig war oder nicht. Dann erfolgte nach dem gewohnten Austausch von Banalitäten der Hinweis, dass meine Anklageschrift vorbereitet würde. Was er wirklich dachte und fühlte, werde ich wohl nie erfahren.

Ein einziges Mal hatte ich einen Sprecher mit meiner Frau, der in einem Besucherzimmer in Anwesenheit eines Bewachers stattfand; dessen Anwesenheit ließ natürlich kein ungezwungenes Gespräch zu. Nachdem wir uns über unverfängliche Belanglosigkeiten unterhalten hatten, formte meine Frau mit dem Mund – als wenn sie mit einem Taubstummen sprechen würde – das Wort „Amnestie“. Sie hatte draußen von verschiedenen Seiten gehört, dass die Regierung der DDR am 7. Oktober eine Amnestie erlassen würde. Meine Freude hielt sich in Grenzen, weil ich nicht in die DDR entlassen werden wollte. Die Information meiner Frau klang aber so glaubhaft und überzeugend, dass ich einigen Mitgefangenen davon erzählte. Wie im zivilen Leben funktioniert auch im Knast der so genannte „Buschfunk“ sehr gut. In der ganzen UHA sprach man von Amnestie. Als diese dann am 7. Oktober – und auch danach – nicht kam, hätte ich beinahe Schläge bezogen.

Ein paar Tage vor dem 22. September 1983 wurde ich wieder zu meinem Vernehmer geführt, der mir meine Anklageschrift vorlas und mir danach mitteilte, dass in Kürze meine Gerichtsverhandlung stattfinden würde.

„Im Namen des Volkes“

Am 22. September 1983 wurde ich schon recht früh aus meiner Zelle nach unten geführt, wo bereits zwei bewaffnete Stasi-Offiziere in ihren grünen Uniformen auf mich warteten. Sie legten mir Handschellen an und führten mich dann von der Krimi-UHA in das Bezirksgericht Magdeburg, das unmittelbar am Gefängniskomplex lag und in dem die Gerichtsverhandlung gegen mich stattfinden sollte. Beim Eintritt in das riesige Gebäude drückte meine Blase. Ich teilte den MfS-Offizieren mein Bedürfnis mit und hielt meine gefesselten Hände hoch, um zu signalisieren, dass ich so meine Hose nicht öffnen könne. Einer von ihnen erwies sich als gnädig und schloss eine Seite der Handschellen auf, und dann durfte ich bei offen stehender Tür die Toilette benutzen. Danach wurde ich nach oben in einen sehr großen, Furcht einflößenden Gerichtssaal geführt und musste neben meinem Verteidiger, Rechtsanwalt Sch., Platz nehmen. Voll beklemmender Erwartung blickte ich in die Runde. Teilnehmer des Strafsenats des Bezirksgerichtes Magdeburg in der Strafsache gegen mich waren: Oberrichter N. als Vorsitzender, der wissenschaftliche Mitarbeiter R. und Rentner B. als Schöffen, Staatsanwalt K. als Vertreter des Staatsanwaltes des Bezirkes, Rechtsanwalt Sch. als Verteidiger, die Sekretärin Frau H. und Justizprotokollant Frl. Brückner als Protokollführer. Interessiert wurde ich von fast allen Anwesenden fixiert. Noch trug ich Bart und lange Haare und die Gruppe *Magdeburg* war den meisten von ihnen sicher nicht unbekannt. Rechtsanwalt Sch. wies mich nochmals eindringlich darauf hin, Ruhe zu bewahren. Dann begann der dunkelhaarige, energisch wirkende Staatsanwalt mit scharfem Ton seine Urteilsbegründung, die sich im Wesentlichen auf die zahlreichen Verhörprotokolle meines Vernehmers stützte.

Große Teile seiner Ausführungen klangen wie eine Politbüro-Rede, waren Phrasendrescherei. Wie ich schon nach meinem achtzehn Stunden langen Verhör vom 16. Juni vermutete, war der Hauptanklagepunkt gegen mich, dass mein in der Bundesrepublik lebender Bruder Detlef sich wegen meiner Ausreiseabsichten an das Bundesministerium für innerdeutsche Beziehungen gewandt hatte. Selbst wenn er sich mit der Regierung der Vereinigten Staaten in Verbindung gesetzt hätte, wäre auch das kein Grund dafür gewesen, mich zu verhaften, zu verurteilen und in ein Zuchthaus zu sperren.

Die DDR, die sich immer als Hort des Friedens und der Menschlichkeit verstand, erwies sich als zweite deutsche Diktatur auch nur als sehr zynisch und menschenverachtend. Das kam insbesondere auch dadurch zum Ausdruck, dass wir, die politischen Gefangenen, an die Bundesrepublik verkauft wurden, denn die DDR, die kurz vor dem ökonomischen Kollaps stand, brauchte Devisen, brauchte dringend diese „Kopfgelder". Sehr überzeugend hat der ehemalige Vorsitzende der Staatlichen Plankommission der DDR in seinem Interview „Honecker hat auf Pump gelebt" im „Focus" 46/1999 beschrieben, wie die SED-Mächtigen sehenden Auges die DDR wirtschaftlich ruinierten.

Der Staatsanwalt, der für mich wegen „landesverräterischer Agententätigkeit" (Verbrechen gem. § 100 Abs. 1 StGB) zwei Jahre und zwei Monate Freiheitsentzug beantragte, war auch nur ein Handlanger der Stasi. Das MfS war zu jeder Zeit Drahtzieher; wenn man sie zum Feind hatte, konnte es für die Betroffenen sehr gefährlich werden. Manchmal lebensgefährlich. Ein erschütterndes Beispiel dafür ist der Lebensweg von Wolfgang Welsch; sein Buch „Ich war Staatsfeind Nr. 1" ist sehr lesenswert.

Nachdem der Staatsanwalt sein langatmiges Plädoyer beendet hatte, entwischte mir ein leichtes Lächeln. Zu lange hatte ich die Drohung meines Vernehmers im Kopf, dass man mich bis zu zwölf Jahren inhaftieren könne, und war jetzt fast ein wenig erleichtert. Rechtsanwalt Sch. wies mich sofort zurecht, und meine Miene wurde wieder ernster.

In seinem anschließenden Plädoyer beantragte er für mich Freispruch. Eine Sinnlosigkeit, denn das MfS hatte längst entschieden. Rechtsstaatlichkeit war in der DDR ein Fremdwort. Mich forderte man anschließend noch zu einer letzten Stellungnahme auf.

Ich sagte nur, dass ich mich nie als Feind des Sozialismus gesehen hätte und das Urteil nicht akzeptieren könne, weil ich unschuldig sei.

Danach wurde ich wieder meiner Zelle zugeführt. Die schriftliche Urteilsbegründung las sich nach Darstellung meines persönlichen Werdegangs bis zum Bandchef der *Klosterbrüder* dann wie folgt (Originaltext):

„Die genannte Musikformation entwickelte sich unter der Leitung des Angeklagten bei großzügiger Unterstützung seitens der staatlichen Organe zu einer erfolgreichen Berufsformation, die ab 1975 als Gruppe ‚Magdeburg‘ auftrat und den Höhepunkt ihrer künstlerischen Entwicklung in den Jahren 1979/80 erreichte.

Die nachfolgende Stagnation in der künstlerischen Entwicklung der Gruppe erwuchs vor allem daraus, daß der Angeklagte in seiner staatsbürgerlichen Entwicklung nicht mehr mit den Erfordernissen Schritt hielt.

Auffassungen wie, daß er sich in der Deutschen Demokratischen Republik eingesperrt fühle, daß es in der DDR keine Meinungsfreiheit gebe, er sich hier als Individuum nicht entwickeln könne, das gesellschaftliche System der BRD demokratischer sei als das des realen Sozialismus und daß er den Glauben an den Sozialismus verloren habe, verdeutlichen, daß der Angeklagte der ideologischen Diversion des Klassenfeindes erlag und, was auch sein weiteres Verhalten beweist, die gesellschaftlichen Verhältnisse der DDR schließlich ablehnte.

So erklärt sich, daß der Angeklagte trotz des bestehenden Förderungsvertrages zwischen der Gruppe ‚Magdeburg' und der Konzert- und Gastspieldirektion die Gruppe Mitte des Jahres 1981 auflöste und gemeinsam mit den übrigen 5 Mitgliedern der Gruppe ‚Magdeburg' am 21. 9. 1981 einen Antrag auf Übersiedlung in die BRD stellte und diesen Schritt mit Problemen der künstlerischen Arbeit, die teils auf unberechtigte Forderungen anderer zurückgingen, zu begründen suchte.

Nachdem sein Antrag vom dafür zuständigen Staatsorgan als unbegründet zurückgewiesen war, richtete der Angeklagte nunmehr für sich, seine Ehefrau und sein minderjähriges Kind mehrfach Ersuchen mit derselben Zielstellung an die Staatsorgane der DDR.

Der Angeklagte, der nach Auflösung der Gruppe ‚Magdeburg' vom Verkauf seiner elektronischen Anlagen und von AWA-Einkünften lebte, aber auch weiter kompositorisch und als Texter arbeitete, begründete im April 1983 der Form halber ein Arbeitsverhältnis als Schaustellergehilfe.

Der Angeklagte, der auch nach mehreren von den staatlichen Organen mit ihm geführten Aussprachen hartnäckig an seiner Übersiedlungsabsicht festhielt, setzte im Oktober 1981 seinen Bruder Detlef Kessler, der 1978 einen ungesetzlichen Grenzübertritt verübt hatte und seit dem in der BRD lebt, davon in Kenntnis und erbat dessen Unterstützung. Bereits Ende des Jahres 1981 informierte ihn sein Bruder davon, daß er sich mit dem ‚Bundesministerium für innerdeutsche Beziehungen' in Bonn in Verbindung gesetzt hat, daß er dort persönlich vorstellig geworden ist und daß ‚alles für ihn laufen würde'. Informationen über die erfolgte Verbindungsaufnahme gingen dem Angeklagten mehrfach, zumeist telefonisch von seinem Bruder zu. Der Angeklagte informierte seinerseits über Aktivitäten, wie Anzahl der gestellten Anträge, deren Adressaten und die Reaktion der staatlichen Organe darauf, um seinen Bruder und damit das genannte Bundesministerium auf dem laufenden zu halten.

Der Angeklagte nahm über seinen Bruder die Verbindung zu dem ‚Bundesministerium‘ der BRD auf, um, obwohl eine ablehnende Entscheidung des zuständigen Staatsorgans der Deutschen Demokratischen Republik auf seinen Antrag hin ergangen war, seine Ausreise aus der DDR dennoch zu erwirken.

Soweit zu den wesentlichsten Sachfeststellungen, die auf die Einlassungen des Angeklagten, wobei teils frühere Einlassungen des Angeklagten vor dem Untersuchungsorgan, die zum Gegenstand der Beweisaufnahme gemacht wurden, Verwertung fanden, gestützt sind. Weiter liegt dem Beweisergebnis eine Reihe von Beweismitteln zugrunde, die, wie aus dem Protokoll der Hauptverhandlung ersichtlich, ebenfalls zum Gegenstand der Beweisaufnahme gemacht wurden.

Der Angeklagte ist damit der landesverräterischen Agententätigkeit (Verbrechen gem. § 100 Abs. 1 StGB) überführt.

Der Angeklagte nahm über die Kontaktperson Detlef Kessler zum ‚BRD-Ministerium für innerdeutsche Beziehungen‘ in Bonn somit zu einer Einrichtung einer fremden Macht im Sinne des § 97 StGB Verbindung mit dem Ziel auf, die Interessen der DDR zu schädigen. Die Zielstellung der Interessenschädigung ist eindeutig, da der Angeklagte entgegen der vom zuständigen Staatsorgan der DDR getroffenen Entscheidung und somit entgegen den Interessen der DDR eine entgegengesetzte Entscheidung herbeizuführen trachtete. Die Schädigung der Interessen der Deutschen Demokratischen Republik ist auch zugleich im Hinblick auf die Geeignetheit des Vorgehens des Angeklagten zur Diffamierung der Deutschen Demokratischen Republik zu bejahen.

Der Einwand der Verteidigung, daß dem Angeklagten von der Kontaktperson niemals ausdrücklich mitgeteilt worden sei, daß eine Verbindung zum ‚BRD-Ministerium für inner-

BS 34/83
211-70-83

Urteil

Im Namen des Volkes!

In der Strafsache

gegen den Musiker
Dietrich Kessler,
wohnh. 3040 Magdeburg, Karl-Marx-Str. 28,
PKZ: 190746 4 0041 9,
seit dem 16. 6. 1983 in Untersuchungshaft,
z. Z. UHA (MfS) Magdeburg-Neustadt,

wegen landesverräterischer Agententätigkeit

hat der Ia Strafsenat des Bezirksgerichts Magdeburg in seiner Sitzung vom 19. und 22. 9. 1983, an der teilgenommen haben:

Oberrichter N.
als Vorsitzender

wissenschaftl. Mitarbeiter P.
Rentner B.
als Schöffen

Staatsanwalt K.
als Vertreter des Staatsanwaltes
des Bezirkes

Rechtsanwalt Sch.
als Verteidiger

Sekretärin Frau H.
Justizprotokollant Frl. B.
als Protokollführer

für Recht erkannt:

1. Der Angeklagte wird wegen landesverräterischer Agententätigkeit (Verbrechen gem. § 100 Abs. 1 StGB) zu

   2 - zwei - Jahren und 2 - zwei - Monaten Freiheitsstrafe

   verurteilt.

2. Die in der Anlage bezeichneten Gegenstände werden

   eingezogen.

3. Der Angeklagte trägt die Auslagen des Verfahrens.

21

[21] *BStU: Der Bundesbeauftragte für die Unterlagen des Staatssicherheitsdienstes der ehemaligen DDR*

Die letzten Stunden Krimi-Knast und im „Grothewohl-Express“ nach Cottbus

Kurz nach meiner Urteilsverkündigung erhielt ich zum letzten Mal „Besuch“ von meinem Vernehmer. Er teilte mir mit, dass mein Fall für ihn jetzt abgeschlossen sei und ich in den Strafvollzug Cottbus überführt werden würde.

Anfang Oktober 1983 wurde ich spätabends von meiner Zelle nach unten in eine wesentlich größere geführt, in der bereits einige Krimis auf ihren Weitertransport warteten. Ich merkte ihnen wie immer an, dass sie mit dieser für mich wiederum neuen Situation vertraut waren und ihrem Schicksal gelassen entgegensahen. Hier lernte ich auch den „berüchtigten“ Manne K. kennen. Der nicht sehr große, am ganzen Körper tätowierte, dünne, aber zäh wirkende BVer hatte bisher mit kurzen Unterbrechungen bereits siebzehn Jahre seines Lebens hinter Gittern verbracht. Nach seiner letzten dreieinhalbjährigen Haftzeit war er unmittelbar nach seiner Entlassung mit anderen „Bekannten“ in einen Bungalow, der sich in einer Randsiedlung von Magdeburg befand, eingedrungen. Als sie, nachdem sie dort einige Stunden gefeiert hatten, wieder die Straße betraten, kam ganz zufällig ein Pkw mit einer VP-Streife vorbei und damit war sein kurzer Aufenthalt in Freiheit beendet. K. war noch nicht einmal vierzig Jahre alt, aber die langen Knastjahre hatten Spuren in seinem Gesicht hinterlassen. Er genoss es sehr, im Mittelpunkt zu stehen und erzählte recht freimütig von den alten Zeiten, als die stinkenden Klokübel, bevor sie entsorgt wurden, immer einige Tage in den Zellen standen. Als er erfuhr, dass ich von der Gruppe *Magdeburg* war, bot er mir Zigaretten und Essbares an. Am liebsten hätte er mir meine Jeans abgekauft, aber die waren bereits in den Effekten versandfertig verpackt.

Jeans, die man heute an jeder Ecke kaufen kann, waren damals ein unbezahlbares Tauschobjekt. Bei fast allen Krimis, die ich kennen lernte, ist mir aufgefallen, dass Genussmittel wie Zigaretten, Essen und gewisse Kleidungsstücke im Mittelpunkt standen. Sie benahmen sich in der Hinsicht manchmal wie kleine Kinder. Ich muss aber gestehen, dass auch für mich – insbesondere im Zuchthaus Cottbus – der Knastalltag ohne Tabakwaren und Tee noch unerträglicher gewesen wäre, als er schon war. Das waren unsere Tranquilizer.

Kurz vor 22 Uhr hörte ich noch die laute Stimme des Farbigen aus meiner Zelle, der mir alles Gute wünschte. Sein Rufen hallte durch den ganzen Innenraum der U-Haftanstalt. Sehr unangenehm war es für mich wieder, als ich in Gegenwart der mir fremden Gefangenen noch das Klo, das sich fast in der Mitte der großen Mannschaftszelle befand, benutzen musste.

Nach Mitternacht, an Schlaf war nicht zu denken gewesen, wurde ich allein auf einen großen Gefängnisvorhof gebracht. Es war Vollmond, und ich starrte – wie angewurzelt und allein gelassen dastehend – innerlich blockiert in die sternenklare Nacht. Es war wieder eine jener Situationen, in denen ich nicht zwischen schlechtem Traum und Wirklichkeit unterscheiden konnte. Voller nervöser Anspannung wartete ich auf das, was auf mich zukommen würde. Dann – ich hatte jegliches Zeitgefühl verloren – kamen zwei bewaffnete „Knastpolizisten", legten mir Handschellen um und brachten mich in einem Lkw vom Typ „W 50", der, wie der „B 1000", für Häftlingstransporte umgebaut war, zum Magdeburger Hauptbahnhof. Dort stand schon – äußerlich einem Postwagen ähnlich – der so genannte „Grothewohl", der für Gefangenentransporte bestimmt war. Er hing als letzter Waggon an einem normalen Linienzug und fuhr – aus Bützow, wo es auch ein Zuchthaus gibt, kommend – fast durch die ganze DDR.

Auf den dafür vorgesehenen Bahnhöfen wurden dann Häftlinge ein- oder ausgeladen. Ich musste einsteigen und wurde mit fünf weiteren Gefangenen in ein sehr enges, verschließbares Abteil gepfercht. Das Fenster war aus Milchglasscheiben und vergittert.

Nach längerer Fahrt hielt der „Grothewohl-Express“ in Halle. Ich hörte Hundegebell, laute Stimmen und Handschellengeklapper. Gefangene mussten ein- und aussteigen. Ich wurde dann in ein Abteil mit Hallenser Häftlingen verlegt. Wie selbstverständlich wurde sofort ein tätowierter, großer, sportlich wirkender und auffallend rothaariger Gefangener zum Wortführer. Nach kurzer, routinierter Abschätzung der Lage zündete er sich trotz Verbots eine Zigarette an, nahm einige volle Züge und reichte sie großzügig in die Runde. Die Zündfläche einer Streichholzschachtel und weitere Zigaretten hielt er unter seinem Gürtel versteckt. Trotz jungen Alters schien er die Knasterfahrungen und kriminelle Energie eines älteren BVers zu haben. Er erzählte uns, wie er in Halle einen „Bruch“ – er meinte damit einen Einbruch – gemacht hatte und seine eifersüchtige Freundin ihn anschließend ans Messer geliefert hatte. Etwas neidisch schaute er auf meine Hose mit den heute wieder modernen Seitentaschen und meinte, er würde so was niemals anziehen.

Nach kurzer Fahrt hielt der „Grothewohl-Express“ im Leipziger Hauptbahnhof. Wieder: bellende Hunde, laute Befehle und klappernde Handschellen. Der Rothaarige musste hier das Abteil verlassen. Auf der Weiterfahrt hielt der Zug noch in Eilenburg und Torgau. Für mich endete dann die lange und anstrengende „Reise“ in Cottbus.

Nachdem man uns jeweils zu zweit mit Handschellen aneinander gekettet hatte, mussten wir aussteigen, und ich hörte aus einem Lautsprecher: „Achtung, Gefangenentransport!“ Erstaunt sah ich jetzt auch – Frauen und Männer waren in den „Grothewohl-Abteilen“ immer getrennt eingepfercht –, dass eine junge Gefangene mitgefahren war.

Blau uniformierte bewaffnete „Knastpolizisten“ mit kläffenden Hunden führten uns dann von den Bahnsteigen und durch die Unterführungen in einen bereitstehenden Lkw. Ein Szenario, das ich bisher nur aus Nazi-Filmen kannte. Im „W 50“ machte ich gleich die Bekanntschaft eines Mithäftlings, der auch in der Magdeburger Stasi-UHA gewesen war. Später erfuhr ich, dass seine Freundin Rita gemeinsam mit meiner Frau in einer Zelle gewesen war.

Bei dem Marsch vom „Grothewohl“ in den „W 50“ dachte ich die ganze Zeit nur, was würden wohl alte Fans denken, wenn sie mich so in Handschellen sehen würden? Mir wäre es – obwohl ich unschuldig war – unangenehm gewesen, alten Bekannten ins Gesicht sehen zu müssen.

Zügig ging die Fahrt in Richtung Zuchthaus Cottbus; nachdem dort Metalltüren auf- und zugegangen waren, hielt der Lkw. Wir mussten aussteigen und wurden den berüchtigten „Katakomben“ zugeführt.

Das Zuchthaus Cottbus und die lange Nacht in den „Katakomben“

Das Zuchthaus „Cottbus“ hieß offiziell „Strafvollzugseinrichtung“ (STVE) Cottbus und liegt am Rande der Stadt.

Dieses Zuchthaus – eine in sich geschlossene und von außen absolut isolierte Welt für sich – war, um Ausbrüche zu vermeiden, von einer fünf Meter hohen Gefängnismauer umgeben. Außerdem waren Wachtürme, Signaldrähte, Hundelaufanlagen und Stacheldrahtzäune vorhanden. Nach der Wende habe ich mir das alles zweimal von außen angesehen.

Zum Zuchthauskomplex gehörten verschiedene Gebäude, die zum Teil schon baufällig waren. Es war bekannt, dass 1982 eine der Mauern zusammengebrochen war.

Die Häftlinge des Strafvollzuges waren in zwei großen Zellenhäusern untergebracht und mussten in drei Schichten in den Produktionsstätten des VEB Sprela und VEB Pentacon arbeiten.

Weiterhin gab es die „Katakomben“, ein Gebäude für den Neuzugang, eine Essensbaracke, ein primitives Krankenrevier und eine U-Haftanstalt.

Die „Katakomben“ waren zwei gewölbeartige, dreckige, stickige, feuchte und dunkle Kellerräume. Das Ambiente war erdrückend. Eine Mischung aus dem Verlies des Grafen von Monte Christo und einem Luftschutzkeller. In dem ersten größeren Raum drängelten sich Gefangene aus allen Teilen der DDR. Die Atmosphäre war laut, aufgeregt und voller nervöser Erwartungshaltung, weil viele, die das erste Mal hier waren, nicht wussten, was passieren würde, was man mit ihnen vorhatte. In dem zweiten, kleineren Raum standen Dreistockbetten, auf denen verdreckte und feuchte Decken lagen. Häftlinge, die mehrere Tage in den „Katakomben“ verbringen mussten, sollten hier schlafen.

Die „Katakomben“ waren gewissermaßen ein Umschlagplatz. Jugendliche mit kriminellen Delikten wurden von hier zur „Schwarzen Pumpe“ transportiert, um im Braunkohlentagebau zu schuften. Andere Gefangene warteten hier auf ihren Weitertransport in die Gefängnisse Waldheim, Bautzen, Eilenburg oder in andere berüchtigte Zuchthäuser. Die meisten der Gefangenen waren jedoch politische, die für das Zuchthaus Cottbus bestimmt waren.

Schnell entwickelten sich aufgeregte Gespräche. Krimis, die sich aus alten Zeiten kannten und mit dem Ablauf im Strafvollzug vertraut waren, tauschten angeregt Erlebnisse und Neuigkeiten aus. Aber auch wir, die aus den verschiedenen Stasi-U-Haftanstalten kamen, fanden schnell und fast immer intensiven Kontakt. Ich saß an einem der Tische mit „Politischen“ und kam mit Thomas, der aus Leipzig stammte, schnell ins Gespräch. Seine sächsische Offenheit und Erzähllust trug dazu bei. Er hatte als Lkw-Fahrer gearbeitet und mit seiner Familie einen Ausreiseantrag gestellt. Sein Onkel, der Fuhrunternehmer im Westen war, wartete schon auf ihn. Als ich Jahre später mit ihm telefonierte, erzählte er mir von seiner Arbeit als Busfahrer, die ihn in südliche Länder führte. Er verschwieg auch nicht die Härte des Jobs.

Unsere Gesprächsrunde erweiterte sich schnell. Hier lernte ich Gregor kennen, der aus der Stasi-UHA Potsdam kam. Er war ein großer, sportlicher Typ mit kurzen Haaren und hatte neun Monate Einzelhaft hinter sich. Zusammen mit einem Freund hatte er einen Ausreiseantrag gestellt und wurde dafür inhaftiert. Gregor hatte in vielen Berufen gearbeitet. Er war Fernmeldemonteur, Elektriker und Kellner. In seiner Freizeit trainierte er Judo. Dieser von ihm sehr ernsthaft betriebene Sport verschaffte ihm Zugang zur DEFA[22], wo er oft als Stuntman arbeitete. In kleinen Nebenrollen trat er u.a. auch als SS-

[22] *Deutsche Film AG*

Offizier auf. Mit Gregor verbrachte ich später noch viele Monate im Knast.

Nach Stunden intensivster Gespräche und der anstrengenden Fahrt im „Grothewohl“ wollte ich etwas schlafen. Ich ging in den kleineren Raum und fand auch ein leeres Bett. Die enorme, teilweise auch aggressive Lautstärke in den verqualmten Räumen und die mit dreckigen und feuchten Decken ausgestatteten Betten ließen mich nicht zur Ruhe kommen; ich gesellte mich deshalb wieder zu einer anderen, sehr interessanten Gesprächsrunde.

Wenn heute jemand sagt, die „Ostler“ waren nicht kreativ, stimmt das so nicht. Während der ganzen langen Nacht erfuhr ich von Mitgefangenen, wie sie ihre Flucht realisieren wollten. Einige Geschichten waren abenteuerlich, hochdramatisch und fast nicht zu glauben. Sie wurden aber durch spätere Gespräche und Medienberichte immer wieder bestätigt.

Anfang der 80er Jahre fand ein spektakuläres Ereignis statt: Mit einem selbst gebauten Fesselballon gelang zwei Familien die Flucht in den Westen. Diese Story wurde später in Hollywood verfilmt.

Am Tisch in den „Katakomben“ erzählte ein Mithäftling von einem analogen Fluchtplan, der ihn von Ost- nach West-Berlin bringen sollte. Leider wurde sein Vorhaben verraten. In Dresden hatte ein weiterer Mithäftling in seiner Zweizimmerwohnung ein Flugzeug gebaut. Als er nach zwei Jahren mühevoller Arbeit die Einzelteile mit seinem Auto und Hänger an einen unbeobachteten Platz fahren wollte, um sie dort zusammenzubauen, wurde er von der Stasi gestellt. Sie hatten ihn monatelang bespitzelt. Ein IM, der ein Verwandter des Flugzeugbauers war, hatte „gute Spitzeldienste“ geleistet. Die Stasi hat dann später die Einzelteile zusammengebaut, und das Resultat war ein funktionstüchtiges Kleinstflugzeug. 1999 konnte man im „Spiegel“ noch Genaueres über dieses ungewöhnliche, aber gescheiterte Fluchtvorhaben lesen.

In meiner Heimatgegend war 1973 einem Flugzeugmechaniker, der vorher nie selbst geflogen war, mit einem Agrarflugzeug die Flucht in den Westen gelungen. Seine Frau und sein Sohn saßen dabei hinter einem Behälter für Düngemittel.

In den „Katakomben" in Cottbus erfuhr ich noch die unglaubliche Geschichte eines anderen handwerklich Begabten. Er hatte ein Einmann-U-Boot gebaut und es in der Ostsee schon ins Wasser gelassen. Leider war an dem Tag leichte Ebbe. Das Wasser war so weit zurückgegangen, dass er nicht starten konnte und sein Vorhaben aufgeben musste. Das U-Boot lag am nächsten Tag frei und weithin sichtbar an der Wasseroberfläche und die Stasi war sofort zur Stelle. Nach monatelangen Recherchen wurde der findige U-Boot-Bauer an seinem Arbeitsplatz verhaftet. Sein Pech war, dass nur hier der für ihn wichtige Kompass hergestellt werden konnte.

Nach dieser ersten Nacht in den „Katakomben" sollte ich noch von vielen anderen Schicksalen und gescheiterten Fluchtplänen hören.

Tunnelbauer lernte ich nicht kennen. Die Zeiten waren vorbei. Fluchtversuche von Ost- nach West-Berlin fast chancenlos.

Das Cottbuslied

Bereits in den „Katakomben" lernten wir das legendäre Cottbuslied kennen, das später im Strafvollzug – gesungen nach der Melodie des Moorsoldatenliedes – unsere Hymne werden sollte.

1. Strophe

Cottbus heißt die öde Stätte,
wo ein Zuchthaus fest erbaut,
der politischen Gefangenen
jahrelanger Aufenthalt.

(Refrain)

Das ist das Zuchthaus Cottbus,
Symbol des Sozialismus – in Aktion!

2. Strophe

Uns umgeben hohe Mauern
und das Leben wird zur Qual,
doch wir werden nie bedauern,
was Vernunft zu tun uns befahl.

3. Strophe

Richtung Westen geht das Sehnen,
dorthin, wo man Freiheit kennt.
Nichts verbindet uns mit denen,
deren Macht unsern Herzschlag hemmt.

4. Strophe

Einmal wird in fernen Zeiten
das Kerkertor uns offensteh'n,
weil wir heute müssen leiden,
wird unser Traum in Erfüllung geh'n.
Doch bleibt das Zuchthaus Cottbus
Symbol des Sozialismus – in Aktion.

5. Strophe

Einmal deutsches Volk erwache
und erkenne deine Macht.
Öffne alle Kerkermauern,
feg' hinweg die rote Schmach!

Zugang, „RT" und „Stalin"

Nach ungefähr vierundzwanzig Stunden „Katakomben" wurden wir zu den Effektenkammern gebracht. Hier empfingen uns zwei Häftlinge, die uns neu einkleideten. Wir mussten unsere Zivilkleidung abgeben und jeder erhielt aus alten NVA-Beständen eine abgetragene Armeeuniform und einen Kampfanzug, der speziell für unsere kommende Arbeit in drei Schichten gedacht war. Auf dem Rücken, an den Ärmeln und an den Hosenbeinen der Uniformteile waren lange, gelbe Streifen angebracht. Diese leuchtenden Streifen sollten bei möglichen Fluchtversuchen den Gefangenen sofort erkennen lassen. Zur weiteren „Neuausstattung" gehörten lange, blaue Unterhosen und Unterhemden, schwarze Wollsocken, ein blauweiß gestreiftes Melkerhemd, ein weißes, langes Nachthemd, ein Paar Latschen und ein Paar klobige Schnürschuhe. Diese neue „Kleidung" gab uns ein erbärmliches Aussehen. Beim Anblick meiner Mitgefangenen wurde ich immer an Dokumentar- oder Spielfilme erinnert, in denen Mitleid erweckende Kriegsgefangene zu sehen waren.

Die beiden Häftlinge, die in der Effektenkammer arbeiteten, wussten, dass ich der Bandchef der Gruppe *Magdeburg* war. Sie waren erstaunt, dass sie einen bekannten Rockmusiker in ihren Reihen begrüßen konnten und behandelten mich relativ zuvorkommend. Menschliche Gesten waren für jeden von uns unter diesen Bedingungen enormer Knastbelastung besonders wertvoll. Der ältere dieser Effektenarbeiter hatte einen besonders traurigen Schicksalsschlag hinter sich. Sein Fluchtversuch über die Ostsee wurde zu einem großen persönlichen Unglück. Gemeinsam mit seiner Tochter hatte er versucht, in einem Schlauchboot über die Ostsee in den Westen zu gelangen. Wegen schlechter Wetterverhältnisse kenterte das Boot und seine Tochter ertrank. Mit dieser enormen psychischen Belastung –

er quälte sich mit permanenten Selbstvorwürfen – musste er den Stasi-Knast überstehen.

Nachdem wir dann neu eingekleidet waren, mussten wir zum Zugangsgebäude marschieren. Man brachte mich mit weiteren fünf Häftlingen in eine Zelle. Sofort wurden wir zu den Doppelstockbetten geführt, die sich in der Mitte der Zelle befanden, und mussten mit dem Bettenbauen beginnen.

Die knastübliche Ausstattung, filzige Decken und blaukarierte Bettwäsche, kannten wir schon aus der U-Haft. Aus meiner Armeezeit war ich ja Einiges gewöhnt, aber hier, im Zuchthaus Cottbus, war die bewusst eingesetzte schikanöse Disziplinierung ein subtiles Mittel der Unterdrückung. Das fing mit dem zeitintensiven Bettenbauen an. Von den fünf Mitgefangenen auf dieser Zugangszelle kannte ich Thomas aus Leipzig und Gregor aus Potsdam schon von den „Katakomben". Ein weiterer Mitgefangener kam auch aus Leipzig und hatte dort im Mekka der Pelzbranche Am Brühl gearbeitet. Ein Älterer, der einen sehr mitgenommenen Eindruck machte, hatte in einem sächsischen Bergwerk gearbeitet. Seine Frau war in „Hoheneck".

Viele Frauen von Mitgefangenen befanden sich in dem berüchtigten Frauenzuchthaus, das in der Nähe von Karl-Marx-Stadt (heute wieder Chemnitz) liegt. Neben den vielen politischen Gefangenen waren dort auch Mörderinnen, andere Kriminelle und ehemalige KZ-Aufseherinnen inhaftiert, die eine lebenslange Haft zu verbüßen hatten. Nach den Gesprächen mit einigen „Hoheneck"-Häftlingen glaube ich, dass es dort noch schlimmer war als in Cottbus. Die Frauen mussten dort in drei Schichten Näharbeiten ausführen. Veronika Duckstein, die Cousine meiner Frau, war dort ein Jahr lang inhaftiert. Sie, eine kleine, zierliche Frau, hat sehr unter den schlimmen Verhältnissen gelitten. Mitgefangene von mir konnten – ich glaube, es war halbjährlich – ihre Frauen in „Hoheneck" besuchen. Nach einer strapaziösen Reise kam es zu einem kurzen Wiedersehen, das für beide Partner extrem anstrengend war, insbesondere auch, weil sie nicht offen und frei miteinander sprechen konnten. Einige meiner späteren Mitgefangenen waren nach diesen Besuchen tagelang nicht ansprechbar.

Zu den weiteren Häftlingen gehörten ein Autoschlosser, der aus der Nähe von Cottbus kam, und ein etwas undurchsichtiger Typ, der sich auffallend zurückhielt. Weshalb, sollte sich später noch herausstellen.

Zwischen allen anderen entstand eine lebhafte Kommunikation. Durch Gespräche konnte jeder die eigenen psychischen Spannungen und die versteckten Ängste vor dem Kommenden etwas kompensieren. Ich, der bis jetzt noch sehr lange Haare und einen Bart trug, ließ mir von Thomas aus Leipzig beides abschneiden. Die Knastuniform und die veränderte Haartracht hatten aus mir danach äußerlich einen anderen Menschen gemacht.

Häftlinge, die im Knast misshandelt wurden, konnten nach ihrem Freikauf in den Westen darüber Aussagen bei der Zentralen Erfassungsstelle für DDR-Unrecht in Salzgitter machen. Wir alle wussten, dass „RT" („Roter Terror") am nächsten Tag als Dienst habender Wärter das Kommando übernehmen würde.

RT und „Arafat" waren die berüchtigtsten Gefängniswärter im Zuchthaus Cottbus. Beide hatten mehrfach Gefangene geprügelt. Einem wurden dabei die Nieren so verletzt, dass er nach seiner Ankunft in der Bundesrepublik verstarb.

Nach unserer ersten Nacht auf dem Zugang stand RT – bürgerlich Hubert Schulze – in der Tür. Groß, kräftig, blaue Augen, graue Haare, breites Gesicht, Angst einflößend. Man sah ihm an, dass er unsere erwartungsvollen, ängstlichen Blicke genoss. In breitem ostpreußischem Dialekt gab er uns seine Befehle. Wir mussten uns vor ihm aufstellen. Danach trat er an jeden heran und fand natürlich Kritikwürdiges. Bei einem Gefangenen saß die „Uniform" nicht, und der nächste hatte noch zu lange Haare. Mir fummelte er im Gesicht herum, und ich musste mich nochmals rasieren. Alle Betten mussten neu gebaut werden. RT schwafelte viel. In Erinnerung ist mir u.a. die DDR-typische und klischeehafte Argumentation, dass wir in ein Land wollten, das einen Krieg vorbereitet und in dem das Brot und andere Grundnahrungsmittel weitaus teurer wären als in der DDR. Wir hatten uns aber durch unsere U-Haft-Erfahrungen schon etwas an die Stasi-spezifische, subtile Verbreitung von Angst gewöhnt, und deshalb konnte auch ein Typ wie RT nicht den Eindruck auf uns machen, den er sich sicherlich gewünscht hätte.

Die folgenden vierzehn Tage im Zugang verliefen nach einem fast festen Ritual. Frühes Wecken, Morgentoilette und Bettenbauen. Danach erfolgte eine Abnahme durch RT. Ihm wurde von einem Mitgefangenen gemeldet: „Herr Hauptwachtmeister, Verwahrraum mit sieben Strafgefangenen belegt. Keine besonderen Vorkommnisse, Strafgefangener [jeweiliger Name]."

Am Bettenbau und den Rasuren hatte RT immer etwas auszusetzen. Systematisch wurden wir auf den folgenden, militärisch organisierten und menschenfeindlichen Strafvollzug vorbereitet. Nach dem Frühstück, das wir in unserer Zelle einnehmen mussten, erfolgten mehrmals politische Vorträge von „Knastpolizisten", die in einem besonderen Raum innerhalb des Zugangsgebäudes durchgeführt wurden. Nach einem dieser Vorträge, die langweilig und anstrengend waren, wurde ich in das Zimmer eines dicklichen Stasi-Offiziers geführt. Er stellte mir viele banale und schon zu oft gehörte Fragen, bevor er zur Sache kam.

Er wollte wissen, ob ich mir vorstellen könne, dass DDR-Pop- und Rockkünstler international Karriere machen könnten, wie es z.B. der schwedischen Supergruppe *ABBA* gelungen war. Ich konnte das nur verneinen, und sein Gesicht verzog sich säuerlich. Da ich nichts mehr zu verlieren hatte, sagte ich ihm, dass für derartige Ambitionen offene Grenzen Grundvoraussetzung wären. Außerdem müsste möglichst englisch gesungen werden. In diesem Zusammenhang wies ich auf den internationalen Erfolg der westdeutschen Heavy Metal-Band *Scorpions* hin. Sein Gesicht wurde immer ärgerlicher.

Außerdem müsste er als Stasi-Mann gewusst haben, dass die DDR-Rockmusiker ihre Instrumente, Verstärkeranlagen und Zubehör für einen Kurs von oft eins zu zehn und mehr aus der Bundesrepublik in die DDR schmuggeln ließen. Das war nötig für eine Soundqualität, die in den 70er Jahren bei Live-Konzerten und Studioproduktionen erforderlich wurde. Selbst Funktionäre aus dem Politbüro waren ab dieser Zeit an der Entwicklung einer DDR-spezifischen Rockmusik, insbesondere in Vorbereitung auf die Weltfestspiele 1973 in Ost-Berlin, interessiert.

Die Umsetzung dieser neuen Ziele wurde von der Stasi dahingehend „unterstützt", dass sie gewisse „Ungesetzlichkeiten" tolerierte.

In der ehemaligen DDR waren weder materielle noch organisatorische Voraussetzungen für größere internationale Karrieren von Pop- und Rockgruppen vorhanden. Viele Funktionäre hatten völlig falsche Vorstellungen von der enormen dynamischen Wirtschaftskraft des Kapitalismus, die nicht zuletzt durch individuelle Freiheiten möglich ist und war. Ganz im Gegenteil. Ihrer Meinung nach sollen sich nur in einer sozialistisch-kommunistischen Gesellschaft die Menschen optimal verwirklichen können. Das waren Wunschvorstellungen. Diese Leute lebten in ihrer eigenen, abstrakt konstruierten Traumwelt.

Zum routinemäßigen Ablauf während unserer „Zugangszeit" gehörte auch ein 10–15minütiger Aufenthalt auf dem Freihof. Diese uns gesetzlich zustehenden „Freistunden" wurden allerdings – wie schon in der U-Haft – nicht täglich eingehalten. Vom Freihof aus konnten wir erstmals einen bisher unbekannten Teil des Zuchthauskomplexes erblicken. Ein vergleichbar deprimierendes Ambiente kannte ich bisher nur aus Filmen.

Ein paar Minuten draußen zu sein, frische Luft zu atmen und vielleicht einen Sonnenstrahl und ein Stück blauen Himmels zu genießen, war für uns fast wie ein Geschenk. Die normalsten Dinge der Welt wurden hier zu etwas Exklusivem. Mehr denn je weiß ich heute, dass Freiheit unbezahlbar ist.

Während wir unsere Runden drehten, wurde permanent diskutiert.

Alle hofften, so schnell wie möglich in den Westen zu gelangen und erzeugten einen mehr oder weniger künstlichen Optimismus. Dieser Stimmung folgte aber nach vierzehn Tagen im Arbeitskommando, dem eigentlichen Strafvollzug, die totale Ernüchterung. Trotzdem zog sich das Diskutieren, Spekulieren, Illusionenmachen und Hoffen wie ein roter Faden durch meine ganze Haftzeit.

Der etwas undurchsichtige, zurückhaltende Mitgefangene animierte uns, wenn wir „Freizeit“ hatten, zum Kartenspielen. Er war Profi und wollte gleich um Gewinne spielen. Als er dann vorzeitig aus unserer Zelle abgeholt wurde, dachten wir alle, dass er in den Westen entlassen würde und wünschten ihm alles Gute. Waren fast euphorisch, weil wir hofften, die nächsten Glücklichen zu sein. Aber das war sehr naiv. Als unser Mitgefangener die Zelle verlassen hatte, musste ich feststellen, dass mein neues Kartenspiel fehlte. Später traf ich ihn im Strafvollzug wieder.

Er war ein Krimi. Ich konnte noch mehrfach feststellen, dass Gefangene mit Knasterfahrung zuerst immer sehr zurückhaltend auftreten. Sie hören zu, sagen wenig und beobachten nur, um sich mit fast sicherem Instinkt eine Meinung von den anderen Gefangenen zu bilden. Sie machen gewissermaßen erst einmal einen „Check up“. Nach einer gewissen Eingewöhnungszeit werden diese „psychologischen Erkenntnisse“ dann zum eigenen Nutzen mehr oder weniger brutal ausgenutzt. Einige von ihnen waren vielleicht aufgrund extremer Erfahrungen zu Menschenhassern geworden.

Es war schon September und in den Zellen wurde es zunehmend kälter. Ausreichendes Heizmaterial stand uns kaum zur Verfügung. Ein Mitgefangener, der einen besonders extremen Hass auf die DDR entwickelt hatte, verwendete Brot als Brennmaterial. Aus Erzählungen meiner Eltern und anderer, die den Krieg und die Nachkriegssituation miterlebt hatten, wusste ich, dass damals Menschen gehungert hatten. Verschwendung und Vernichtung von Lebensmitteln war und ist mir immer ein Gräuel gewesen. Andererseits wurden Menschen im Stasi-Knast psychisch terrorisiert und andere an der Westgrenze erschossen. Kompensation von Hass war verständlich.

Sehr grotesk war es immer, wenn abends Nachtruhe befohlen wurde. In unseren weißen, überlangen Nachthemden sahen wir wie Gespenster aus.

Kurz vor Ablauf unserer „Zugangszeit“ wurden wir von einem kleinen, weißhaarigen Schließer zu dem kleinen Krankenrevier geführt.

Er hatte auffallend dunkle Augen und sprach norddeutschen Dialekt. Untypisch für Gefängniswärter war seine warme, menschliche Ausstrahlung. Ich wusste sofort, dass ich dieses Gesicht schon einmal gesehen hatte. Nach der kurzen ärztlichen Untersuchung brachte er uns wieder in das Zugangsgebäude. Auf dem Weg dahin fragte ich ihn, ob er aus Norddeutschland käme. Er antwortete: „Ja, ich komme aus Schönberg, aber das ist lange her.“ Ich sagte ganz spontan: „Dann heißen Sie Dillner.“ Er nickte nur. Er war der Sohn meines Geigenlehrers, der am Stadtrand von Schönberg in Richtung Rhena gewohnt hatte. Beim Geigenunterricht hatte ich ihn – einen kleinen schwarzhaarigen Jungen mit den auffallend dunklen Augen – oft gesehen. Er sah seiner Mutter sehr ähnlich. Sein Vater, der aus Stettin stammte, war im damaligen

Kreis Grevesmühlen ein ganz bekannter Orchesterleiter, der ausgezeichnet Geige, Akkordeon und Saxophon spielte. Ich dachte nur, wie kann der Sohn eines so guten Musikers im Zuchthaus arbeiten?

Später, wir begegneten uns noch oft, erzählte er mir, dass er nach seiner NVA-Zeit durch Heirat in Cottbus hängengeblieben war. Er selbst machte keine Musik, aber seine beiden Töchter spielten Instrumente.

Unter den Gefangenen hatte er den Namen „Stalin". Das hatte wohl eher mit seinem Aussehen zu tun, denn er hatte charakterlich mit diesem, einem der größten Verbrecher der Menschheitsgeschichte, keine Ähnlichkeit. Neben dieser Episode konnte ich später noch einige Male feststellen, dass der eher banale Spruch „Die Welt ist klein" Berechtigung hat.

Gibt es eine ausgleichende Gerechtigkeit? Es könnte sein. 1999 wurde der Gefängniswärter Hubert Schulze – bei allen ehemaligen politischen Gefangenen des Zuchthauses Cottbus besser bekannt als „Roter Terror"– wegen mehrfacher Körperverletzung zu zwei Jahren und zehn Monaten Haft verurteilt. Ihm wurde nachgewiesen, dass er 26 politische Gefangene schwer misshandelt hatte. Nicht nur die Aussagen ehemaliger politischer Gefangener belasteten ihn schwer, sondern auch Aussagen seiner ehemaligen Vorgesetzten aus älteren Akten. Diese bescheinigten ihm psychische Defekte und einen ausgeprägten Hang zum Sadismus.

Zugeschlagen hatte RT mit Faust, Schlüsselbund oder Schlagstock, dem so genannten „sozialistischen Wegweiser". Wer am Boden lag, wurde mit den Füßen getreten. So eine „Behandlung" vergisst man nicht. Wer von uns politischen Gefangenen hätte 1983 gedacht, dass RT, dieser von allen gefürchtete „Knastpolizist", eines Tages für seine Taten büßen muss. Mit Sicherheit niemand, nicht einmal im Traum.

Zelle 212, EB7, Diskussionen und Aggressionen

Nach etwa vierzehn Tagen Zugang führte mich der Gefängniswärter „Roter Terror" zu einem großen Zuchthausgebäude, in dem die Arbeitskommandos untergebracht waren. Nach mehreren hochführenden Treppenabsätzen schloss er die Metall-Gittertür zum Flur eines Zellentrakts auf. Links befand sich EB7 (Erziehungsbereich 7) und rechts EB5. Ich wurde in die – unmittelbar an der Gittertür befindliche – Zelle mit der Nummer 212 eingeschlossen. Für jeden EB war ein Erzieher zuständig. Leutnant „Lolli" Lehmann, der als Offizier für den EB7 verantwortlich war, lernte ich später kennen.

Allein in der etwa vier mal vier Meter großen Zelle – die mir noch unbekannten Insassen hatten Spätschicht –, musterte ich bedrückt meine neue Umgebung, in der ich ab jetzt fast ein Jahr meines Lebens verbringen sollte.

Vorn ein Fenster mit Gittern und Maschendraht. Drei Dreistockbetten aus Metall, neun Holzschemel, zwei Tische. Ich setzte mich erst einmal hin und atmete tief durch. In dieser Zelle waren neun Gefangene untergebracht. Später erfuhr ich, dass es auch Zellen gab, die mit bis zu achtundzwanzig Häftlingen belegt waren. Ich schaute mich weiter um. Neben dem Fenster zwei Waschbecken. Ich stand auf und probierte die Wasserhähne. Kaltes Wasser. In der abgetrennten Toilette ein Fenster mit Sichtblende.

An der Wand neben der Zellentür zwei Schränke. Ein trostloses Ambiente. Und wieder Fragen: Wie lange werde ich hier eingesperrt sein? Was muss ich arbeiten? Wie werde ich mit den anderen Gefangenen auskommen? Stunden mit negativen Gedanken und Gefühlen vergingen. Dann hörte ich laute Stimmen. Die Zellentür wurde aufgeschlossen, acht Gefangene kamen herein und sofort entstand in der engen Zelle eine erregte und laute Atmosphäre. Eine fast hektische Betriebsamkeit. Sachen wurden abgelegt, Schränke – jeder hatte sein eigenes Fach – auf- und zugemacht. Hände gewaschen. Dann wurden Zigaretten angezündet, und einige tranken Ersatzkaffee. Ich stellte mich vor und begrüßte alle. Clemens, der Stubenälteste, und Günter riefen mich an ihren Tisch. Sie waren am längsten auf der Zelle und „Spanner", d.h. eine Notgemeinschaft, in der sich zwei Gefangene gegenseitig unterstützten und alles teilten. Diese Bezeichnung kommt vielleicht auch von Gespann. Eine Freundschaft auf Zeit, die bei einigen in der späteren Freiheit auch fortgesetzt wurde. Clemens und Günter fragten mich, ob es etwas Neues gäbe und was „draußen" erzählt würde. Ich, der immer noch an eine Amnestie glaubte, versuchte sofort, positive Stimmung zu verbreiten. Beide schauten mich skeptisch an. Man sah ihnen an, dass die lange Haftzeit, die ständige Belastung und das lange Warten und Hoffen auf den erlösenden Transport an ihren Nerven gezehrt hatten. Auf Transport gehen hieß: Sachen packen, in die Abschiebehaft nach Karl-Marx-Stadt verlegt werden und von da nach Gießen in die Bundesrepublik ausreisen können.

Wie ich bald erfahren sollte, hatten politische Gefangene im Zuchthaus Angst davor, einen so genannten „Ost-Stich" zu machen, d.h., man konnte beim Transport auch in ein anderes Zuchthaus verlegt werden oder nach Haftverbüßung wieder in die DDR entlassen werden.

Meine offenen und optimistischen Worte wurden durch ihre wissenden und pessimistischen Blicke gedämpft, denn sie hielten meine Äußerungen für naiv und sahen unsere Situation viel negativer. Das war verständlich, aber Gift für die Stimmung auf der Zelle. Neue Nachrichten, die ihnen zweifelhaft erschienen, bezeichneten sie als „Hüte pressen". Im Knastjargon hieß das soviel wie: Unwahre oder unglaubwürdige Geschichten in die Welt setzen. Trotzdem, jede positive Information – ob sie immer ganz stimmte oder nicht – übertrug sich auf die psychische Befindlichkeit von uns Gefangenen. Ohne die Hoffnung, in die Bundesrepublik entlassen zu werden, wäre der Stasi-Knast noch unerträglicher geworden, denn jeder Tag in diesem Zuchthaus war ein Tag zuviel.

Meine offene Art, die Clemens und Günter überhaupt nicht gefiel, hatte Vor- und Nachteile. Wer offen ist, ist auch immer angreifbar und verletzbar. Aber ohne eine gewisse Offenheit anderen gegenüber hätte ich dieses Buch so nie schreiben können. Ich hätte viel weniger Gefangene persönlich kennen gelernt und dadurch auch nichts von ihren Schicksalen erfahren können. Die beiden erklärten mir, dem „Neuen" noch, dass ich jetzt in einem Zuchthaus wäre, wo andere Gesetze herrschen würden.

Pessimismus und Besserwisserei konnte ich noch nie leiden, aber zum Teil verstand ich sie natürlich auch. Clemens zeigte mir dann mein Schrankfach und sagte mir, dass ich ab sofort Stubendienst hätte. Mein Metallbett befand sich ganz oben; als ich meine Decke beziehen wollte, forderte er mich im Befehlston auf, meine Schuhe auszuziehen. Nach mehr oder weniger gelungenem Bettenbauen setzte ich mich an einen anderen Tisch. Hans, ein einfacher Maurer aus Magdeburg, wirkte optimistischer, und das gefiel mir schon besser. Er kannte mich von den *Klosterbrüdern* und der Gruppe *Magdeburg*, und wir hatten sofort Gesprächsstoff. Auch Detlef, ein Berliner, fing an zu erzählen. Er war sehr nervös und stellte immer wieder die Frage: „Wann komme ich hier endlich raus?" Dann, die Zellentür zum Flur war offen, trat ein langer Mitgefangener ein, knallte die Hacken zusammen und grüßte forsch mit „Heil Hitler". Ich war leicht irritiert. M., der von der Zelle der Neonazis kam, begann auch gleich mit einer recht freien Diskussion. Er gehörte zu den „Alten" und wartete täglich auf seinen Transport. Bei dem Thema „Drittes Reich" stieg ich sofort mit ein und merkte schnell, dass er von der eigentlichen Ideologie und den Verbrechen der Nazis wenig wusste oder nichts wissen wollte. Aber dazu später mehr. Kurz nachdem M. unsere Zelle wieder verlassen hatte, wurde die Tür von einem Schließer lautstark verriegelt. Danach begannen wir – auch mir hatte man etwas mitgebracht – mit dem Abendessen. Man verhungerte nicht, aber auch hier war das Essen minderwertig und vitaminarm. Ich erinnere mich noch an die Leberwurst mit beigefügten Fettstücken. „Zementwurst", die ich nie aß. Zum Frühstück gab es immer Brot, Margarine und Marmelade. Das warme Essen, das immer in einer separaten Essbaracke ausgegeben wurde, war zu ertragen, weil es Häftlinge zubereiteten, die im Zivilleben größtenteils professionelle Köche waren.

Kurz vor der Nachtruhe, etwa um 21.30 Uhr, waren vom Gang Schritte und lautes Schließen zu hören. Der täglich stattfindende Zellappell kündigte sich an, und wir nahmen Aufstellung. Unsere Zellentür wurde aufgeriegelt und ein Unteroffizier des Wachpersonals trat ein. Clemens, unser Stubenältester, meldete jetzt: „Herr Hauptwachtmeister, Verwahrraum 212 mit neun Strafgefangenen belegt, keine besonderen Vorkommnisse, Strafgefangener G." Ähnliche Rituale hatte ich das letzte Mal während meiner Militärzeit erlebt. Danach erfolgte „Einschluss".

Die erste Nacht in der Zelle 212 des EB7 werde ich nie vergessen. Unter mir fing das Bett an zu wackeln. Ein Mitgefangener hatte sich einen „Bus" gebaut und fing an zu onanieren. „Bus bauen" bedeutete im Knastjargon, dass außen zwischen den Matratzen des oberen und unteren Bettes eine Decke gespannt wurde, die einen dann vorübergehend unsichtbar machte. Einen Lappen mit dem Endprodukt seiner Aktivitäten, den er „Matzeltuch" nannte, schmiss er dann auf den Boden. Er landete einige Male auf dem Bett des unter ihm liegenden Mitgefangenen.

Am nächsten Tag lernte ich meinen Arbeitsplatz kennen, aber dazu später mehr.

Es waren nicht nur die hohen Mauern, die latente Angst vor den subtilen Methoden psychischen Terrors der Stasi, die „Knastpolizei", die Arbeit in drei Schichten und die ungewisse

Zukunft, die uns politische Häftlinge belasteten, sondern auch das Fehlen jeglicher Privatsphäre.

Man hatte täglich vierundzwanzig Stunden seine Mitgefangenen um sich und das musste zwangsläufig Frust, Spannungen und Aggressionen erzeugen. Ich sollte noch früh genug erfahren, dass sich auch Gefangene untereinander das Leben schwer machen können.

Bis auf einen, der im Interzonenzug festgenommen wurde, hatten alle Insassen der Zelle 212 offiziell einen Ausreiseantrag gestellt. Ich hatte im zivilen Leben nie so genau bemerkt, dass es auch innerhalb der Arbeiterklasse Hierarchien gibt. Hier, in der neuen Zelle, sollte ich das ganz schnell kennen lernen. Grob gesagt gab es zwei Fraktionen. Die qualifizierten Facharbeiter, die in der kleinen Brigade der Werkzeugmacher arbeiteten, und die weniger qualifizierten, die mehr oder weniger Hilfsarbeiter waren. Klassenbewusstsein, ein abstrakter Begriff aus der DDR-Ideologie, war hier ein Fremdwort. Die Werktätigen in meiner jetzigen Umgebung hatten jedenfalls absolut mit dem Arbeiter- und Bauernstaat abgeschlossen.

Clemens, ein dunkelhaariger Berliner, war gelernter Elektriker und arbeitete hier im Zuchthaus auch als solcher. Im Zivilleben war er zuletzt als Busfahrer tätig gewesen. Er wollte mit seiner Familie nach West-Berlin ausreisen und lebt heute in Spandau. Da er Christ und kirchlich engagiert war, machte er sich Sorgen um die berufliche Entwicklung seiner Tochter, denn sie wollte Abitur machen und studieren. Auf dem Zugang hatte er sich als konfessionsgebunden gemeldet und durfte einmal im Monat an einem Gottesdienst im Speiseraum teilnehmen. Die Kirche war schon damals Zufluchtsort für Ausreisewillige.

Leider musste ich später in meiner Stasi-Akte feststellen, dass es auch unter den Kirchenmännern IM gab.

Clemens war als Stubenältester sehr auf Ordnung und Sauberkeit in der Zelle bedacht. Unsere besondere Situation machte das auch erforderlich. Manchmal nahm das allerdings fast neurotische Züge an. Wenn beispielsweise beim Waschen mal ein Tropfen Wasser danebenging, diskutierte er mit uns wie ein Oberlehrer. Oft entstanden auch dadurch unerträgliche Stimmungstiefs.

Als ich später Stubenältester wurde – fast alle Zelleninsassen waren auf Transport gegangen und Neue hatten die Zelle wieder gefüllt –, habe ich für einen etwas lockeren Umgang gesorgt. Wir waren eine Zwangsgemeinschaft, und ich wollte mir und den anderen das Leben nicht noch schwerer machen, als es ohnehin schon war. Unterstützt wurde Clemens von Günter, der mit seinem Ordnungsfimmel teilweise noch extremer war. Er, ein Werkzeugmacher, der ursprünglich aus dem Sudetenland kam und dann in Dresden lebte, hatte die Vierzig schon überschritten und das Zuchthaus hatte ihn grauhaarig und bitter gemacht. Er erzählte mir, dass ein Krimi, der vor Clemens Stubenältester war, schon ausrastete, wenn ein Aschenbecher nicht gleich geleert wurde. Den Inhalt hatte er dann in irgendein Bett geschüttet.

Mich machte Günter gleich darauf aufmerksam, dass ich die Toilette möglichst nur während der Arbeit in der Produktionsstätte benutzen soll.

Clemens und Günter gehörten zur Fraktion der Facharbeiter. Trotz ihrer teilweisen Besserwisserei waren sie beim Lösen von Kreuzworträtseln recht gut, und Clemens erstaunte mich bei einigen Gesprächen mit seinen guten Kenntnissen über die technische Ausstattung von Bands. Einmal, ich lag auf meiner Pritsche und sah vielleicht etwas deprimiert aus, sprach er mir Mut zu, versuchte mich zu trösten. Sehr bald musste ich erkennen, dass einige Mitgefangene, die gut Kreuzworträtsel lösen konnten und teilweise bemerkenswerte Fähigkeiten im Schach- und Kartenspiel hatten, ungern in größeren, abstrakten und komplexeren Dimensionen denken wollten. Bei undifferenzierten, dogmatischen und absoluten „schwarz-weiß“-

Meinungen, die ich von der Stasi zur Genüge kannte, ließ ich mich einige Male auf Diskussionen ein.

Vielleicht war ich auch – bedingt durch den ganzen Knaststress – diskutierfreudig. Oft ging es nur um Kleinigkeiten. Ich erzählte von meinen Erfahrungen bei Auftritten in der Fernsehsendung „rund". Günter wusste angeblich, dass die Jugendlichen als Zuschauer daran teilnehmen mussten. Im Gegenteil. Die meisten waren froh darüber, eine Karte zu ergattern. Wo sollten sie sonst westliche Bands, die teilweise auch im Fernsehen der DDR auftraten, hautnah erleben? Trotz allem, Günter konnte auch sehr hilfsbereit sein. Während meiner ersten Arbeitstage war ich sehr stark erkältet. Günter machte für mich zur Linderung meiner Beschwerden eine heiße Zitrone, und das war im Knast eine Kostbarkeit.

Hans und Detlef, mit denen ich die erste Zeit den gleichen Arbeitsplatz teilte, gehörten zur Fraktion der eher weniger qualifizierten Arbeiter. Hans war unkompliziert und hilfsbereit und hatte teilweise unter der hierarchischen Struktur, die innerhalb der Zelle herrschte, zu leiden. Er, der etwas naiv wirkte, wollte auch nur Anerkennung finden.

Einmal erzählte er, dass er mit einem Videogerät, das er aus der Bundesrepublik erhalten hatte – in der DDR gab es keine zu kaufen –, eine Sendung aufzeichnete, während ein anderes Programm lief. Alle lachten. Auch unsere ganz schlauen Techniker. Später, im Westen musste ich dann feststellen – ob er nun ein Videogerät besaß oder nicht –, dass er Recht gehabt hatte.

Seine Bedürfnisse äußerte er deutlich: Nach Ankunft im Westen wollte er erst einmal einen Puff aufsuchen. Detlef, ein Gabelstaplerfahrer aus Berlin, war mit seiner großen Berliner Schnauze etwas anstrengender. Er hatte gemeinsam mit seiner Familie einen Ausreiseantrag nach West-Berlin gestellt und wollte nach längerer Wartezeit Druck machen. Mit einem anderen Antragsteller beabsichtigte er, sich mit Plakaten, die auf ihre Ausreisewünsche hinwiesen, auf eine belebte Straße zu stellen. Ihnen erging es wie einigen anderen, die verraten und anschließend verhaftet wurden. Anfangs tat er mir Leid, denn er jammerte ständig und suchte Trost. Auch seine Angst vor der Zukunft im Westen konnte er nicht verbergen, denn er äußerte oft, dass wir alle „ostdoof" wären. Stolz sprach er dann aber auch wieder davon, dass er ausgezeichnet Gabelstapler fahren könne.

Einmal, als er sein Hemd gewaschen hatte und etwas Wasser auf den Fußboden tropfte, schlug Günter mit der Handfläche auf den Tisch. Detlef kamen sofort die Tränen. Er rächte sich dann mit verbalen Provokationen und schwärmte vom „Ficken" und „Fotze Lecken". Clemens und Günter verbaten sich das ordinäre Vokabular.

Teilweise konnte er auch erfrischend sein. Dann zeigte er, wie Rock'n'Roll getanzt wird und sang dazu. Das lockerte die Atmosphäre in der Zelle etwas auf. Große Sorgen machte er sich um seine Frau. Als sie bei einem Sprecher mit einem Knutschfleck am Hals erschien, brach er nervlich völlig zusammen. Mein Freund André und ich mussten ihn trösten und wieder aufbauen. Als ich etwas später Knastgeld zum Einkauf hatte, war ich Detlef gegenüber sehr großzügig. Kekse, Joghurt, Milchpulver und Quark habe ich geteilt. Er gehörte aber leider zu den Menschen, die Gutmütigkeit nicht vertragen können und diese wahrscheinlich als Schwäche auslegen. Zunehmend wurde er anmaßender und frecher. Danach distanzierte ich mich etwas von ihm. Später in West-Berlin traf ich ihn beim Arzt wieder. Er hatte zwar einen guten Job, aber wieder einmal eine Krise, weil seine Frau mit einem Farbigen durchgebrannt war. Nach dieser Begegnung rief er mich an. Jahre danach sah ich ihn noch einmal von weitem im Europa-Center.

Angenehme Erinnerungen habe ich an Gerd, einen kleinen, schlanken und sehr zäh wirkenden Mitgefangenen aus Rathenow. Er war schon über sechzig Jahre alt und gemeinsam mit seinem Sohn, der in der Effektenkammer arbeitete, inhaftiert worden. Seine Ruhe und Gelassenheit waren bewundernswert. Wahrscheinlich hing das auch mit seiner Lebenserfahrung zusammen. Er berlinerte und sagte oft: „Hauptsach', ick hab' 'wat zu roochen, allet andere übersteh' ick." Seinen Erzählungen aus alten Zeiten hörte ich immer mit großem Interesse zu. Während des Zweiten Weltkrieges war er als Panzersoldat in Dänemark stationiert. Uns wollte er immer wieder von der Überlegenheit des deutschen Panzers vom Typ „Panther" gegenüber dem sowjetischen „T34" überzeugen. Beim „Panther" waren nach seiner Darstellung der Turm mit der Kanone automatisch drehbar und die Innenausstattung besser. Während eines Fronteinsatzes in der Slowakei – der Krieg war schon fast zu Ende – wurde er von einer Partisanin aus der Luke seines Panzers gezerrt und verbrachte anschließend vier harte Jahre in russischer Kriegsgefangenschaft. Er war gemeinsam mit vierhundert anderen, an Ruhr erkrankten Kriegsgefangenen in einer Baracke untergebracht. Nur wenige überlebten. Gerd sagte sich, wer vier Jahre russische Gefangenschaft überstanden hat, überlebt auch den Stasi-Knast.

Seine Gesundheit war aber schon angeschlagen, und er kam wiederholt in das Haftkrankenhaus nach Leipzig-Moisdorf. Schon die Fahrt dahin war eine Tortur. Später habe ich ihn – er war auch nach West-Berlin ausgereist – in einer Behörde wieder getroffen, und die Freude über unser Wiedersehen war groß. Er wohnte in Berlin-Lichtenrade und sollte auch bald seine wohlverdiente Rente erhalten.

Offiziell hieß es in der Bundesrepublik, wir freigekauften Häftlinge kämen aus der DDR-Haft. Stasi-Knast halte ich für präziser. Dadurch, dass wir auf unserer Zelle einen ehemaligen Kriegsgefangenen hatten, war auch der Zweite Weltkrieg ein Diskussionsthema. Einmal hatte ich hierbei fast alle Zelleninsassen gegen mich. Einige Mitgefangene waren der Meinung, Deutschland hätte die damalige Sowjetunion besiegen können und wäre danach auch zu einem Sieg über die USA fähig gewesen. Ich sagte ihnen nur, dass sie von der schon damals ausgeprägten Wirtschaftskraft der USA vielleicht falsche Vorstellungen hätten, denn die war nämlich während der gesamten Kriegszeit niemals wie bei den Deutschen hundertprozentig ausgelastet. Nur die Kapitulation am 8. Mai 1945 hatte uns den geplanten Abwurf der ersten Atombombe auf Dresden erspart. Damit ist alles gesagt.

Auf unserer Zelle waren auch zwei sehr junge Mitgefangene, die sich recht frei verhielten und teilweise sehr anstrengend waren. S. war der eine von ihnen. Klein, durchtrainiert und glatzköpfig. Seine Erfahrungen in diversen Jugendgefängnissen hatten ihn aggressiv und durchsetzungsfähig gemacht. Mit der Knastsituation kam er natürlich besser klar als viele spätere Neuzugänge, die teilweise schon über vierzig Jahre alt waren. Er sprach einen extremen sächsischen Dialekt, den er auch – einmal wies ich ihn darauf hin – auf sein Schreiben übertrug. Statt Cottbus stand im Briefkopf „Gottbus“. Trotz seiner Bildungsdefizite war er aber nicht dumm. Wie viele Gefangene, die längere Haftstrafen hinter sich hatten, verfügte er über große Routine bei verschiedenen Spielen wie Schach, Skat, Doppelkopf und Poker.

Diese Spiele, die von einigen mit großer Ernsthaftigkeit betrieben wurden, waren nicht nur Freizeitgestaltung, sondern auch eine subtile Art geistigen Kampfsports. Oft spielten wir kurz vor der Nachtschicht noch Skat, und verlorene Spiele konnten dann zu einem frustrierten Arbeitsbeginn führen.

Einige Male musste ich feststellen, dass Gefangene mit Knasterfahrung bei Neuen oft ausprobieren, wie weit sie bei ihnen gehen können. Am Wochenende fand immer die obligatorische Revierreinigung statt. Der Flur und alle Zellen wurden komplett gesäubert und die Fußböden gebohnert. Da ich als Neuer Stubendienst hatte, war ich für die Zelle 212 verantwortlich. Bei dieser Tätigkeit versuchte mich S., der permanent lästerte, zu provozieren. Nach einer gewissen Zeit platzte mir der Kragen, und ich bot ihm Schläge an. Das war genau die Sprache, die er verstand. Mir nicht erklärbar waren seine wiederholten Hasstiraden gegen Russen, die für ihn Untermenschen waren. Meinen Hinweis auf die Leistungen in der sowjetischen Weltraumforschung und die Erwähnung von Namen wie Tolstoi, Dostojewski, Tschaikowski, Rachmaninow und anderen hervorragenden russischen Künstlern ignorierte er, und die anderen schwiegen.

Später brachte er mich einmal in eine nicht ganz ungefährliche Situation. Bei Normerfüllung und guter Führung gab es im EB die Möglichkeit, dass von jeder Zelle zwei Insassen zum Kaffeetrinken eingeteilt wurden.

Gregor, den ich schon aus den „Katakomben" und vom Zugang kannte, befand sich in Zelle 213, die nur mit Neuzugängen belegt war. Zu dieser Zeit war ich zwar schon etwas mit der natürlichen Hierarchie im Zuchthaus und auf meiner Zelle vertraut, aber – wie sich herausstellen sollte – noch nicht ausreichend. Gregor war schon einige Male zum Kaffeetrinken gegangen und wunderte sich, dass ich nie dabei war.

Ein damit beauftragter Gefangener führte eine Kaffeetrinker-Liste, die jede Woche neu geschrieben wurde. Als er diesbezüglich auf unsere Zelle kam – ich war schon einige Wochen im Arbeitskommando –, brauchte er für seine Liste noch zwei Namen. Norman, der andere jüngere Mitgefangene, meldete sich sofort und S., der kleine Intrigant, riet mir, mich auch eintragen zu lassen. Als leidenschaftlicher Kaffeetrinker war ich zu dieser Zeit noch naiv genug, mich darauf einzulassen. Wenig später kamen Clemens und Günter nach kurzer Abwesenheit wieder in die Zelle und fragten erregt, wer es gewagt hätte, sich auf die Kaffeetrinker-Liste setzen zu lassen. Beide waren absolut sauer und machten eindeutig klar, dass nur sie, die am längsten auf der Zelle waren, das Recht hätten, Kaffeetrinken zu gehen.

Ich hatte ein Tabu gebrochen, gegen unausgesprochene Spielregeln verstoßen, und der scheinheilige S. wusste das ganz genau.

Ich hatte gerade ein Paket erhalten und verteilte einige Süßigkeiten in der Zelle. Clemens und Günter lehnten mit beleidigter Miene ab. Später erfuhr ich, dass mich beide am liebsten bestraft hätten. In meiner Erinnerung bleibt ein „gefährliches“ Kaffeetrinken. Günter, der wusste, wer der wahre Schuldige war, bezeichnete S. noch wütend als Krimi, und der konterte natürlich sofort aggressiv und ausfallend.

Der Spanner von S. war Norman, ein schlanker, langer, dunkelhaariger Neunzehnjähriger aus Dresden. Seine Eltern stammten aus Siebenbürgen, sein Vater war nach der Scheidung in den Westen geflüchtet. Norman, der zu ihm wollte, setzte sich einfach in den Interzonenzug nach München, wurde entdeckt und festgenommen. Genau das hatte er gewollt, um so über den Stasi-Knast in die Bundesrepublik zu gelangen. Die meisten jüngeren Inhaftierten sahen den Zuchthausaufenthalt etwas lockerer und waren fest davon überzeugt, dass sie nach relativ kurzer Haftzeit in den Westen entlassen würden.

Die weiteren Neuzugänge waren erstaunlich oft nach § 219 StGB der DDR (Ungesetzliche Verbindungsaufnahme) verurteilt, und dadurch war ihr durchschnittliches Strafmaß niedriger. Es war unübersehbar: Die DDR brauchte noch schneller neue Devisen.

Norman hatte eine erstaunlich gute Auffassungsgabe und war sehr an einer guten Allgemeinbildung interessiert. Deshalb las er auch fast alles, was an guten Büchern in der Gefängnis-Bibliothek auffindbar war. Ich könnte mir vorstellen, dass er später in der Bundesrepublik noch ein Studium aufgenommen hat. Auch handwerklich war er begabt. Einmal brachte er mir eine von ihm angefertigte Stimmgabel mit und meine Freude darüber war groß. Leider war er – genau wie S. – teilweise sehr anmaßend und respektlos. Beide mussten einige Male mit verbaler Direktheit und Konsequenz gestoppt werden. Die Stimmung in der Zelle war danach wieder auf dem Nullpunkt. Die Luft voller negativer „Vibrationen".

Schweigen ist auch eine Form von Kommunikation.

Aggressionen entstanden teilweise schon wegen Kleinigkeiten. Norman öffnete das Fenster, weil die Luft stickig war, und Clemens schloss es wieder, weil er Angst vor einer Erkältung hatte. Öffnen und Schließen wechselten sich dann wie bei Kleinkindern ab. Die Stresssituation, in der wir lebten, schuf automatisch ein aggressives Potential, das sich teilweise fast unvermeidbar entladen musste. Räumliche Enge, Toilette in der Zelle, Dreistockbetten, Zeitdruck bei der Benutzung des Waschbeckens, rasieren mit kaltem Wasser, die großen Charakterunterschiede, sexueller Frust, Feiertage ohne Angehörige usw.

Im Gegensatz zum Zivilleben musste ich jede Nacht vom Dreistockbett heruntersteigen und die Toilette benutzen. Ruhig schlafen konnte ich nie, weil immer ein gewisser Geräuschpegel vorhanden war.

Während meiner ersten Tage in West-Berlin sagte mir eine Ärztin, die selbst den Stasi-Knast überstanden hatte, dass man mindestens zehn Jahre bräuchte, um sich von den Strapazen der Inhaftierung – insbesondere den psychischen – zu erholen. Damals habe ich gelächelt. Heute weiß ich, dass sie mehr als Recht hatte.

Natürlich hat es auch harmonische Stunden auf unserer Zelle gegeben, und wenn einer von uns ein Paket erhielt, hat er grundsätzlich allen anderen eine Kleinigkeit angeboten.

Nach einigen Wochen gingen erst Günter und dann auch Clemens auf Transport. Bei allen Auseinandersetzungen hatte sich doch ein gewisses Gemeinschaftsgefühl entwickelt, und man wünschte denen, die endlich das Zuchthaus verlassen konnten, alles Gute.

Bei Spannern, die oft eine lange Zeit miteinander verbracht hatten, flossen schon mal Tränen, wenn einer von ihnen sich verabschiedete. Für Günter kam F. auf die Zelle, der wegen eines kriminellen Delikts inhaftiert war, und etwas später Achim B., ein Frauenarzt. Zu beiden in den Kapiteln „Krimis und Knastmacken“ und „Meine Freunde“ mehr. Als Clemens ging, wurde Helly, ein Schlosser aus Dresden, Stubenältester. Er arbeitete – wie vor ihrem Transport auch Günter und Clemens – mit S. und Norman in der kleinen Truppe der qualifizierten Werkzeugmacher, die einen besonderen Status hatte. Seinen NVA-Grundwehrdienst hatte er beim Wachregiment des MfS in Berlin abgeleistet und war auch ein wenig stolz auf sein Gardemaß. Auf unserer Zelle war er der Ruhigste und ließ sich nie großartig auf irgendwelche Diskussionen, schon gar nicht auf Dispute ein.

Sehr litt er darunter, dass seine Frau in „Hoheneck“ inhaftiert war. Nach wenigen kurzen Besuchen in diesem berüchtigten Frauenzuchthaus war er tagelang noch introvertierter. Ich sehe ihn immer noch auf seiner Pritsche liegen, wie er stundenlang im „ND“ liest. Alles, von politischen Berichten bis zum Wetterbericht. Als ich ihm einmal eine politische Frage stellte, schaute er mich nur irritiert an und blieb mir eine Antwort schuldig. Den Sinn seines Lebens sah er darin, dass er später im Westen viel reisen und sich mit seiner Familie die Welt ansehen wollte. Ich hoffe, dass seine Träume und Wünsche in Erfüllung gingen. Ihm passierte leider das, wovor jeder politische Gefangene Angst hatte. Er wurde mit einem Transport in das berüchtigte Zuchthaus Brandenburg verlegt, in dem auch Erich Honecker während der Nazi-Zeit zehn Jahre verbracht hatte. Zu lebenslanger Haftstrafe verurteilte Mörder sollen dort unliebsame Mitgefangene „versandfertig“ gemacht haben, d.h.: Sie haben sie zerstückelt und in Pakete gepackt. Ob das ein Gerücht war oder stimmte, Angst verbreitete es auf jeden Fall.

Vor Hellys Transport war noch ein weiterer Berliner in die Zelle gekommen, der sich anfangs auffallend ruhig verhielt. Er fixierte alle genau und hörte nur zu. Sein Verhalten ließ vermuten, dass er schon Knasterfahrung hatte und seinen Platz in der Zelle finden wollte.

Mit ihm unterhielt ich mich einige Male – er kannte die Gruppe *Prinzip* – über die Berliner Musikszene. Sehr gern wäre er Stubenältester geworden. Bei der Vorbereitung einer kleinen Feier zeigte er aber, dass er auch teamfähig sein konnte.

Die Story, als er mit zwei Mädchen auf Rügen zeltete und er es beiden „gemacht" hatte, erzählte er gern. So schnell wie er aufgetaucht war, verschwand er auch wieder. Sein Transport sollte angeblich zurück in den Stasi-Knast nach Berlin gehen.

Nach einigen Monaten waren nur noch S., F. und ich auf der Zelle. Als dann die Neuzugänge kamen, hätte S. gern verhindert, dass ich Stubenältester wurde. Die Neuen waren Manne, Helmut, Mike, der „Lange" und ein ruhiger Schwuler aus Berlin.

Die Atmosphäre wurde lockerer. Ich konnte, weil ich lange genug in drei Schichten gearbeitet und auch einen „Deal" gemacht hatte, alle zum Tee einladen und auch Zigaretten anbieten.

Allein – und noch dazu auf engstem Raum – zu rauchen und zu trinken, hätte mir nicht geschmeckt. Die Neuen dankten es mir und unterstützten mich, als bei mir später das Geld etwas knapper wurde. Der noch sehr junge, aber durchsetzungsfähige Mike kam aus Rostock und war fest davon überzeugt, dass er bereits in relativ kurzer Zeit in den Westen ausreisen könne. Sein Optimismus war ansteckend. Wie auch einige andere Zelleninsassen arbeitete er in der kleinen Brigade der Werkzeugmacher. Sehr erstaunt war ich, als er mich später von Mannheim aus in West-Berlin anrief und ich von ihm erfuhr, dass er ein sehr erfolgreicher Immobilienmakler geworden war. Als er mich einmal besuchte, wurde das durch das Geräusch eines

Porsche-Motors angekündigt. Mit ihm, der sich sehr engagiert mit den Geschehnissen im Stasi-Knast auseinandersetzte, habe ich bis heute eine lockere Verbindung.

Manne war schon über vierzig und hatte es für DDR-Verhältnisse zu einem relativen Wohlstand gebracht: Auto, Boot und Bungalow.

Er, der in Lodz, das während des Zweiten Weltkrieges unter deutscher Besatzung Litzmannstadt hieß, geboren wurde, litt trotz seiner kompakten Größe sehr unter der Knastsituation.

Ich habe noch immer das nervende Geräusch im Ohr, wie er sich nachts in seiner Pritsche über mir stundenlang hin- und herwälzte.

Bei einem Volleyballspiel ärgerte er sich einmal sehr, als S. über ihn lästerte, weil durch die sportlichen Aktivitäten sein Glatzenansatz sichtbar wurde, der sonst von Haaren überlappt war. Das war dann sein letztes Spiel.

Manne hatte ein sehr gutes Verhältnis zu dem auch schon etwas älteren, nicht sehr großen, aber athletischen Helmut, der ursprünglich aus dem Sudetenland stammte. Er war Christ und an einem harmonischen Verhältnis untereinander interessiert. Auch ihn sehe ich immer noch vor mir, wie er auf seiner Pritsche liegt und in der Bibel liest. Nur ein einziges Mal habe ich ihn etwas lauter erlebt, als er F. wegen seiner provozierenden Art zurechtwies.

Der „Lange“ war ein noch sehr junger Mitgefangener, der unangenehme U-Haft-Erlebnisse hinter sich hatte. Auch er gehörte zu denen, die mich später in West-Berlin anriefen. Selbst Norman und S. zählen dazu. Von Mike, der zu einigen ehemaligen Mitgefangenen nach wie vor noch guten Kontakt hat, erfuhr ich, dass Manne bereits verstorben ist.

Bei allen positiven und negativen Erinnerungen an die Zelle Nr. 212 des EB7 im Zuchthaus Cottbus: Eine kleine, aber intensive bleibt.

Wenn ich nachts auf meiner Pritsche lag und oft nicht einschlafen konnte, sah ich draußen immer eine Lampe brennen.

Für mich ein magisches Licht, das mir Hoffnung gab.

Vom Hilfsarbeiter bis zum Werkdirektor

Maurer, Elektriker, Schlosser, Werkzeugmacher, Taxifahrer, Kellner, Köche, Studenten, Lehrer, Ärzte, Ingenieure, Musiker.

Im Zuchthaus Cottbus waren Gefangene mit den unterschiedlichsten Berufen aus allen sozialen Schichten der Bevölkerung vertreten, wobei der Anteil der qualifizierten Facharbeiter und der Hoch- und Fachschulabsolventen sehr hoch war. Auch einen 17-jährigen Schüler, einen Werkdirektor und einen ehemaligen NVA-Offizier lernte ich kennen.

Das Durchschnittsalter lag bei etwa 29 Jahren. Neunzig Prozent der etwa fünfhundert Inhaftierten waren politische Gefangene, die niemals eine Straftat begangen hatten. Sie wollten nichts anderes, als in den Westen ausreisen, und das war in den Augen der DDR-Staatsmacht ein Verbrechen.

Die meisten meiner Mitgefangenen, die verständlicherweise Angst vor der so genannten Republikflucht hatten, stellten einen offiziellen Ausreiseantrag. Das war für die Stasi Grund genug, sie zu inhaftieren.

Als ich später in den Westen kam, habe ich anfangs noch frei über meine Knastzeit erzählt. Das unterließ ich dann allerdings sehr schnell. Im Denken vieler Westler war eine Inhaftierung nur durch eine vorausgegangene kriminelle Straftat denkbar. Die DDR machte aber ihre eigenen – zum Teil sehr menschenfeindlichen – Gesetze. „Straftaten" ließen sich sehr leicht konstruieren. Die Stasi – Meister der Destruktion – hatte ganz bewusst auch Kriminelle unter uns gemischt. Ein subtiles Instrument der Unterdrückung. Kriminelle übernehmen im Zuchthaus immer die Macht. Das war in den KZs der Nazis nicht anders als in Stalins Gulags. Und auch nicht im Zuchthaus Cottbus.

Im Internat und während meiner Armeezeit hatte ich mit unterschiedlichsten Menschen auf engstem Raum zusammenleben müssen und wusste, dass mir nicht jeder Mensch sympathisch ist und ich natürlich auch nicht jedem sympathisch sein kann. Es liegt in der Natur der Sache, dass es beim Zusammenleben vieler Menschen auf engstem Raum immer zu Spannungen und auch aggressiven Verhaltensweisen kommen kann. Im Knast potenzieren sich diese Spannungen allerdings um ein Vielfaches. Man lebt in einer Extremsituation.

Es gibt keine Privatsphäre, und man ist nie anonym. Wie im Fernseh-Knast „Big Brother“. Nur: Für diese „Insassen“ ist alles freiwilliger Spaß. Sinn des Stasi-Knasts war, die Gefangenen psychisch zu destabilisieren und dann bei ihrer Entlassung in den Westen noch „Kopfgeld“ zu kassieren. Ein Thema für Doktorarbeiten.

In gewisser Weise ist die Knastsituation auch ein Spiegelbild der menschlichen Gesellschaft im Kleinen. Nur die Bösartigen werden noch bösartiger und für die Schwachen wird es noch schwerer. Im Zivilleben hätten die meisten dieser im Knast Eingepferchten aufgrund ihrer verschiedenen sozialen Herkunft und ihres unterschiedlichen Alters kaum Kontakt. Insbesondere die Krimis haben im Knast die Chance, viele Menschen kennen zu lernen, von denen sie im Zivilleben gemieden würden. Gleichzeitig können sie noch Macht über Mitgefangene ausüben, und das nutzen viele von ihnen auch aus.

Durch André, der noch heute zu meinen Freunden zählt, lernte ich Wolf, einen Arzt, kennen. Ein smarter Typ mit dunklen Haaren und Augen. Er hatte eine gewisse Distanziertheit, wirkte ruhig und gelassen. Verhaltensweisen, die im Zuchthaus von Vorteil sein können, auch wenn sie nur gespielt sind. Ich hätte mit ihm gern philosophiert und politisiert. Darauf ließ er sich aber nicht ein. Diesbezüglich war ich von ihm und einigen anderen Ärzten und Akademikern etwas enttäuscht, weil ich angenommen hatte, dass sie sich für die Problematik Sozialismus und Kapitalismus mehr interessieren würden. Das war anscheinend nicht der Fall. Vielleicht hatten sie auch Angst vor derartigen Diskussionen.

Wolf erzählte mir aber von seinem – leider gescheiterten – Fluchtversuch. Er hatte versucht, von der Insel Poel aus schwimmend über die Ostsee in den Westen zu gelangen. Sein Ziel war die Lübecker Bucht. Er hatte seine Flucht gemeinsam mit einem Freund lange geplant und gut vorbereitet. Beide hatten intensives Schwimm- und Ausdauertraining hinter sich, und als Ärzte und gute Sportler hatten sie beste Voraussetzungen für eine erfolgreiche Flucht. Sie gingen davon aus, dass sie sehr lange im Wasser sein würden und hatten unter den Tauchanzügen imprägnierte Unterwäsche an. Einer möglichen Unterkühlung wollten sie damit vorbeugen. Als sie dann zu einem festgelegten Zeitpunkt nachts von der Insel Poel losschwimmen wollten, überfiel Wolfs Freund panische Angst. Er resignierte. Wolf, der fest entschlossen war, die DDR zu verlassen, schwamm allein los. Im Wasser merkte er dann, dass sein Kompass nicht mehr funktionierte. Damit war sein Fluchtvorhaben zum Scheitern verurteilt. Er gab aber nicht auf. Nachdem er vierundzwanzig Stunden schwimmend im Wasser verbracht hatte, wurde er von Soldaten der Grenzbrigade Küste gesichtet und an Bord ihres Schiffes geholt. Ausgelaugt und am Ende seiner Kräfte musste er feststellen, dass er die ganze Zeit im Kreis geschwommen war. Nach seiner Gefangennahme wurde er gleich an die Stasi überführt. Hier bestritt er, dass seine Frau über seine Fluchtabsichten informiert war. Als die Stasi-Leute dann seiner Frau gegenüberstanden, war ihre erste Frage: „Lebt er noch?“

Für das bessere Überleben im Knast hatte Wolf mir noch etwas sehr Positives beigebracht. Autogenes Training. Er erklärte mir die Techniken, und es funktionierte bei mir auch ganz gut. Ich konnte so z.B. mit Hilfe dieser Autosuggestion meine Arme und Beine ganz schwer werden lassen und dadurch entspannen. Diese Übungen machte ich oft kurz vor dem Einschlafen.

Als ich in den Strafvollzug kam, war ein Zahnarzt Lohnschreiber. Er wirkte arrogant und nahm uns Neue weniger zur Kenntnis. Er gehörte zu denen, die genau wussten, was sie im Westen wollten. Eine Arztpraxis eröffnen und Geld verdienen. Dagegen gab es auch nichts zu sagen, weil einen im Knast konkrete Zukunftsvorstellungen psychisch stabilisieren konnten. Etwas beschämend fand ich allerdings, dass er, wenn er ein Paket erhalten hatte, nachts heimlich an seinen Schrank ging, um Essbares zu sich zu nehmen. Als er einmal in meiner Zelle Günter aufsuchte, der auch schon länger in Cottbus war, wagte ich es, in das Gespräch einzugreifen, um ihm Fragen zu einigen Zahnproblemen zu stellen. Seine Antworten waren mir, dem Neuen gegenüber, kurz und knapp, aber sachlich. Seine Tochter muss er sehr gemocht haben, denn er ließ sie sich nach einer Bildvorlage auf sein Schulterblatt tätowieren.

Olaf Schumann, ein großer, schlanker Gefangener aus Dresden, den ich nur ganz kurz kennen lernte, studierte später in West-Berlin Grafik & Design und entwarf für mich in den 90er Jahren einige Plattencover und das Logo für meinen KDM-Verlag.

Ein angenehmer Gesprächspartner war Jürgen. Er kam aus dem Bezirk Cottbus, war Facharbeiter und sehr stolz darauf, dass er es zu einem Mazda gebracht hatte, der für DDR-Verhältnisse mit einem Mercedes der S-Klasse vergleichbar war. Er träumte auch – wie viele von uns – von Reisefreiheit und beruflicher Verwirklichung. Oft sagte er: „Ich möchte nur einmal bei einem Meeting von großen Businessleuten in der Ecke sitzen und ‚Mäuschen' spielen", was mich immer etwas amüsierte. In der Freiheit würde man derartige Gespräche wohl als Smalltalk bezeichnen. Im Knast hatten sie therapeutische Wirkung.

Durch seine Geschwätzigkeit hatte Jürgen in seiner Naivität unbewusst und ungewollt die Krimis verärgert. Ich intervenierte bei S. – deren Chef –, und Jürgen konnte sich von einer Bestrafung freikaufen.

Jürgen war immer mit drei älteren Mitgefangenen aus seiner Zelle zusammen. Einer von ihnen war ein launischer, fast immer grimmig dreinschauender Facharbeiter. Später erfuhr ich, dass er sehr starke Rückenschmerzen hatte und ihm deshalb auch das Arbeiten sehr schwer fiel. Er wollte Mitgefangene dazu motivieren, sich an einem bestimmten Tag nach der Entlassung in die Bundesrepublik im Hofbräuhaus in München zu treffen. Das ist nie passiert. Aber im Knast halfen die abenteuerlichsten Ideen, sich aufzubauen.

Ein anderer der drei älteren Mitgefangenen war ein nicht sehr gesprächiger ehemaliger Werkdirektor, und der Dritte, ein ehemaliger NVA-Offizier, war doppelt bestraft: Er hatte kaum die Chance, in den Westen entlassen zu werden und glaubte auch nicht daran. Eine belastende Hoffnungslosigkeit. Trotzdem ging von ihm eine gewisse Würde, Kraft und Gelassenheit aus. Zu Jürgens Freundeskreis gehörte auch Uli, der einen Krimi als Brigadier abgelöst hatte. Ich erinnere mich noch daran, dass er gern Nenas Titel „99 Luftballons" sang und uns damit erheiterte. Später, als Lohnschreiber, saß er mir oft an meinem Arbeitsplatz gegenüber; wir unterhielten uns über Gott und die Welt und spekulierten vor allem darüber, wann wir endlich auf Transport gehen würden und über unser weiteres Leben danach.

Uli wurde immer unruhiger und nervöser. Sein Blick verriet zunehmend Angst vor dem Ungewissen. Zu lange war er schon in Cottbus. Es passte ihm gar nicht, dass man ihn als Brigadier eingesetzt hatte, weil er vermutete, diese Stellung sei mit längerem Knastaufenthalt oder Ost-Stich verbunden.

Er konnte dann aber noch vor mir das Zuchthaus Cottbus verlassen.

Zusammen mit seiner Familie – seine Frau hatte ich einmal bei meinem Sprecher im Besucherraum gesehen – wollte er, der aus dem Süden der DDR stammte, in das nördliche Bayern, nach Kulmbach ausreisen.

Soviel ich weiß, hat er sich dort auch niedergelassen und kann heute das berühmte „Kulmbacher Bier" trinken, von dem er oft träumte. Uli hatte sich von einem zeichnerisch begnadeten Gefangenen eine Landkarte anfertigen lassen, auf der die Route unserer Träume – Cottbus, Karl-Marx-Stadt, Gießen – verzeichnet war.

Dieser Weg war unser Ziel und wir hörten nicht auf, darüber zu reden, zu spekulieren und zu träumen. Lassen sie uns raus oder machen wir einen Ost-Stich?

Einige, die ich sehr gut kannte, wurden dadurch zusätzlich bestraft, und das wünschte man keinem. Selbst mit jahrelangem Abstand muss ich sagen, dass die vielen – vielleicht auch oft naiv erscheinenden – Gespräche der Gefangenen untereinander überlebenswichtig waren. Sie waren ein Ventil für den ständigen Druck, die Angst, den Stress, die Ungewissheit und das Ausgeliefertsein.

Ein blonder, kräftiger Mithäftling aus Ulis Zelle hatte sich das Porträt seiner Frau auf seinen Oberarm tätowieren lassen. Vorlage dafür war ein einfaches Passbild. Er versuchte mich zu überreden, das Gleiche zu tun, aber ich wollte untätowiert bleiben. Einige wenige von uns hatten sich bevorzugt die Köpfe ihrer Frauen auf den Oberarm tätowieren lassen. Diese künstlerischen Arbeiten waren durchaus akzeptabel.

Der Blonde, ein praktischer Typ, wanderte später in die USA aus und soll dort als Truckfahrer tätig sein. Lutz, ein Facharbeiter aus Magdeburg, war mit dem Blonden auf einer

Zelle. Auch mit ihm unterhielt ich mich oft. Seine Frau Rita war fünf Wochen mit meiner Frau in der Stasi-UHA auf einer Zelle. Ihre Ehe ging später im Westen auseinander.

Geheiratet hatten sie nur, weil einer von ihnen Westverwandtschaft hatte und sie dann gemeinsam einen Antrag auf Familienzusammenführung stellten.

Auch sie konnten den Stasi-Knast nicht umgehen.

Mit Rita und ihrem neuen Freund, den ich aus dem Zuchthaus Cottbus kannte, trafen meine Frau und ich uns 1988 in Scharbeutz an der Ostsee.

Ich habe nach meiner Ausreise einige ehemalige DDR-Bürger kennen gelernt, die „Westler" nur auf dem Papier geheiratet hatten, um so relativ problemlos in die Bundesrepublik oder nach West-Berlin zu gelangen.

Ein weiterer Mitgefangener, den ich nur kurz kennen lernte, wollte nach seiner Ausreise zu seinem Vater nach San Francisco ziehen. Er gab mir nach unserer gemeinsamen Ankunft in Gießen noch seine USA-Adresse.

Die DDR-Justiz machte auch vor Krüppeln keinen Halt. Beim Freigang schleppte sich ein Häftling immer mühsam mit Hilfe von Krücken über den Hof. Er war bei einem Fluchtversuch von Splittern einer Selbstschussanlage schwer verletzt worden. Sein Anblick erzeugte bei uns anderen immer nur ohnmächtige Wut.

Ein anderer Mitgefangener muss durch die Haftbedingungen psychisch so gelitten haben, dass er von der Arbeit freigestellt war. Er war klein und schmächtig mit dunklen Haaren und braunen Augen. Ein südländischer Typ, wir nannten ihn „Yogi". Wenn dieser leicht verwirrte Sonderling seine Anfälle bekam, tanzte er wie ein Derwisch. Seine Auftritte waren vergleichbar mit denen von Straßenkünstlern und wurden von uns auch mit Geldzuwendungen honoriert.

Ich bin mir nicht sicher, ob er den „Clown" nur spielte oder ob er wirklich psychisch so gelitten hatte; vielleicht beides. Unabhängig davon war er ein sehr sympathischer Mensch.

Durch meinen Freund André lernte ich auch einen Doktor der Chemie vom EB5 kennen. Er war klein und drahtig. Man sah ihm an, dass er Schweres hinter sich hatte. Er, der in der damaligen Sowjetunion studiert hatte, sprach nur andeutungsweise über seinen Fall.

Das war verständlich, weil man sich auch noch im Zuchthaus Cottbus vor staatsfeindlichen Äußerungen hüten musste. Sehr traurig war es, dass der Chemiker nach seiner Ausreise in den Westen Selbstmord beging. Er ist sicher nicht der Einzige, der mit den Folgen der Stasi-Haft nicht fertig werden konnte.

Ein älterer Mitgefangener war mir schon auf dem Zugang, als wir für die Küche Kartoffeln schälen mussten, unangenehm aufgefallen. Er war ein grimmiger Typ und hatte schon in der Stasi-UHA gelitten. Machte durch seine unangenehm aggressive Art anderen Mitgefangenen das Leben noch schwerer, als es schon war. Solche Leute, die noch das Kartoffelschälen im Knast mit neurotischer Ernsthaftigkeit betrieben, habe ich nie ganz verstanden.

Gregor, der zu meinen Freunden gehörte, lag mit diesem Alten auf einer Zelle. Als dieser wieder einmal Mitgefangene schikanierte, rastete Gregor aus und schüttelte ihn unsanft durch. Das war wirkungsvoll. Der Alte war sehr erschrocken und wurde danach in seinem Verhalten vorsichtiger.

Als „Joletta", ein mittelgroßer Gefangener mit beginnender Glatze, auf Transport gehen sollte, übernahm ich seinen Posten als Lohnschreiber. Er hatte diesen Job von seinem Spanner, einem Zahnarzt, übernommen. Dieser hatte ihm diese Bürotätigkeit mit Linealschlägen eingebläut. Für „Joletta" war es eine Genugtuung, als er mir meine neue Aufgabe erklären konnte.

„Jolettas" – für mich nicht ganz nachvollziehbare – Meinung war, dass Gefangene, die im Knast langsam arbeiteten und die Norm nicht erfüllten, auch im Westen aufgrund ihrer Faulheit versagen würden. Diese Analogie schien mir doch sehr zweifelhaft. Im Gegenteil. Jörg, ein junger, großer und schlanker Mitgefangener, den ich durch André kennen lernte, hatte im Zuchthaus Cottbus seine Norm immer gut geschafft und später im Westen – auf sich allein gestellt – große Probleme.

In West-Berlin hatte er, der keinen Führerschein besaß, ein geliehenes Auto zu Schrott gefahren. André, mein Freund und ehemaliger Mitgefangener, musste ihm finanziell aushelfen. Durch Zufall traf ich ihn nach einem Arztbesuch auf der Straße in der Nähe des Checkpoint Charly.

Er überredete mich, ihn zu Harry zu begleiten, einem anderen ehemaligen Mitgefangenen, dem er gerade beim Wohnungsrenovieren half. Harry war das, was man einen „Frauentyp" nennt, und er war sich dessen bewusst. Groß, schlank, schwarze Haare, grüne Augen und ein markantes männliches Gesicht. Aber auch Männer, wie z.B. 1984 „Goldy", ein Mithäftling aus seiner Zelle, fanden ihn interessant.

Harry stammte aus Görlitz und war nach mir in das Zuchthaus Cottbus gekommen. Vom Zugang auf EB5. Bei unseren gemeinsamen Rundgängen auf dem Freihof führten wir lange und intensive Gespräche. Er war ein offener, angenehmer und positiver Mensch, der als Gaststättenleiter gearbeitet hatte. Er war sehr sparsam und hatte immer ein gewisses Guthaben auf seinem Konto, denn finanzielle Sicherheit hatte für ihn große Bedeutung. Für DDR-Verhältnisse hatte er es zu einem relativen Wohlstand gebracht. Sehr stolz war er auf seinen Mazda und seine Videokamera. Mit der Kamera hatte er Sex mit seiner Frau auf Video festgehalten. Zur privaten Archivierung. Diese Kassette hat die Stasi dann bei einer Hausdurchsuchung gefunden. Sie konnten aber nichts dagegen sagen, weil es sich um kein „staatsfeindliches“ Vergehen handelte.

Während unserer Gespräche schmiedete Harry immer Zukunftspläne. Er wollte unbedingt Englisch lernen. Da ich fünf Jahre Englischunterricht gehabt hatte, übten wir ein wenig. Später im Westen musste ich dann feststellen, dass nicht zuletzt durch die Reisefreiheit viele Westeuropäer sich in der Weltsprache Englisch sehr gut verständigen konnten.

Nicht nur Harry aus Görlitz ging es für DDR-Verhältnisse sehr gut. Ein erfolgreicher Arzt hatte seine beiden Häuser bei einem missglückten Fluchtversuch zurückgelassen. Er wollte nur raus. Das schönste Haus der Welt kann Reisefreiheit nicht ersetzen. Insbesondere die älteren Mitgefangenen waren ein Beispiel dafür, dass Geld, Häuser, Autos und berufliche Karriere nicht alles waren.

Viele hatten das erreicht, was man in der kleinen DDR erreichen konnte. Unerträglich wurde dann das Eingesperrtsein.

Spätestens Mitte 1989 musste die DDR-Führung endlich begriffen haben, dass man Ende des 20. Jahrhunderts mündigen Menschen in der Mitte Europas mehr Freiheiten gewähren muss. Aber da war es bereits zu spät und: „Wer zu spät kommt, den bestraft das Leben.“ Michail Gorbatschow hatte Recht.

Der Spanner von Joletta war Jürgen F., ein junger, dunkelhaariger Norddeutscher, der in der Bundesrepublik ein Ingenieurstudium aufnehmen wollte. Er, ein besessener Schachspieler, hatte eine sehr eigene Philosophie. Schachspielen stand im Zentrum seines Denkens. Er war der Meinung, dass diese Welt wie ein Schachspiel funktioniert und ein guter Spieler über allem stehen würde. Sicherlich muss ein Schachweltmeister genial sein. Ich bezweifle aber sehr, dass Menschen wie Schachfiguren funktionieren, denn dann bräuchten Manager nur gute Schachspieler zu sein. Aber Menschen sind unberechenbar, keine leblosen Holzfiguren.

Später in West-Berlin traf ich Jürgen auf dem Parkplatz vor dem Bahnhof Zoo. Wir freuten uns beide. Er hatte sein Ingenieurstudium aufgenommen und war froh, im Westen zu sein. Er fühlte sich auch als Westler. Beim Benutzen des Transitweges hatte er in Raststätten ein gewisses Überlegenheitsgefühl gegenüber den Ostlern verspürt. Von ähnlichen Gefühlen hatten mir auch andere Ausgereiste berichtet. Sicherlich haben heute einige Neubundesbürger auch besondere Gefühle, wenn sie in Polen oder Ungarn sind. Das individuelle Selbstbewusstsein scheint doch auch von der ökonomischen Stärke des Landes, in dem man lebt, beeinflusst zu sein.

Während einer Konzerttournee durch Polen erlebte ich 1976 in Danzig einen Westdeutschen, der beim Geldumtausch auf der Straße arrogant feilschte.

Durch Walter Meier, einen Bekannten aus Magdeburg, lernte ich einen Mitgefangenen vom EB8 kennen. Er war im Zivilberuf Diplomingenieur und saß schon über drei Jahre in Cottbus. Vor ihm waren viele seiner Mitgefangenen auf Transport gegangen; ihn hatte das lange Warten und die Angst vor einem Ost-Stich sichtbar fertig gemacht. Das zeigte sein nervöses, leicht neurotisches Verhalten. Symptome einer Knastmacke. Er vertrat die extreme Meinung, alle Krimis müssten an die Wand gestellt werden. Es war sicherlich die Projektion seines eigenen, verständlichen Frustes auf andere, die für seine Situation nicht verantwortlich waren, denn verantwortlich für unsere unerträgliche und unmenschliche Situation waren die Kriminellen aus dem Politbüro in Ost-Berlin.

Während unseres Freihofaufenthaltes erfolgte auch der Wäscheumtausch. Dafür war ein Mitgefangener, der aus Erfurt stammte und mich von den *Klosterbrüdern* und der Gruppe *Magdeburg* kannte, zuständig. Er, ein temperamentvoller Typ mit schwarzen Haaren, braunen Augen und südländischem Teint, hatte einen Ausreiseantrag nach Frankreich gestellt. Seine Chancen für eine erfolgreiche Übersiedlung standen nicht schlecht, denn er wollte zu seinem Vater, der Franzose war und in Paris lebte. Gefangene, die nicht in die Bundesrepublik wollten, sondern in andere westliche Länder, hatten es erfahrungsgemäß einfacher, aus der Staatsbürgerschaft der DDR entlassen zu werden. Auch bei den Gesprächen mit dem „Franzosen" ging es immer wieder um das gleiche Thema: Warum hat man uns eingesperrt?

Außer einen Ausreiseantrag zu stellen, hatten wir uns nichts zuschulden kommen lassen. Würde man uns in den Westen abschieben? Wann konnten wir endlich auf Transport gehen? Wie schwer es vor Ende 1989 war, aus der DDR herauszukommen, kann nicht oft genug erwähnt werden. Zu viele sind vergesslich.

Jahre später in West-Berlin traf ich zufällig den „Franzosen" und Harry, den Görlitzer im Europa-Center. Bei einer Tasse Kaffee waren unsere neuen Gesprächsthemen: Was arbeitest Du? Wieviel Geld verdienst Du? Welche Auslandsreisen hast Du schon gemacht? Und, und, und…

Der schon immer etwas direkte „Franzose" sagte dann erstaunlicherweise zu mir: „In der DDR kannte Dich jeder, und hier bist Du ein Nichts." Diese Äußerung befremdete mich etwas, weil ich gerade dabei war, meinen Musikverlag aufzubauen, und das war nicht einfach. Für negative Statements war ich in dieser Zeit nicht empfänglich. Außerdem hatte ich andere Probleme, als im Westen erkannt werden zu wollen.

Einen etwas untersetzten Mitgefangenen vom EB5 bewunderte ich immer beim Tischtennisspiel. Er, ein Diplomingenieur, hatte sich für seine Flucht einen gefälschten Pass besorgt. Damit wollte er von Warschau aus per Flugzeug in die Bundesrepublik gelangen. Alle Kontrollen verliefen reibungslos. Bei der letzten stellte ein Kontrollbeamter fest, dass in seinem Pass ein Stempelabdruck leicht verrutscht war. Das war's. Dreieinhalb Jahre saß er jetzt schon im Zuchthaus Cottbus.

Sehr traurig war das Schicksal eines ehemaligen Leistungssportlers, der zu seiner Frau ausreisen wollte. Offiziell hatte er keine Chancen, deshalb ließ sein in der Bundesrepublik lebender Onkel für ihn einen gefälschten Pass anfertigen. Zur Passübergabe reisten seine Frau und der Onkel jeweils mit eigenem Pkw nach Ungarn ein. Gemeinsam wollten sie dann wieder nach Österreich ausreisen. Mein Mithäftling fuhr den Wagen seiner Frau. An der Grenze verlief alles reibungslos. Der Onkel war bereits auf der österreichischen Seite. Für den ehemaligen Leistungssportler gab es eine letzte Kontrolle. Als der ungarische Passkontrolleur mit den Reisedokumenten in ein kleines Grenzhäuschen verschwand, verlor mein Mitgefangener die Nerven. Er hatte einen Blackout, gab Gas und raste los. Sofort setzten die Ungarn ihr Grenzsicherungssystem in Gang und der letzte Schlagbaum ging herunter. Sekunden später knallte es fürchterlich. Seine Frau war sofort tot. Er überlebte schwer verletzt, kam sofort ins Haftkrankenhaus und die Stasi begann mit ihrer „Arbeit“.

Viele haben heute, nach über zehn Jahren Mauerfall, vergessen, wie unendlich schwierig es damals war, aus der DDR herauszukommen. Für die meisten unmöglich. Viele haben es mit ihrem Leben bezahlt. Noch im Frühjahr 1989 wurde ein Neunzehnjähriger an der Berliner Mauer erschossen.

1984 ahnte natürlich noch niemand, dass die Mauer 1989 fallen würde. Das Zuchthaus Cottbus lief noch auf Hochtouren. Es kam ständig Nachschub. Mit vielen von ihnen führte ich Gespräche, um auch einen Überblick über die tatsächliche Situation draußen zu kriegen.

Die Strategie der Stasi war immer unberechenbar, aber man merkte, dass das MfS in dieser Zeit immer nervöser wurde. Keine Strategie ist auch eine.

Mit einem der Neuzugänge unterhielt ich mich sehr gern. Der sympathische Werkzeugmacher aus Sachsen hatte versucht, gemeinsam mit seiner Frau die Grenze von Ungarn nach Österreich zu Fuß zu überqueren. Außer zwei Rucksäcken hatten sie nichts dabei. Obwohl er ein großer, kräftiger Mann war, machte er mehrmals schlapp. War psychisch und physisch am Ende. Seine Frau musste ihn immer wieder motivieren durchzuhalten. Nach stundenlangem, anstrengendem Umherirren mussten beide feststellen, dass sie im Kreis gelaufen waren. Wenig später wurden sie dann von ungarischen Grenzsoldaten festgenommen. Danach verlief alles nach bekanntem Muster. U-Haft in Ungarn, Stasi-U-Haft und Verurteilung. Er wurde dann in das Zuchthaus Cottbus überführt, und seine Frau kam in das Frauenzuchthaus „Hoheneck".

Ein anderer neuer Mitgefangener, der durch seine extreme Körperlänge von über zwei Metern auffiel, hatte versucht, mit einem robusten Lkw vom Typ G5 die Berliner Mauer am Brandenburger Tor zu durchbrechen. Ein chancenloser Fluchtversuch. Das Resultat waren ein zu Schrott gefahrener Lkw und ein Loch in der Mauer. Glück im Unglück. Die von Grenzsoldaten abgegebenen Schüsse hat er überlebt. Allerdings war für ihn strafverschärfend, dass er NVA-Angehöriger war und sein Fluchtversuch in der West-Berliner Zeitung „BZ" veröffentlicht wurde.

Etwa zur gleichen Zeit hatten auch zwei junge Männer einen abenteuerlichen Fluchtplan. Reif für eine Szene aus einem James-Bond-Film. Mit einem Drahtseil, das Helfer hinter der Berliner Mauer spannen sollten, wollten sie aus einem Fenster der Charité fliehen. Das West-Fernsehen war bereits informiert. Leider wurde dieses Vorhaben verraten.

Mit einem anderen Neuzugang arbeitete ich einige Zeit an der Bohrmaschine. Er war mit einer Polin verheiratet, und sie lebten auch in deren Heimatland. Nach 1980 wurde dort die Oppositionsbewegung „Solidarność" unter ihrem Führer Lech Wałęsa sehr aktiv; die DDR-Führung schloss daraufhin die Grenzen zu Polen. Mein Mitgefangener hatte gemeinsam mit seiner Frau versucht, über die Oder in die DDR zu gelangen und wurde dabei festgenommen und inhaftiert. Während unserer achtstündigen Arbeitszeit sprach er sich aus. Nicht nur der Stasi-Knast, auch eine schwere Kindheit hatten ihn psychisch schwer belastet. Angeblich – ich konnte es kaum glauben – hatten seine Eltern eines seiner Geschwister umkommen lassen. Trotz seiner Jugend hatte er schon mehr durchgemacht als viele Ältere. Was ihm – wie uns allen – blieb, war die Hoffnung. Hoffnung, heil und gesund in die Bundesrepublik zu gelangen. Nur das zählte in dieser Zeit.

Im Zuchthaus Cottbus waren während meiner Haftzeit auch zwei andere Musiker. Einer von ihnen war Gitarrist in der Band von Barbara Kellerbauer. Den anderen, Christoph, kannte ich von der Musikhochschule in Weimar. Er hatte in der Band von Ute Freudenberg Keyboard gespielt. Wir trafen uns einige Male auf dem Freihof, wo er mir ein kleines abgegriffenes Musiklehrbuch zeigte, eine Kostbarkeit, die er in der Bibliothek gefunden hatte. Er träumte davon, im Westen Musikwissenschaft zu studieren und konnte mit Hilfe des Büchleins sein theoretisches Wissen auffrischen.

Sein Traum hat sich später erfüllt. Ich erfuhr von seiner Studienreise nach Mexiko, wo er die Musik der Ureinwohner wissenschaftlich untersuchte.

Bei unseren Gesprächen in Cottbus ahnte ich noch nicht, dass ich später sehr viel mit Musikbüchern zu tun haben würde. Ich hatte nie die Absicht, Bücher zu schreiben. Vielleicht gibt es doch so etwas wie Schicksal.

Jürgen J., einen sehr schlanken, dunkelhaarigen Mitgefangenen vom EB5, habe ich sehr bewundert. Er hatte sieben Jahre Haft hinter sich. Seine drei Versuche, aus der DDR herauszukommen, waren immer wieder gescheitert, und das sah man ihm auch an. Unübersehbar war aber auch, dass er nicht aufgeben würde. Seine Augen verrieten Härte und Willensstärke.

Die Logik beim Abschiebeverfahren der Stasi bestand darin, dass es keine gab. Das war ihr Prinzip. Viel später, nach der

Wende, habe ich Jürgen in einer Talkshow gesehen, und die Erinnerungen an das Zuchthaus Cottbus waren wieder da. Das sollte mir noch oft passieren.

Ein anderer Mitgefangener, von Beruf Ingenieur, nahm nach dreieinhalb Jahren Haftzeit seinen Ausreiseantrag zurück. Die Stasi freute sich. Seine Frau war im Frauenzuchthaus „Hoheneck" knast-lesbisch geworden und wollte nicht mehr in den Westen ausreisen, und er wollte sich nicht scheiden lassen.

Ein kleiner Mitgefangener, der als Werkzeugmacher arbeitete und aus Salzwedel kam, wollte mehrmals seinen Ausreiseantrag zurückziehen. Seine Frau war bei einem Besuch von Verwandten in der Bundesrepublik geblieben.

Nur durch das konsequente Verhalten seiner Tochter, die mit meiner Frau auf einer Zelle lag, wurde das verhindert.

Bei einem Sprecher hatte sie ihren Vater angeschrien und zum Durchhalten aufgefordert.

1984 wurden Neuzugänge schneller „verkauft". Devisenbedarf. Einer von ihnen, ein Zahnarzt mit Doktortitel aus Berlin, hatte es trotz seiner halbjährigen Haftzeit sehr schwer. Ständig wurde er in seiner Zelle von einem Krimi tyrannisiert und mit Schlägen bedroht. Da er leicht hinkte und schon etwas älter war, litt er besonders. Blicke können viel verraten. Mit ihm verbrachte ich noch die letzten anstrengenden DDR-Tage in der Abschiebehaft in Karl-Marx-Stadt.

Eins hatte der Doktor vielen von uns voraus. Seine berufliche Zukunft war gesichert. Auf ihn wartete eine voll eingerichtete Arztpraxis in München.

Die Gefangenen des EB Ost wurden später primär in die DDR entlassen. Von der Gefängnisleitung als besonders „zuverlässig" angesehen, arbeiteten sie als Kalfaktoren, Straßenfeger, Friseure und waren im Sanitätsdienst tätig. Auch für Reparaturen an der Gefängnismauer waren sie zuständig.

Arbeit in drei Schichten

Gearbeitet wurde im gesamten Zuchthaus Cottbus in drei Schichten. Die Produktionsstätten der Häftlinge vom EB7, dem ich angehörte, befanden sich in einem größeren Gebäudekomplex auf zwei Ebenen. Unter dem Kommando unseres Brigadiers, der auch Häftling war, mussten wir in einer militärisch formierten Kolonne vom Zellengebäude der Arbeitskommandos zu den Produktionsstätten und nach achtstündiger Arbeitszeit in gleicher Formation wieder zurückmarschieren. Auch die Wege zur Essbaracke vor oder während der Arbeitszeit fanden in Marschkolonne statt. Alle Arbeitsleistungen, für die eine bestimmte Norm festgesetzt war, wurden von Zivilangestellten, unserem Brigadier und auch Gefängniswärtern kontrolliert. Wir mussten für den VEB „Pentacon" Dresden Druckgussteile von Fotoapparaten, Dia- und Kleinfilmprojektoren nach geforderten Vorgaben bearbeiten. Im unteren Bereich der Produktionsstätte wurden die Rohlinge mit Sandstrahlmaschinen und, beim so genannten feinen Gussgrat, in einem mit Wasser und Sand gefüllten rotierenden Trudelbehälter vorbearbeitet. Anschließend wurden sie in einem anderen, mit warmem Wasser gefüllten Bassin mehrmals gewaschen.

Der kleine Pool mit warmem Wasser wurde auch von einigen Gefangenen, die in diesem Bereich arbeiteten, und ihren Freunden zum Baden benutzt. Dabei musste – weil das natürlich verboten war – immer ein Mithäftling aufpassen und Schmiere stehen. Trotzdem lohnte es sich, für dieses Vergnügen – ich gehörte leider nie zu den Glücklichen – ein Risiko einzugehen.

Wir Neuen, zu denen ich erst einmal gehörte, mussten dann beim ersten und zweiten Gratgang die Gehäuse von Fotoapparaten per Hand mit Schabern und Feilen weiterbearbeiten. Das Schaben beim ersten Gratgang hieß bei uns „Schnitzen" mit dem „Schnitzmesser“ (Entgrater). Wer wie ich nicht aus einem handwerklichen Beruf kam, konnte bei diesen ungewohnten Tätigkeiten anfangs erhebliche Schwierigkeiten haben. Blasen an den Händen, die beim Aufplatzen bluteten, gehörten mit zu meinem Einstieg. Die anschließend in Dresden endgefertigten Fotoapparate gehörten auch zu den DDR-Exportgütern, die man in der Bundesrepublik kaufen konnte.

Nach einigen Wochen arbeitete ich im oberen Bereich der Produktionsstätte an einer Bohrmaschine, mit der ich stundenlang jeweils zwanzig Gewinde in Grundplatten von Diaprojektoren schneiden musste. Diese Tätigkeit war zwar auch sehr monoton, gefiel mir aber besser als das vorangegangene „Schnitzen“. Von Mitgefangenen besetzt waren auch Fräs- und Stanzmaschinen und von besonders Qualifizierten auch Drehbänke. Als letzter Arbeitsgang wurden dann die bearbeiteten Druckgussteile von anderen Häftlingen im unteren Bereich der Produktionsstätte in einer chemischen Lauge oberflächenveredelt und anschließend mehrmals gespült.

Nachdem ich monatelang an der Bohrmaschine gearbeitet hatte, wurde ich als Lohnschreiber eingesetzt. Diese Tätigkeit war natürlich – auch bei sich einstellender Routine – nicht mehr so monoton wie die vorhergehenden.

Während der Arbeit brannte die ganze Zeit Neonlicht und die Luftzufuhr empfand ich immer als sehr unzureichend. In der Produktionsstätte waren auf der Seite zum Innenhof des Zuchthauses einige vergitterte Fenster; ansonsten versperrten Metallwände jeden Blick nach draußen. In der Toilette befand sich allerdings ein sehr kleines Loch in der Metallwand, durch das man eine recht belebte Straßenkreuzung, die sich in der Nähe des Zuchthauskomplexes befand, partiell einsehen konnte. Es war für mich immer ein kurzer Blick in „alte“, lang zurückliegende Zeiten, denn Cottbus war immer ein beliebter Auftrittsort von Rockbands.

Als ich mir nach der Wende das Zuchthaus von außen anschaute, suchte ich „unsere" Straßenkreuzung, konnte aber ihre Lage nur schätzen, denn die Perspektiven und Zeiten hatten sich wesentlich geändert.

Andere unter den mir bekannten Mithäftlingen waren in EBs, die für VEB Sprela Spremberg Pressstoffbuchsen anfertigen mussten. Bei dieser Arbeit waren ihre Lungen ständigem Staub ausgesetzt, und sie erhielten deshalb für diese ungesunde Tätigkeit täglich etwa eineinhalb Liter Milch. Außerdem erforderte diese Dreckarbeit auch tägliches Duschen.

Die Arbeit in drei Schichten war anstrengend und ungesund. Ich habe mich an den Rhythmus von Früh-, Spät- und Nachtschicht nie richtig gewöhnen können. Während der Frühschicht wurden wir fast mitten in der Nacht geweckt und ich zwang mich immer zum sofortigen Sprung aus dem Bett. Vor dem Ausrücken zur Arbeit fand noch in der Zelle die obligatorische Meldung bei einem Dienst habenden Gefängniswärter statt.

In mancher Nachtschicht wäre ich vor Übermüdung fast eingeschlafen.

Insbesondere nach der Nachtschicht kam ich nie zur Ruhe, weil unsere Zelle direkt an dem Treppenflur lag, der zu den anderen EBs führte. Laute Befehle, Schlüsselgeklapper und Laufschritte waren unüberhörbar. Eine kleine Episode, die während meiner Arbeitszeit stattfand, hat sich für ewig in mein Gedächtnis eingegraben. Zum Zuchthauskomplex gehörte auch ein U-Haft-Gebäude. Eines Nachts drang aus einer dieser Zellen – für uns gut hörbar – der herzzerreißende Gesang einer Gefangenen. Wer und was sie auch immer gewesen ist, musikalisch war sie.

Unvergessen bleiben auch die „Gießensonnen". Handwerklich begabte Häftlinge konstruierten sie aus kleinen, runden, funktionalen Teilchen, die aus Gehäusen von Fotoapparaten stammten und deren Vorderseite eine ornamenthafte abstrakte Sonne symbolisierte. Durch einen auf der Rückseite angebrachten kleinen Stift mit Gewinde und Mutter konnte man sie wie ein Parteiabzeichen tragen. Erwischen lassen durfte man sich allerdings nicht.

Die Norm, „Mumpe", der gefährliche „Brigadier" und Leutnant „Lolli" Lehmann

Die ersten Arbeitstage in der Produktionsstätte waren für mich eine einzige Katastrophe. Für den ersten Gratgang wurde mir von einem Zivilangestellten nur ein „Schnitzer" in die Hand gedrückt, und ich musste dann loslegen. Ich schaute etwas hilflos nach links und rechts zu meinen Mitgefangenen, aber die mussten sich auf ihre eigene Arbeit konzentrieren. Erst am dritten Tag erbarmte sich ein junger, aber „älterer" Mitgefangener und zeigte mir, wie ich die Rohgehäuse der Fotoapparate entgraten musste. Meine Hände waren bereits wund und ich zog Schutzhandschuhe an. Der Brigadier, von uns „Pritscher" genannt, meinte daraufhin etwas höhnisch: „Kerl wie ein Baum und zieht Handschuhe an." Für mich war die Norm nicht zu schaffen.

Eine Woche später wechselte ich zum zweiten Gratgang über und musste die Gussteile mit einer Feile bearbeiten. Auch das kostete Ungeübte viel Zeit. Noch konnte ich mir einige Tage Zeit lassen, denn man hatte uns eine gewisse Einarbeitungszeit zugebilligt. Aber die Stunde der Wahrheit nahte. Der Tag, an dem ich die Norm erfüllen musste. Die Stasi hatte mich unschuldig eingesperrt, und ich sah nicht ein, mich dafür noch ausbeuten zu lassen, deshalb hatte auch die Normerfüllung für mich nicht oberste Priorität. Aber ich sollte meine Meinung ändern.

Am ersten Tag nach der vorgegebenen Einarbeitungszeit schaffte ich die Norm nicht und zog damit den ganzen Hass unseres Brigadiers auf mich. Er hatte bereits Knasterfahrung und saß wegen Totschlags, weil er bei einer Schlägerei einen anderen tödlich verletzte; dafür war er zu viereinhalb Jahren verurteilt worden. Ihm, einem kräftigen Norddeutschen, sah man an, dass er keinen Spaß vertrug. Ich kannte solche Typen aus frühester Jugend. Schnell reizbar und zu unberechenbaren Ausbrüchen fähig. Er gehörte zu den Menschen, die Angst verbreiten. Die Auswirkungen einer langen Haftzeit – Anzeichen einer Knastmacke – waren bei ihm erkennbar. Beim Tischtennisspielen konnte man beobachten, dass er trotz seiner Leibesfülle schnell, wendig und explosiv sein konnte.

Als Hans, ein Mitgefangener aus meiner Zelle, einmal während der Arbeit nur ein falsches Wort fallen ließ, packte der „Pritscher" ihn am Hemdkragen und zog ihn über eine Werkbank. Blass und wortlos arbeitete Hans danach weiter. Walter M., ein Mitgefangener, den ich bereits aus der Magdeburger Musikszene kannte, war längere Zeit mit dem Brigadier auf einer Zelle und ließ ihn, um Ärger zu vermeiden, bewusst beim Schachspielen gewinnen.

Bevor ich ins Zuchthaus Cottbus kam, hatten sich die Gefangenen geweigert, die Arbeitsnorm zu erfüllen. Sie waren, wie es im Knast hieß, „rot gefahren" und die Zuchthausleitung ging dagegen rigoros vor. Die Häftlinge durften keine Pakete mehr empfangen, es erfolgte Einkaufsreduzierung; die ganz renitenten Fälle kamen in Isolationshaft, in die so genannte „Mumpe". Das war eine etwa sechs bis sieben Quadratmeter große Zelle, in der die Waschgelegenheit und Toilette durch ein zusätzliches Gitter abgeteilt waren. Im schlimmsten Fall war auch nur ein Kübel vorhanden. Die Pritschen waren hochgeklappt, und die Häftlinge mussten sich außerhalb der Zelle regelmäßig Leibesvisitationen unterziehen und nackt ausziehen.

Jedem, der die „Mumpe" heil überstanden hatte, sah man die oft wochenlangen Qualen an. Gezeichnete Gesichter können oft mehr sagen als Worte. Um die Gefangenen wieder zu der geforderten Arbeitsleistung, zur Norm zu zwingen, wurde unser wegen Totschlags inhaftierter Brigadier eingesetzt und der machte seinen Job – im Sinne der „Knastpolizei" und der Stasi – sehr gut. Als ich meine Norm nicht schaffte, kam er nach der Spätschicht in meine Zelle und schrie mich drohend an: „Du bist der Allerletzte, ich werde dich fertig machen." Ich war geschockt, grübelte die ganze Nacht und konnte nicht einschlafen. Für mich stand dann morgens fest: Von diesem Menschen wollte ich mich auf keinen Fall fertig machen lassen und musste schnell handeln.

Bevor wir am nächsten Tag zum Essen ausrückten, klopfte ich bei Leutnant Lehmann – wir nannten ihn „Lolli" –, dem verantwortlichen Offizier für unseren EB, an die Tür. Nachdem ich in sein Zimmer, das sich gegenüber meiner Zelle befand, eintreten durfte und vorschriftsmäßig gegrüßt hatte, sagte ich ihm, dass von mir völlig ungewohnte Arbeit gefordert würde und ich zur Erfüllung der Norm noch etwas Zeit bräuchte. Sehr erstaunt war ich dann, als er mir antwortete: „Kessler, machen Sie sich keine Sorgen. Mit Anfeindungen müssen Sie sich hier abfinden. Sie gehen weiter zur Arbeit." Er interessierte sich sehr für Rockmusik, und ich hatte als Bandchef der Gruppe *Magdeburg* wahrscheinlich einen gewissen Bonus bei ihm. Später fragte er mich einmal, was ich von dem Keyboarder Michael Heubach hielte. Ich antwortete ihm, dass Heubach zum Teil sehr interessante Titel für die verbotene *Bürkholz-Formation* und die Gruppe *Lift* komponiert hätte. Dass Heubach bei einer Polentournee mit *Lift* einen schweren Autounfall hatte, bei dem der Sänger und der Bassist ums Leben kamen, wusste er auch. Der von allen gefürchtete Brigadier hat jedenfalls seine Absicht, mich kaltzustellen, nicht durchsetzen können. Den Spaß hatte ich ihm verdorben, denn ich war vor ihm bei Leutnant Lehmann gewesen. Vor dem Ausrücken zur Arbeit sagte er dann mürrisch und sichtlich verärgert zu mir: „Du kommst heute nochmal mit!" Ich zwang mich ab jetzt, auch wenn ich dafür länger als einige andere brauchte, zur Normerfüllung, denn ich hatte keine Lust, den ganzen Tag allein auf der Zelle zu verbringen. Das wäre für mich fast noch schlimmer als Arbeiten gewesen. Außerdem hatte mein Rechtsanwalt aus Magdeburg, der Dr. Vogel vertrat, mich mehrmals darauf hingewiesen, dass ich mich im Strafvollzug so unauffällig wie möglich verhalten sollte.

Ich wollte um jeden Preis in die Bundesrepublik ausreisen, und das sollte an der Normerfüllung nicht scheitern. Weitere Auseinandersetzungen hätten mich zu viele Energien gekostet, und die brauchte ich für später. Der Brigadier, der mich zum Opfer seines Frustes machen wollte, wurde dann drei Wochen später entlassen. Bei den Krimis habe ich nie verstanden, dass sie im Knast teilweise wie Bestarbeiter[23] schufteten, zumal einige von ihnen auch wegen asozialen Verhaltens verhaftet worden waren. Allerdings hatten die Gefangenen, die die Norm übererfüllten, auch etwas mehr Geld für den Einkauf, und Zigaretten und Tee waren verständlicherweise sehr begehrt.

Ich hatte mich mit meinem Schicksal abgefunden, erfüllte meine Norm und wurde nach einigen Wochen vom zweiten Gratgang an eine Bohrmaschine versetzt. Hier wollte mich ein Mitgefangener provozieren. In Abständen hörte ich einen Pfeifton, und als ich mich irritiert nach dem Verursacher umsah, griente er mich immer wieder verschmitzt an. Einen Krimi zu ärgern, hatte er sich kaum getraut. Aber von mir wusste er, dass ich mich auf keine Konfrontation einlassen würde. Vielleicht klingt diese Episode etwas lächerlich, aber die nervenbelastende Knast-Situation war es nicht.

Nach einigen Wochen an der Bohrmaschine wurde ich als Lohnschreiber eingesetzt. Für Knast-Verhältnisse ein guter Job. Dadurch hatte ich mit den meisten Gefangenen meines EBs intensiveren Kontakt als vorher, weil ich für jeden die erbrachte Arbeitsleistung errechnen und in einem Arbeitsbuch festhalten musste. Auch mit einem älteren Weißhaarigen, der

---

[23] *Arbeiter, die die Norm weit übererfüllten*

schon klapprig und unbeholfen war und die Norm nie schaffen konnte. Er tat mir Leid. Von Gefangenen, die auf Transport gegangen waren und Prozente über der Norm erarbeitet hatten, konnte ich jetzt diese „Plusanteile" meinem kränkelnden Mitgefangenen gutschreiben. Diese Art der Kompensation war das Mindeste an Solidarität, was man Schicksalsgefährten schuldig war. Wenn wir nach der Arbeit von der Produktionsstätte in unseren EB zurückgeführt wurden, konnten die einzelnen Zellentüren auf- oder zugeschlossen bleiben. Diese Entscheidung unterlag der Allmacht und Willkür der Schließer. Weil es schon lange keinen Aufschluss gegeben hatte, war ich, der Freunde in verschiedenen Zellen hatte, sehr daran interessiert – wie andere auch –, dass die Zellentüren bis zur Nachtruhe offen blieben. Und dafür musste ich mir etwas Subtiles einfallen lassen.

In den folgenden Tagen motivierte ich Mitgefangene dazu, die Norm mit einigen Prozenten überzuerfüllen. Als Leutnant Lehmann die Zahlen sah, schaute er mich nur groß an, und ich brauchte nichts mehr zu sagen. Die Zellentüren blieben offen, und das war im Interesse aller. Für mein kleines diplomatisches Machtspiel wurde ich von einem Berliner Taxifahrer, der zu den Neuzugängen gehörte, sehr angefeindet. Er hatte nichts begriffen.

Ein anderer Neuer – auch ein Berliner –, der von Beruf Kellner war, fragte mich, ob ich einen Kessler, der Musiker im Berliner Sinfonieorchester ist, kennen würde. Ich antwortete ihm, dass das mein Bruder sei. Leicht erstaunt erfuhr ich dann, dass dieser Neue der neue Freund der Ex-Frau meines Bruders war. Die Welt ist doch klein.

Alle zwei Monate konnte ich meine Frau – einmal war auch mein Sohn mit dabei – in einem speziellen Besucherraum sehen. Als ich dabei – und das war verboten – meiner Frau beim Abschied einen Kuss gab, wurde das von „Lolli" Lehmann übersehen. Die Besuche meiner Frau waren für mich emotional immer sehr anstrengend. Ich war froh, sie und meinen Sohn zu sehen, aber über das, was uns wirklich bewegte, ihre Situation draußen, meine Haftbedingungen, die Ausreise, mein Gerichtsurteil oder die Aktivitäten Dr. Vogels, konnten wir natürlich nicht sprechen. Renate sagte mir später, dass ich in meiner Knast-Uniform und den hohen Arbeitsschuhen immer sehr Mitleid erregend aussah. Auch für sie waren die Sprecher immer sehr anstrengend, weil sie nach einer langen Zugfahrt von Magdeburg in Cottbus übernachten musste. Begleitet wurde sie abwechselnd von meiner Schwiegermutter, meiner Schwägerin Bettina und meinem Sohn Sven.

Weil ich zu über zwei Jahren Haft verurteilt war, durfte ich meiner Frau dreimal im Monat schreiben. Alle ein- und ausgehende Post wurde dann von Leutnant Lehmann kontrolliert. Zu den „Kann-Bestimmungen" gehörte, dass ich viermal im Jahr ein zwei bis vier Kilogramm schweres Paket empfangen konnte. Als ich kurz vor meinem Geburtstag eines erhielt, entdeckte Lehmann in einer Kakaopackung eine kleine Flasche eines alkoholischen Getränks, die er natürlich – allerdings in meinem Beisein – einzog. Er konnte aber nicht ahnen, dass der Inhalt eines Obstglases auch mit Alkohol versetzt war.

Leutnant Lehmann habe ich nur ein einziges Mal ärgerlich erlebt. Weihnachten sangen wir in unserer Zelle und klopften dazu sehr laut im Takt. Blitzartig wurde die Zellentür aufgeschlossen, und er stand mit einigen Schließern vor uns und sagte: „Gleich geht ein Möbelrücken los!" Wir konnten aber grundsätzlich froh sein, dass wir ihn hatten. Mein Freund Achim Kneis hat mir später von dem launischen und unberechenbaren „Erzieher" des EB8 ganz andere Geschichten erzählt.

Die „Knastpolizei“

Zwei sehr unterschiedliche „Knastpolizisten“ hatte ich bereits auf dem Zugang kennen gelernt. Den „Roten Terror“ und „Stalin“, den Sohn meines früheren Geigenlehrers. Neben RT war der dickliche „Arafat“ der berüchtigtste Gefängniswärter im Zuchthaus Cottbus. Gern terrorisierte er Gefangene und schlug auch schon mal zu. Häftlinge, die vor mir in Cottbus eingesperrt waren, sollen ihm den Namen „Arafat“ wegen seiner schwarzen Haare und dunklen Augen gegeben haben. Sicherlich sind auch noch andere Vergleiche zulässig. Ich sehe „Arafat“ immer noch vor mir mit seinem nervösen, unsteten und neurotisch wirkenden Blick, der verriet, dass er nur darauf wartete, aktiv werden zu können. Oft wurden unter seiner Regie Zellen gefilzt, d.h. Pritschen durchwühlt, Matratzen durcheinander geworfen und die Schränke durchschnüffelt. Das hinterlassene Chaos mussten wir dann wieder in Ordnung bringen. „Arafat“ schien regelrecht Befriedigung daraus zu ziehen, Häftlinge bestrafen zu können. Er brauchte das wahrscheinlich.

Einmal legte sich ein sehr müder Mitgefangener, der keine Lust hatte, mit auf den Freihof zu kommen, unter ein Dreistockbett. Nach kurzer Zeit trat „Arafat“ mit einigen anderen Schließern in die Zelle. Instinktsicher steuerte er auf einen Tisch zu, auf dem ein voller Aschenbecher stand, war einige Sekunden wie hypnotisiert und hatte dann so etwas wie einen epileptischen Anfall. Er ruderte mit den Armen wie ein Spastiker und schüttete dann den Inhalt des Aschenbechers in ein Bett. Danach machte er einen befreiten Eindruck. Genauso wie RT wurde auch „Arafat“ 1999 zu einer mehrjährigen Gefängnisstrafe verurteilt. Auch ihm konnte nachgewiesen werden, dass er Häftlinge misshandelt hatte. Zur körperlichen Züchtigung von Häftlingen konnten Gummiknüppel, Knebelketten und auch Hunde eingesetzt werden.

Eine grausame Episode möchte ich nicht verschweigen.

Ein Wachhund, der sich an einer Laufleine unmittelbar an der Gefängnismauer befand, bellte die ganze Nacht unerträglich laut und aggressiv.

Ihm warfen genervte Gefangene eine mit einer Rasierklinge gefüllte Leberwurst zu. Vielleicht war es für das stark neurotisierte Tier die beste Lösung.

Einmal, als unser EB zur Essbaracke ausrückte, wurden ich und einige Mitgefangene von den anderen separiert und in einen bisher unbekannten Vorraum gebracht, der zu anderen Trakten führte. Hier erhielten wir den Befehl, uns nackt auszuziehen. Sämtliche Kleidungsstücke, Netze mit Utensilien wie Essbesteck und Plastiktasse und auch unsere Brustbeutel wurden dort gründlich gefilzt. Keiner von uns wusste, ob es reine Schikane war oder ob sie etwas Bestimmtes suchten.

Ein weiterer Gefängniswärter, der zu dem aus Unteroffizieren bestehenden Wachpersonal gehörte, war „Texas". Der Name passte gut zu ihm, weil er wie ein aus einem Hollywood-Film entsprungener Westernheld aussah. Auch ihn sehe ich noch vor mir, wie er mit seinem Gummiknüppel an der Seite breitbeinig dastand und uns mit gelassener Miene beaufsichtigte, wenn wir zur Produktionsstätte ausrücken mussten. S., ein Mithäftling aus meiner Zelle, wurde von ihm einmal, als er eine dumme Bemerkung machte, geschlagen. Wie gesagt, „Texas" sah nicht nur aus wie ein Cowboy, er benahm sich auch so.

„Rambo" nannten einige von uns einen kräftigen, leicht untersetzt wirkenden Schließer, der seine Kontrollgänge immer mit auffallend hastigen Bewegungen und grimmigem Blick durchführte.

Als ich einmal während der Arbeitszeit in der Toilette duschte, wurde die Tür – die nicht verriegelbar war – aufgerissen und „Rambo", vor dem ich wie ein begossener Pudel nackt dastand, forderte mich unmissverständlich auf, meine strafbare Handlung einzustellen und mich wieder anzuziehen. „Duschen“ konnten auch nur diejenigen, die gute Beziehungen zu einem an den Wasserbehältern arbeitenden Mithäftling hatten; er genehmigte einen Eimer mit warmem Wasser, den man sich dann in der Toilette über den Kopf goss.

Sehr ärgerlich war es für uns immer, wenn der Kühlschrank, der auf dem Flur stand und in dem sich Esswaren mit Verfallsdatum aus unseren Paketen befanden, von der „Knastpolizei“ kontrolliert wurde und wir anschließend feststellen mussten, dass sie sich „bedient“ hatten.

„Stalin“ kannte ich schon vom Zugang; er ließ mich später einige Male – auch wenn ich nicht auf der von Leutnant Lehmann abgezeichneten Liste stand – zum Fernsehen mitgehen, wo ausschließlich das erste DDR-Programm gezeigt wurde. Nicht nur für mich war er die positive Ausnahmeerscheinung unter den Gefängniswärtern des Wachpersonals.

Die Zivilangestellten

Während unserer Arbeit in den Produktionsstätten wurden wir auch von Zivilangestellten, die aus Metall verarbeitenden Berufen kamen und im Zuchthaus sicherlich besser verdienten, beaufsichtigt und kontrolliert.

Von Anleitung bei den verschiedenen Tätigkeiten konnte allerdings keine Rede sein. Wer wie ich aus einem ganz anderen Beruf kam, hatte es in den ersten Tagen nicht leicht, war auf erfahrene und gutwillige Mitgefangene angewiesen. Von uns Häftlingen wurde der etwas vierschrötige und ruppige Zivilangestellte „Stürmer" genannt. An seinem Dialekt hörte ich sofort, dass er weiter östlich aufgewachsen war: Er kam aus Danzig. Er wusste, dass ich Bandchef der Gruppe *Magdeburg* war, und ich hatte den Eindruck, dass es ihm gefiel, mir Befehle erteilen zu können.

In den letzten Monaten meiner Haftzeit in Cottbus war ich als Lohnschreiber tätig, und mein Schreibtisch, der offen in der Produktionsstätte stand, befand sich direkt neben der Tür des separaten, fest installierten Büroraums der Zivilangestellten. Mein ständiger Kontakt zu ihnen war unvermeidlich, und sie hatten durch den Einblick in das von mir geführte Arbeitsbuch ständige Kontrolle über die Normerfüllung. Auch mit ihnen ließ ich mich auf Gespräche ein, weil es mich interessierte, mit welchen Menschen ich es zu tun hatte.

Einmal musste ich dem „Stürmer" in mir bisher unbekannte Räume folgen. Hier befahl er mir, einen großen, schweren Motor in einen anderen Raum der Produktionsstätte zu tragen. Beim Aufheben des Motors ging ein leichtes Zittern durch meinen Körper, und ich sackte etwas in die Knie. Die Anwesenden grienten, und dem „Stürmer" sah man seine Genugtuung an. Er kostete seine Macht über einen Gefangenen aus. Ich wollte mir keine Blöße geben, ließ mir nichts anmerken. Heute bereue ich es, dass ich den Motor nicht fallen ließ.

Den jüngeren, großen und schlanken Zivilangestellten nannten wir „den Langen". Er kam wie seine Kollegen aus Cottbus oder Umgebung. Seine Kontrollen gingen mir teilweise sehr auf die Nerven, weil man auch ihm anmerkte, dass er sich dabei wohl fühlte, Gefangene, die völlig wehrlos waren und sich aus verständlichen Gründen ruhig verhalten mussten, mit seiner mehr oder weniger mürrischen Art unter Druck zu setzen. Für mich ein typischer ehemaliger Unteroffizier. Wenn er von einigen Krimis auf den Arm genommen wurde, versuchte er seine Verlegenheit immer mit einem leichten Grienen zu vertuschen.

Der angenehmste unter den Zivilangestellten war ihr Leiter, den wir „Russe" nannten, was sicherlich auch mit seinem bürgerlichen Namen und dem etwas slawischen Aussehen zusammenhing. Ich nahm an, dass er Volksdeutscher war und über lange Umwege – er deutete das einmal an – in Cottbus gelandet war. Mit ihm unterhielt ich mich gern. Manchmal philosophierten wir sogar, wobei er mich einmal mit seiner Meinung erstaunte, dass man auch von Jüngeren lernen könne. Bezeichnend für ihn war, dass er mir immer seinen privaten Taschenrechner mitbrachte, den ich als Lohnschreiber dringend benötigte.

Der „Russe" wusste, dass wir Politischen unschuldig inhaftiert waren, und er wollte uns das Leben nicht noch schwerer machen, als es schon war.

Überrascht war ich, als man mich am 31. August 1984 gemeinsam mit einigen anderen Häftlingen in einen uns bisher unbekannten Raum der Produktionsstätte führte. In diesem kleinen „Kulturraum" für Gefängniswärter und Zivilangestellte wurden wir von Leutnant Lehmann und dem „Stürmer" empfangen. Wir konnten Kaffee trinken und, wer Lust hatte, auch Billard spielen. Vielleicht handelte es sich hierbei um eine Geste von Leutnant Lehmann. Der „Stürmer" sagte noch zu mir: „Kessler, als Musiker müssten Sie aber gut Billard spielen können."

Erstens hatte ich keine Routine und zweitens war ich viel zu aufgeregt, weil ich am nächsten Tag auf Transport gehen sollte.

Meine Freunde

Mein Freund Achim Kneis, der Sänger der Gruppe *Magdeburg*, war im EB8 in der Achtzehnmannzelle 211 direkt neben meiner Zelle 212 vom EB7 untergebracht. Wir sahen uns sehr selten und konnten uns dabei nur die Hände durch eine verschlossene Gittertür reichen, die von meinem Zellentrakt nach außen führte. Ein einziges Mal durfte er kurz auf meine Zelle – der Schließer „Stalin", der mir schon einige Gefälligkeiten erwiesen hatte, ließ das zu –, aber zu einem freien und unbefangenen Gespräch ist es nicht gekommen, weil gemunkelt wurde, dass sich auch noch in unseren Reihen Stasi-Spitzel befinden könnten.

Die U-Haft hatte auch bei ihm Nachwirkungen hinterlassen. Er war noch immer auffallend dünn und hatte Ringe unter den Augen.

Auch Norbert Duckstein, der Mann der Cousine meiner Frau, befand sich im Zuchthaus Cottbus in einem anderen EB. Genau wie Achim konnte ich ihm einige Male die Hand durch die Gittertür reichen. Bevor Renate und ich vom MfS in Magdeburg inhaftiert wurden, konnten Bekannte der Familie Duckstein, die auch Antragsteller waren, in die Bundesrepublik ausreisen. Ein weiteres Indiz dafür, wie willkürlich und unberechenbar die Stasi ihre Entscheidungen traf.

Im ersten Brief, den Ducksteins von ihrer befreundeten Familie erhielten, stand unter anderem: „Im Westen gibt es nicht alles, es gibt noch viel mehr!" Das hat auch noch heute seine Gültigkeit, denn es gibt von allem viel zu viel.

Nach einigen Wochen hatte ich zu einigen Mitgefangenen ein besonders gutes Verhältnis aufgebaut. Mir war schnell klar geworden, dass eine gewisse Solidarität untereinander jeden von uns nur stärken konnte. Zu meinem Freundeskreis gehörten André, Gregor, Achim B. und Ronny. Der große schlanke und blonde zwanzigjährige André, der gerade aus der „Mumpe“ entlassen worden war, wurde mir während der Arbeit von seinem Freund Thoralf, einem sehr jungen Mitgefangenen aus Leipzig, vorgestellt. Thoralf lebt heute in der Nähe von Düsseldorf und hat einen eigenen Handwerksbetrieb. André sollte einer meiner besten Freunde werden. Er war der erste in Cottbus, der mit offenen Worten auf mich zukam, und seine positive Ausstrahlung nahm mich sofort für ihn ein. Das hat sich bis heute nicht geändert.

André, der aus Ost-Berlin stammte, war wegen „Republikflucht“ nach § 213 des StGB der DDR zu über zwei Jahren Haft verurteilt worden. Als Neunzehnjähriger hatte er versucht, von Bulgarien in die Türkei zu gelangen. Bereits in Grenznähe wurde er zurückgewiesen und die bulgarischen Behörden meldeten diesen Fall nach Ost-Berlin. Freunden von ihm war die Flucht gelungen. Leider hatte er zu dieser Zeit noch einen Resturlaub mit seiner Freundin verbracht. Als er vierzehn Tage später die ungarisch-österreichische Grenze überwinden wollte, hatte er wieder Pech und wurde gefangen genommen. Die ungarischen, tschechischen, rumänischen und insbesondere die bulgarischen Grenzsoldaten waren gegenüber „Grenzverletzern“ äußerst brutal.

Die DDR-Regierung hatte Vereinbarungen mit den „sozialistischen Bruderländern“, die diese dazu verpflichteten, alle Grenzverletzer, die DDR-Bürger waren, auszuliefern. Ab Mitte 1989 kam die ungarische Regierung dieser Verpflichtung nicht mehr nach. Was danach passierte, ist allgemein bekannt.

Nach seiner Festnahme begann für André eine Tortur. Mehrere Wochen wurde er in der Budapester U-Haft verhört und ihm dabei ein Ohr blutig geschlagen. Die sanitären Bedingungen und auch die Verpflegung waren katastrophal. Von Ungarn wurde er dann mit einem Flugzeug nach Berlin-Schönefeld gebracht und von dort mit einem der berüchtigten Stasi-Kleinbusse in die MfS-UHA überführt.

Hier begann für ihn dann das bekannte Martyrium der unzähligen Stasi-Verhöre. Vor Gericht wurde er anschließend zu zweieinhalb Jahren Knast verurteilt und kam einige Monate vor mir ins Zuchthaus Cottbus.

Ihm fiel das „Schnitzen" des ersten Gratganges an den Rohgehäusen der „Pentacon"-Fotoapparate nicht besonders schwer, weil er von Beruf Stuckateur und handwerklich sehr begabt war. Als vor meiner Ankunft im Zuchthaus die Häftlinge des EB7 wegen der zu hohen Norm streikten und sie nicht mehr erfüllten, wurde er zweimal in Isolationshaft gesperrt.

Wir sahen uns täglich und versuchten, so oft es ging, in Gesprächen – auch wenn sie teilweise nicht immer ernst gemeint waren – dem deprimierenden Knast-Alltag zu entfliehen.

So „planten" wir beispielsweise, für André, der sehr gut singen kann und äußerlich im weitesten Sinne an eine Mischung aus Roland Kaiser und Howard Carpendale erinnert, eine Pop-Karriere aufzubauen. Ich wollte dann die Songs schreiben und mich um das Marketing kümmern. Aber wir befanden uns in einem Zuchthaus, und es ging in erster Linie darum, sich für später zu motivieren. Besonders gefiel mir immer wieder Andrés Spruch „Happy California": Man kam dann immer in Urlaubsstimmung und hatte die Westküste der USA vor Augen. Träume, die erst viel später wahr werden sollten. Mit spaßiger Ironie sagte ich ab und zu, dass ich gar keine Zeit für das Zuchthaus hätte und schnell weg müsse, weil ich wichtige geschäftliche Termine in New York habe. Daran, dass das einmal Wirklichkeit werden würde, hätte ich damals natürlich nicht im Entferntesten gedacht.

André war aufgrund seiner Hilfsbereitschaft bei fast allen Mitgefangenen sehr beliebt. Einmal erzählte er mir, dass einer, der schon länger auf dem EB7 war, ihm gesagt hatte, er sei von mir etwas enttäuscht, weil ich als Bandchef der Gruppe *Magdeburg* nicht arrogant genug erscheine. Wie gesagt, Distanziertheit hat Vor- und Nachteile. Aber hätte ich mich nicht auf

Gespräche mit anderen Gefangenen eingelassen, wären Teile dieses Buches wesentlich kürzer ausgefallen.

André erzählte oft von seiner Familie, die er über alles liebte. Insbesondere zu seiner Mutter hatte er eine ganz besondere Beziehung. Sie war in Berlin-Charlottenburg zur Schule gegangen und dummerweise kurz vor dem Mauerbau in den Ostteil gezogen.

Unter Aufsicht des EB7-Offiziers Lehmann hatten immer mehrere Gefangene gleichzeitig Sprecher mit ihren Angehörigen. Hier sah ich zum ersten Mal bewusst Andrés Mutter, die ihren Sohn besuchte, der neben mir saß. Mir gegenüber hatte meine Frau Platz genommen, die vorher mit ihr gesprochen hatte. Später erfuhr ich von Andrés Mutter, dass wir uns schon 1975 unbekannterweise begegnet waren, denn die Gruppe *Magdeburg* hatte in ihrer Arbeitsstelle Bühnenstiefel spezialanfertigen lassen. Ich sehe André auch noch vor mir, wie er in traurigen Momenten auf seiner Pritsche lag und wehmütig auf das Bild seiner Freundin, die Magdeburgerin war, starrte. Wenn es ihm einmal ganz schlecht ging – das kam aber sehr selten vor –, drehte er seine Runden auf dem Freihof allein. Mit manchen Gedanken und Gefühlen musste jeder von uns selbst fertig werden.

Gregor hatte ich bereits in den „Katakomben" und auf dem Zugang kennen gelernt. Ich mochte ihn, und das änderte sich auch nicht während unserer gemeinsamen Zeit im EB7. Er war direkt neben mir in Zelle 213 untergebracht, die ausschließlich mit anderen Neuzugängen belegt war. Auch ihm fiel die Arbeit nicht sonderlich schwer, weil er mehrere handwerkliche Berufsausbildungen abgeschlossen hatte. Obwohl er körperlich in Top-Form war – er hatte jahrelang als Judoka trainiert und auch bei der DEFA in Babelsberg als Stuntman gearbeitet –, verriet sein gestresster Blick manchmal, dass der Knastalltag nicht ganz spurlos an ihm vorüberging. Wie bei uns allen stauten sich auch bei ihm Aggressionen, die sich einmal auf der Arbeit bei einem Disput mit einem sehr langen Berliner, der inhaftiert war, weil er als NVA-Angehöriger mit einem Lkw die Berliner Mauer am Brandenburger Tor durchbrechen wollte, entluden. Gregor wendete seine Judo-Kenntnisse an, und einige Kisten mit Druckgussteilen stürzten um. Die Rohlinge, die dann im oberen Bereich der Produktionsstätte verstreut herumlagen, sammelten wir schnell ein. Es war weiter nichts passiert und die erhöhten Adrenalinspiegel senkten sich auch relativ schnell. Wer sehr sensibel war, hatte darunter zu leiden, dass Gregor – aber nie bösartig – Leute gern auf den Arm nahm.

Andererseits konnte er auch über sich selbst lachen. Manchmal erzählte er die Story, wie er in Potsdam mit einem neu gekauften Cabrio an Bekannten – unter denen sich auch Mädchen befanden – vorbeifuhr, lässig grüßte und, als er wieder nach vorn schaute, einem Verkehrsschild nicht ganz ausweichen konnte. Besonders schätzte ich an ihm – genau wie bei André – seine Großzügigkeit. Er teilte immer. Sein Freund, mit dem er nach Cottbus gekommen war, arbeitete in der Küche und auch ich konnte öfters von dieser Beziehung profitieren. Oft schenkte er mir die von uns sehr begehrten Zwiebeln.

Ihn traf ich später zufällig in der Nähe des Checkpoint Charly. Wir tranken einen Kaffee, und er erzählte mir von seinem Thailand-Urlaub.

Silvester 1983 ließ sich Gregor mit in Andrés Zelle schließen, und sie stießen gemeinsam mit aufgelösten Brausetabletten an. Dieser „Ersatzsekt" sprudelte so, dass sie für Sekunden nicht im Zuchthaus waren.

Zu unserem Freundeskreis gehörte auch Achim B., der nach mir auf die Zelle 212 verlegt wurde. Er, ein Frauenarzt, war etwas über einsachtzig groß, wirkte zäh und hatte schwarze Haare und dunkle Augen. Seine Brille und auch seine distanzierte Art gaben ihm ein intellektuelles Aussehen. Die Integration in unsere Zelle fiel ihm anfangs nicht ganz leicht, und auf mich kam er wahrscheinlich nur zu, weil ich Abitur und studiert hatte. Diplomatie schien auch nicht seine Stärke zu sein, denn als er ein Paket bekam, bot er nur mir etwas an. Ich war peinlich berührt und sagte ihm – trotz großen Appetits –, dass ich keinen Hunger hätte. Nachdem ich erfahren hatte, welchen Leidensweg er hinter sich hatte, verstand ich ihn besser. Er war bei seinen Eltern, die vom SED-Regime überzeugt waren, in Bernau groß geworden und hatte sich später von ihnen losgesagt. Aus verständlichen Gründen sprach er darüber nur ungern. Für ihn stand seit langem fest, dass er in die Bundesrepublik wollte. Schon für seinen ersten Ausreiseantrag hatte er einen hohen Preis zahlen müssen, denn die Stasi sperrte ihn in das Zuchthaus Bautzen.

In diesem so genannten „Gelben Elend" waren viele politische Gefangene – überzeugte Antikommunisten – inhaftiert. Aber auch echte oder vermeintliche Spione und, in einem speziellen Trakt mit Einzelzellen, zu „lebenslänglich" verurteilte Nazis.

Nach seiner Entlassung aus diesem berüchtigten Zuchthaus stellte er erneut einen Ausreiseantrag. Das MfS wollte bei ihm daraufhin etwas finden – sie wurden natürlich auch fündig. Wegen einer Ansichtskarte aus dem westlichen Ausland wurde er erneut inhaftiert und konnte dieses Mal nicht verkraften, dass die Stasi auch seine Frau mitnahm und sie nach der U-Haft in das berüchtigte Frauenzuchthaus „Hoheneck" kam. Daraufhin biss er sich mit den Zähnen seine Pulsadern auf. Die noch sichtbaren Narben dieses Selbstmordversuches hatte ich täglich vor Augen. Auch wenn wir beide charakterlich sehr unterschiedlich waren, kamen wir uns doch durch viele Gespräche näher. Von ihm kaufte ich meine erste Pfeife, und auch Tee tranken wir gern zusammen. Er war erstaunt, dass ich mich als Rockmusiker sehr für Politik interessierte und gern philosophierte. Ich wiederum hatte nicht erwartet, dass er so gut Skat spielen konnte; auch im Schachspiel war er nicht schlecht. Es kann sein, dass sich schon seine erste Inhaftierung negativ auf seine psychische Befindlichkeit ausgewirkt hatte. Er erzählte mir einmal, dass er als Arzt in seinen Sprechstunden eigentlich kommunikativer sein müsste.

Bewundernswert war seine konsequente Körperreinigung nach jeder Toilettenbenutzung. Ohne Privatsphäre musste man dabei teilweise über seinen eigenen Schatten springen.

Was ich nie ganz nachvollziehen konnte, waren seine teilweise äußerst absoluten Ansichten. Dispute zwischen uns waren unvermeidbar. So besaß er beispielsweise kein Fernsehgerät, weil er die Sendungen als Volksverdummung betrachtete, und der Beruf des Schauspielers kam für ihn noch nach dem einer Klofrau. Etwas lächerlich war es, als er einmal darauf bestand, die Germanen hätten schwarze Haare gehabt. Aber wie gesagt, auch kindische Probleme können unter psychischer Belastung mit großer Ernsthaftigkeit diskutiert werden. Ein weiteres Mal fetzten wir uns, als er bei der Betrachtung eines Neuzugangs, der Krimi war, zu mir sagte: „Sieh Dir mal die Physiognomie dieses Menschen an, sagt die nicht alles?" Als ich ihm antwortete, dass man bei der Beurteilung eines Menschen etwas vorsichtiger sein müsse, war er sichtbar sauer auf mich. Mir war mehrmals aufgefallen, dass der Neue, der immer Melodien vor sich hin pfiff, außerordentlich musikalisch war. Intonation, Phrasierung und Rhythmik stimmten. Ich will damit nicht sagen, dass ein musikalischer Mensch ein guter sein muss, aber absolut böse sind sicherlich die wenigsten von uns. Außerdem wird keiner ernsthaft der Meinung sein, dass nur schöne Menschen gut und intelligent sein können, und nicht umsonst hat Hannah Ahrendt, als sie den eher biederen Eichmann, der mit Sicherheit ein radikal ideologischer Antisemit war, bei seinem Prozess in Israel erlebte, von der „Banalität des Bösen" gesprochen. Oder sah man Hitler und Stalin an, dass sie zu den größten Verbrechern der Menschheitsgeschichte zählen? Allerdings kann man darüber streiten, ob das Böse wirklich banal ist.

Trotz allem, als Achim B. unsere Zelle verließ, ging mir das sehr nah. Er durfte einige Monate vor mir das Zuchthaus Cottbus verlassen und dann von der Abschiebehaft in Karl-Marx-Stadt in die Bundesrepublik ausreisen.

Ronny aus Cottbus war der fünfte in unserem Freundeskreis; zu ihm hatte ich gleich einen guten Draht, weil er Sänger in einer Rockband war, die auch Titel meines Lieblingssängers David Coverdale nachspielte. Er war eine Frohnatur und versuchte, aus seiner Situation das Beste zu machen.

Als ich im Oktober 1984 mit meiner Familie in West-Berlin eintraf, habe ich sofort den Kontakt zu André wieder aufgenommen, der bis heute anhält. Er ist sehr erfolgreich als Bauleiter tätig und wohnt mit Frau und Tochter im schönen Wannsee bei uns um die Ecke. Gregor, der auch schon vor mir in West-Berlin war, besuchte mich sofort, und wir hatten lockeren Kontakt. Er betreibt heute eine Gaststätte. Achim B. war anfangs auch in West-Berlin und telefonierte oft mit mir. Ein einziges Mal – er arbeitete bereits als Arzt in meiner Nähe – besuchte er mich in meiner Wohnung in Berlin-Tempelhof und erzählte stolz von seinem guten beruflichen Einstieg und war auch auf seinen Sohn sehr stolz, der auf einem Gymnasium hervorragende Leistungen zeigte. Danach haben wir nie wieder ein Wort gewechselt. Vielleicht hat es ihm damals nicht gefallen, dass er von mir in unserem letzten Gespräch erfuhr, dass ich noch unter den Nachwirkungen meiner Inhaftierung litt und der neue berufliche Einstieg im Westen für mich nicht ganz einfach sei. Wahrscheinlich wollte er nur mit „Gewinnern" verkehren. So viel ich weiß, hat er heute eine eigene Arztpraxis in Bayern und sich vielleicht schon seinen Traum, viel Geld zu verdienen, erfüllt.

Mit Ronny, der mit seiner Familie in Köln lebt, habe ich ein paar Mal telefoniert. Mein Freund Achim Kneis lebt mit seiner

Familie ebenfalls in Köln. Sie haben sich ein Haus gekauft, und er ist weiter in der Musikszene tätig. 1985 haben wir einige Platten aufgenommen, in einer kleinen Fernsehsendung mitgewirkt und dann in einer Solinger Band gespielt, mit der wir 1988 fünf Wochen an der Côte d'Azur tourten. 1993 machten wir mit den *Klosterbrüdern* eine kleine Konzerttournee mit Inga Rumpf und ab 2000 spielten wir mit *Electra*, *Lift* und der *Stern Combo Meißen*. Der Höhepunkt war ein gemeinsames Konzert mit *Manfred Mann's Earth Band* am 3. März 2001 beim „Rock-Marathon" in der Stadthalle Magdeburg. Außerdem produzierten wir eine neue *Klosterbrüder*-Maxi-CD. Wir alle – meine Freunde und ich aus dem Stasi-Knast in Cottbus – konnten dem MfS die Hoffnung, im Westen unterzugehen, nicht erfüllen.

Einen Satz, den wir zur allgemeinen Erheiterung immer wieder gesagt haben, werde ich nie vergessen: „Knast ist die Inkarnation der Frustration a priori."

Der Deal

Der schwergewichtige, immer etwas grimmig dreinschauende Jürgen D. aus Cottbus war bereits über drei Jahre im Zuchthaus Cottbus und hatte sich durch Zockerei relativ viel „Knastgeld“ – offiziell Einkaufsgutscheine – erspielt. Außerdem verdiente er auch durch seine spezielle Arbeit, das Sandstrahlen, mehr als viele andere Häftlinge.

Als Neuer konnte ich Geld für Tabak, Zigaretten und Tee gut gebrauchen, zumal ich von diesen Genussmitteln fast ein wenig abhängig geworden war. Mein Freund André, dem D. vertraute und der auch mit ihm auf einer Zelle lag, fädelte einen Deal für mich ein. André überredete ihn, der jeden Tag auf seinen Transport in die Bundesrepublik wartete, dazu, mir zweihundertvierzig „Knastmark“ unter der Voraussetzung und dem Versprechen zu geben, dass er von mir dafür nach meiner Ausreise achtzig D-Mark erhalten würde. Für ihn war der Kurs eins zu drei sehr gut, und ich konnte mit seinem Geld meinen Knastalltag etwas erleichtern. Ein fairer Deal, den wir mit Handschlag besiegelten. Nach Erhalt des Geldes, das ich zur „treuhänderischen“ Verwaltung zum Teil unter Freunden aufteilen musste, weil man im eigenen Brustbeutel immer nur einen gewissen Betrag haben durfte, konnte ich zum Teetrinken einladen und mir auch von Achim B. zwei sehr gute Pfeifen kaufen. Auch ein Gemisch aus Joghurt, Quark und Äpfeln war ab jetzt finanzierbar.

Vor Jürgen D., der wegen Fluchtvorbereitung und angeblichen Waffenbesitzes inhaftiert war, hatten fast alle Respekt. Einmal war ich dabei, wie er einen Mitgefangenen, der sich bei der Essensausgabe vordrängeln wollte, mit einem leichten Faustschlag gegen den Brustkorb zurechtwies. Auf dem Marsch von der Essbaracke ins Zellengebäude konnte man das Hochhaus, in dem sich seine Wohnung befand, sehen. Jürgen wartete täglich auf seinen Transport, doch nichts passierte. Ich wurde immer nervöser, denn mein Versprechen bezüglich unseres Deals wollte ich in jedem Fall einhalten. Die einzige Möglichkeit war, dass er bei einem Ost-Stich die vereinbarten achtzig D-Mark, für die er sich eine neue Jeans kaufen wollte, bei meiner Frau in Magdeburg abholen sollte; wenn sie über keine D-Mark verfügte, wäre die Alternative mein Bruder, der in Neubuckow nahe der Ostsee wohnte. Insbesondere weil André für mich gebürgt hatte, konnte ich ihn damit beruhigen. Beim letzten Sprecher hatte ich meine Frau bereits diskret über die Konsequenzen meines Deals informiert.

Bis zum letzten Tag gab ich die Hoffnung nicht auf, aber leider wurde Jürgen in die DDR, in seinen Wohnort Cottbus entlassen. Bereits drei Tage danach erfuhr ich von dem Zivilangestellten, den wir „Stürmer" nannten, dass er ihn im volltrunkenen Zustand und in zerschlissener Kleidung auf einer Parkbank hatte liegen gesehen. Mich überkamen jetzt Ängste wie in den ersten Tagen meiner Inhaftierung. Was passierte, wenn D., der Cottbus nicht verlassen durfte, ohne Personalausweis im Zug nach Magdeburg erwischt würde? Aus einer Verbindung Kessler und D. würden sich viele neue Fragen für das MfS ergeben. Ich sah mich schon wieder bei neuen Verhören in der Stasi-U-Haft, und bereits verdrängte Ängste waren wieder gegenwärtig.

Unnötigerweise, denn von meiner Frau erfuhr ich, was passiert war, als sie am 19. Oktober 1984 ungefähr einen Monat nach mir in die Bundesrepublik ausreisen durfte. Jürgen D. war tatsächlich nach Magdeburg gefahren und wollte von Renate die achtzig D-Mark abholen. In unserer Wohnung saß der von vielen gefürchtete Jürgen D. dann wie ein braver Junge, fast ein wenig schüchtern, mit meiner Frau und ihren zwei Schwestern an einem Tisch. Er erzählte, dass es mir gut gehe und ich im Knast sogar mit einer Sonnenbrille herumlaufen würde.

Leider musste Renate ihm sagen, dass es ihr bisher nicht gelungen war, D-Mark aufzutreiben. Sie rief sofort die Frau meines Bruders in Neubuckow an und Jürgen D. fuhr weiter in Richtung Ostsee.

Gegen Morgen des nächsten Tages rief mein Bruder Hartwig bei Renate an, um ihr mitzuteilen, dass seine Frau alles restliche Westgeld ausgegeben hätte. Schade, ich wäre ihm für seine Hilfe ewig dankbar gewesen. Zu Jürgen D., der kurze Zeit später bei ihm eintraf, sagte er auch, dass man mich nie in den Westen ausreisen lassen würde.

Kurz entschlossen fuhr D. dann wieder nach Magdeburg. Renate hatte in der Zwischenzeit das Geld von der Frau meines Freundes Achim Kneis bekommen, die ihre letzten Reserven zur Verfügung gestellt hatte. Diese Hilfsbereitschaft werde ich nie vergessen. Was sind heute achtzig D-Mark? Damals war es jedenfalls sehr viel Geld.

Als meine Frau dann in ihrem folgenden Brief auch einen Besucher erwähnte, war ich etwas beruhigter.

Einige Monate später durfte Jürgen D., der nach Hamburg auf ein Schiff wollte, in die Bundesrepublik ausreisen. André traf ihn zufällig bei einem Zwischenaufenthalt in West-Berlin auf der Straße. Ich habe ihn seit Cottbus nie wieder gesehen, aber unseren Deal behalte ich in positiver Erinnerung.

„Die Welt ist klein“

Meine Mithäftlinge von Zelle 212 im EB7 waren sehr erstaunt, dass ich als Neuer – so etwas gab es selten – schon nach zwei Tagen vom Schließer „Stalin“ in den Fernsehraum geführt wurde. Dort wurde ich von Walter M. aus Magdeburg, der bereits fast drei Jahre im Zuchthaus Cottbus saß, freudig empfangen. Er hatte seine Beziehungen spielen lassen und schenkte mir zur Begrüßung gleich zwanzig „Knastmark“. Für mich, der keinen Pfennig hatte, war dies sehr viel Geld; diese großzügige Geste werde ich ihm auch niemals vergessen. Walter erzählte mir gleich, dass der andere Magdeburger, der in der „Café Impro“-Szene „Küken“ genannt wurde, vor seiner Ausreise in die Bundesrepublik hier als Koch gearbeitet hatte.

Nachdem ich meinen Ausreiseantrag gestellt hatte, brauchte ich Geld zum Überleben, und Walter kaufte mir gemeinsam mit einem befreundeten Diskjockey einige LPs ab. Er war für Partys bekannt, bei denen auch immer schöne Frauen anwesend waren. Schon damals erfuhr ich von seiner geplanten Flucht, wusste aber nicht, dass man ihn inhaftiert hatte. Warum sie scheiterte, erzählte er mir jetzt als Gefangener im Stasi-Knast. Gemeinsam mit seiner Freundin und einem Freund hatte er versucht, über die Grenze von Rumänien nach Jugoslawien zu fliehen, um von da aus in die Bundesrepublik zu gelangen.

Der Kommunist Tito hatte sich Stalin nicht unterworfen, und Jugoslawien gehörte deshalb auch nicht zum Warschauer Pakt. Aus diesem Grund standen die Türen der bundesdeutschen Botschaft in der Regel den DDR-Bürgern, die ausreisen wollten, offen, und viele machten davon auch Gebrauch. Walter M. gehörte leider zu den wenigen, die Pech hatten. Seine Begleiter und er wurden von äußerst brutalen rumänischen Grenzsoldaten entdeckt, die die Flüchtenden auf den Grenzacker warfen, ihre Kalaschnikows durchluden und sie ihnen an die Schläfen setzten. Walter, der jetzt annahm, dass sein Ende nahte, weinte wie ein kleines Kind.

Für die Grenzer waren diese vorgetäuschten Exekutionsabsichten nur eine freudige sadistische Abwechslung. Sie übergaben dann ihre Opfer der berüchtigten rumänischen Securitate; dann ging es per Flugzeug zum MfS nach Ost-Berlin.

Ein anderer Mitgefangener, der von Bulgarien nach Jugoslawien fliehen wollte, erzählte mir von der extremen Brutalität der bulgarischen Grenzsoldaten. Sie führten regelmäßig Scheinhinrichtungen durch. Jeder, der schon Vietnam-Filme mit derartigen Szenen gesehen hat, kann sich vielleicht in die damalige Situation einiger meiner Mitgefangenen versetzen.

Walter durchlief dann Ende 1981, Anfang 1982 die gleichen Stationen wie ich. MfS-UHA, Gerichtsurteil und danach Einlieferung ins Zuchthaus Cottbus.

An meiner kleinen Knast-Geburtstagsfeier von 1984 nahm er auch teil. Gute Freunde hatten improvisiert und für mich mit wenigen Mitteln eine Torte gebacken und sie mit ein wenig Obst, das aus einem Paket von meiner Frau stammte, garniert. Als Walter den ersten Bissen, der nach Alkohol schmeckte, zu sich nahm, kamen ihm die Tränen. Danach sollte ich ihn lange Zeit nicht mehr sehen, denn ich ging am 1. September 1984 auf Transport.

Genau wie Jürgen D. und einige andere wurde er nach Haftende in die DDR entlassen. Was er immer befürchtet hatte, war eingetreten, er hatte einen Ost-Stich gemacht. Erst viele Monate später durfte er nach West-Berlin ausreisen und wir sahen uns wieder.

Ich sollte aber noch weitere alte Bekannte in Cottbus wieder treffen.

Zu ihnen gehörten auch einige *Klosterbrüder*-Fans. Der eine stammte aus Meißen und sein Bruder war Techniker bei der *Stern Combo Meißen*. Genau wie Walter M. war er schon sehr lange in Haft; auch ihn traf ich später in West-Berlin wieder.

Zuletzt sprach ich mit ihm auf einem *Klosterbrüder*-Konzert in Munzig bei Dresden. Den anderen Mitgefangenen nannten wir „Jagger“, weil er verblüffende Ähnlichkeit mit dem Sänger der *Rolling Stones* hatte. Auch er gehörte zu denjenigen, die eine lange Haftzeit durchstehen mussten. Der dritte *Klosterbrüder*-Fan hatte uns als Band in Erinnerung, die *Colosseum*-Titel authentisch nachspielte. Er war auch von den Kompositionen Michael Heubachs begeistert.

Auch er schenkte mir einmal zwanzig „Knastmark“. Nach seiner Ausreise ging er nach Köln und wir telefonierten einige Male. Zwanzig Mark erhielt ich auch von einem jüngeren Mitgefangenen, der schon länger in Cottbus war und dessen Vater, der in Leipzig Philosophie studiert hatte, mich kannte.

Ein noch sehr junger, schlanker Mitgefangener und *Klosterbrüder*-Fan war J. aus Frankfurt an der Oder. Er gehörte auch zu denjenigen, die „ihren“ Bands oft nachreisten. Sein Spanner war ein größerer, auch sehr schlanker Häftling, der nach seiner Ausreise in die Bundesrepublik in die USA auswandern wollte. Auch Kalle, mit dem ich einige Wochen in der MfS-UHA Magdeburg verbracht hatte, traf ich in Cottbus wieder. Von ihm, der Brigadier in einem EB war, erhielt ich ebenfalls zwanzig „Knastmark“. Später, als er bereits in Bad Vilbel wohnte und als Autokranfahrer gut verdiente, besuchte er mich und meine Familie mit seiner Frau und Bekannten in West-Berlin. Unsere Frauen kannten sich bereits aus ihrer Zeit in einer Stasi-Zelle.

Kalle und ich waren in Magdeburg auch einige Zeit mit einem Gefangenen zusammen, der mit anderen Tankwarts D-Mark unterschlagen hatte. Auch ihn konnte ich in Cottbus begrüßen.

Im Zuchthaus Cottbus traf ich auch Frank J. wieder, der versucht hatte, mit seiner Familie über die Donau schwimmend in die Freiheit zu gelangen. Seine Frau litt sehr unter den Strapazen in „Hoheneck“. Das Ehepaar J. hatte in Magdeburg eine Eisdiele betrieben und ihnen ging es für DDR-Verhältnisse sehr gut. Ihr Sohn Sven und mein Sohn Sven waren in einer Klasse und Schulfreunde.

Selbst während meiner letzten Tage in der Abschiebehaft sollte ich mich noch weiter wundern, wie klein die Welt ist.

Krimis und Knastmacken

Gefangene, die wegen krimineller Delikte inhaftiert waren, hatte ich schon in der Volkspolizei-UHA in Magdeburg und während meiner Fahrt mit dem „Grothewohl-Express" nach Cottbus kennen gelernt. Mörder, Vergewaltiger, Einbrecher, Schläger...

Diejenigen unter ihnen, die besonders skrupellos und unmoralisch sind, werden immer versuchen, Mitgefangene zu dominieren und Macht über sie auszuüben. Wie im zivilen Leben entstehen auch im „Mikrokosmos" der Zuchthäuser ganz automatisch Hierarchien, die natürlich extremer sind. Besonders in Diktaturen werden Kriminelle von den jeweiligen Machthabern ganz bewusst zur Unterdrückung politischer und anderer missliebiger Gefangener eingesetzt. Das war in den Gulags[24] der ehemaligen Sowjetunion nicht anders als in den KZs der Nazis. Im Zuchthaus Cottbus hatte man in unserem EB ganz bewusst einen Krimi als Brigadier eingesetzt, um die Normerfüllung durchzusetzen. Es gibt viele gute Bücher, die sich mit der zwischenmenschlichen Problematik unter Gefangenen und ihren Ursachen auseinandersetzen. Ich denke da besonders an die von Alexander Solschenizyn, aber auch schon bei Fjodor Dostojewski kann man nachlesen, wie die Hierarchien, Unterdrückungsmechanismen und subtilen Machtstrukturen in Gefängnissen funktionieren.

Als ich später in West-Berlin „Archipel Gulag" von Solschenizyn las, war ich erstaunt, welche grundsätzlichen Ähnlichkeiten ich mit meinen eigenen Erfahrungen feststellen konnte. Die große Mehrheit der Inhaftierten im Zuchthaus Cottbus waren politische Gefangene, aber wir hatten auch täglich mit einigen Krimis zu tun.

---

[24] *Glawnoje Uprawlenije Lagerej. Hauptverwaltung des sowjetischen Straflagersystems*

Als nach einer Nachtschicht mittags die Zellentür aufgeschlossen wurde, erwachte ich aus einem – wie immer – leichten Schlaf und sah einen verunsichert wirkenden Neuen. Ich, der ganz oben im Dreistockbett lag, begrüßte ihn, und er stellte sich als „F." vor. Nach und nach wurden alle Häftlinge von Zelle 212 wach. F. kam aus Hoyerswerda und war wegen eines kriminellen Deliktes zu über fünf Jahren Haft verurteilt. Er und seine Mittäter hatten Pkws gestohlen, mit denen sie in abgelegene Gegenden fuhren, um alles Brauchbare auszubauen und dann anschließend als Ersatzteile zu verkaufen. Mit den ausgeschlachteten Karossen hatten sie der Kriminalpolizei eine auffällige Spur gelegt. Da F. verheiratet war, litt er sehr unter den Jahren, die er jetzt verbüßen sollte. Das wurde noch dadurch verstärkt, dass er von anderen hören musste, seine noch sehr junge Frau könne nicht treu bleiben. Um vorzeitig entlassen zu werden, übererfüllte er ständig – wie viele andere Krimis – die vorgeschriebene Arbeitsnorm. Ganz schnell stellte sich heraus, dass er seinen Frust an anderen und so auch an mir abladen wollte; aber er hatte keine Chance. Nachdem wir ihn einige Tage ignoriert hatten, wurde er etwas ruhiger. Er saß weinend auf seiner Pritsche, und wir hatten Mitleid mit ihm. Ich sollte ihn noch genauer kennen lernen, weil ich bis zu meinem letzten Tag in Cottbus mit ihm zusammen war.

Beim Teetrinken erzählte er von einem Verbrechen, das die Kripo nach monatelangen Recherchen aufgeklärt hatte. Während seiner U-Haft war er einige Zeit mit einem gut aussehenden Sportlehrer, der wegen Mordes inhaftiert war, in einer Zelle untergebracht. Am Badestrand eines Baggersees – im ehemaligen Lausitzer Braunkohlentagebaugebiet gab es viele davon – beobachtete sein Mithäftling eine Jugendliche, die mit dem Fahrrad nach Hause fahren wollte. Er verfolgte sie bis in einen Wald, zerrte sie vom Fahrrad und vergewaltigte sie dann. Ihre Schreie versetzten ihn so in Panik, dass er sie stark würgte und dabei ihren Kehlkopf eindrückte. Völlig überrascht war er, als er einige Monate nach der Tat nachts aus seinem Ehebett weg verhaftet wurde. Die Kripo hatte in akribischer Kleinarbeit ein Puzzle zusammengesetzt, das erkennen ließ, dass nur er der Mörder sein konnte.

Weihnachten 1983 zeigte F. uns beim Bemalen von improvisierten Tischdecken, dass er künstlerisch nicht unbegabt war.

Ende August 1984 erfuhr ich von ihm, dass ich, weil ein neuer Lohnschreiber eingearbeitet werden sollte, auf der Transportliste stand und auch, dass er als neuer Brigadier eingesetzt sei. Triumphierend fügte er noch hinzu, dass er mir jetzt endlich was zu sagen hätte. Als ich dann auf Transport ging, ließ ich natürlich ein Paket, das ich noch von meiner Frau erhalten hatte, auf der Zelle und F. freute sich besonders über die beiden Ketchupgläser. Später, als ich schon im Westen war, erzählten mir einige ehemalige Mitgefangene, die erst nach mir ausreisen durften, dass F. gemeinsam mit einigen anderen Häftlingen alle Zellen der Erziehungsbereiche 5 und 7 neu renovieren musste und dass sich ab August 1985 die Haftbedingungen noch weiter verschärft hatten. Zurück zu 1984.

Als mein Freund André sich von seiner Zelle, in der außer ihm fast nur Neonazis inhaftiert waren, in eine andere verlegen lassen wollte, musste er sich dafür bei Leutnant Lehmann eine Genehmigung einholen. Der sagte ihm nur: „Das kann ich nicht entscheiden, da müssen Sie H. fragen." Der war dann so gnädig und ließ André einziehen. Das Gesicht von H., der bereits über drei Jahre saß, hatte ich schon einmal bei einem Open-Air-Konzert der Gruppe *Magdeburg* in der Nähe Berlins gesehen. Er war etwa einen Meter siebzig groß, hatte extrem breite Schultern, dunkle Haare und Augen und einen Gesichtsausdruck, der verriet, dass mit ihm nicht zu spaßen war. Mich erinnerte er, wenn man sich die „Knast-Uniform" wegdachte, an Typen, wie man sie aus Filmen mit sizilianischen Mafiosi kennt. Fast täglich konnte man sehen, wie er jeweils mit einem vollen Wassereimer in der linken und rechten Hand seine Muskulatur trainierte. Kraftsport schien für viele unter seinesgleichen wichtig zu sein.

Manchmal ging er provokativ grinsend – angezogen mit dem langen, knasteigenen Nachthemd – auf den Flur unseres EBs. Anderen hätten es die Mithäftlinge vom Leib gerissen. H. blieb unangetastet. Bei manchen Menschen sind Gesicht und Seele eins, und er war einer von denen. Auf seinem Körper befanden sich über zweihundert Farbtätowierungen. André musste ihm einige Male beim „Stechen“ dieser Bilder helfen. Bei einer körperlichen Auseinandersetzung wäre H. einer der wenigen gewesen, die gegen unseren Brigadier, der wegen Totschlags inhaftiert war, eine Chance gehabt hätten. Als er vor meiner Zeit der Stubenälteste von Zelle 212 war, wurde von ihm jeder volle Aschenbecher sofort in irgendein Bett geschüttet. Wie gesagt, Krimis diskutierten nicht lange. Nach meiner Information war er wegen „Flucht vor dem Delikt“ verurteilt worden. Angeblich wollte er nach einer Schlägerei in den Westen fliehen. Ihn habe ich später im Wartezimmer einer ehemaligen DDR-Häftlings-Praxis mit rotbraun gefärbten Haaren und mit einer blonden Freundin an seiner Seite wieder gesehen. Ich bin mir nicht sicher, ob er mich nicht erkannte oder mich nicht erkennen wollte. Angesprochen habe ich ihn nicht.

Der Spanner von H. war „Joschka“, der schon Knasterfahrung in dem für jugendliche Straftäter berüchtigten Tagebau von „Schwarze Pumpe“ gesammelt hatte. Stolz erzählte er oft davon, wie Häftlinge, die der anstrengenden Arbeit nicht gewachsen waren, von den eigenen Mitgefangenen „gefoltert“ wurden. Sie wurden mit dem Kopf erbarmungslos in den Schlamm gedrückt. „Joschka“ war über einen Meter achtzig groß, schlank und hatte blonde Haare und braune Augen. Er hatte etwas Exotisches an sich. Im Zivilleben hätte man sich ihn gut als Schaustellergehilfen auf einem Rummelplatz vorstellen können.

Genau wie H. arbeitete er im unteren Bereich der Produktionsstätte, wo mit Sandstrahlen und anderen speziellen Tätigkeiten mehr „Geld" verdient wurde. Trotz seiner Jugend bestimmte er, was gespielt wurde, wenn es am Wochenende bei der Großreinigung des EBs genehmigt war, eine Platte aufzulegen. Er schien *Puhdys*-Fan zu sein und legte immer wieder die „Computer-Karriere" auf. Auch für ihn schien ich als Chef der Gruppe *Magdeburg* interessant zu sein, und er lud mich einmal zum Teetrinken ein, wobei wir dann „17 und 4" spielten. Erstaunlicherweise versuchte er dabei nicht, mich abzuzocken, trotzdem verlor ich viel Geld, weil ich zu hoch pokerte. Kurz vor seiner Entlassung in die DDR nach Ost-Berlin kam noch ein jüngerer, schwächerer Häftling auf seine Zelle, den er ständig brutal drangsalierte und damit noch prahlte. Andererseits warf er einem leicht „verrückten" Mitgefangenen, der uns einige Male „arabische" Tänze vorführte, mit großzügiger Geste einen „Geldschein" zu. Mir wollte er noch seinen lukrativen Arbeitsplatz vermitteln, aber ich war von den Zivilangestellten schon als Lohnschreiber eingeplant.

Unter den Krimis gab es auch einige BVer, die schon zehn Jahre und mehr in Zuchthäusern verbracht hatten. Einer von ihnen war der große, recht gut aussehende B., bei dem sein etwas idiotisches Kichern verriet, dass er unter den Strapazen der jahrelangen Haft gelitten hatte. Der Begriff „Knastmacke" war bei ihm zutreffend. Auch er hatte eine besser bezahlte Arbeit und übererfüllte die Norm ständig. Ich habe nie ganz verstanden, dass einige Krimis, die im Zivilleben keine Lust zum Arbeiten hatten, im Zuchthaus zu Bestarbeitern wurden.

Die Erklärung dafür kann nicht nur der Verdienst sein, sondern auch die Tatsache, dass sie wie alle Menschen ein Bedürfnis nach Anerkennung haben und sich im Knast wahrscheinlich sicherer und souveräner fühlen als draußen.

Stolz erwähnte B. einmal, dass er der Geliebte einer Akademikerin mit Doktortitel war, und nachdem sie ihn ständig in ihren Kreisen vorstellte, fühlte er sich zunehmend so unwohl, dass die Beziehung auseinander ging. Als Jürgen D. ihn ganz unvermittelt einmal fragte, wie viele Jahre er schon im Zuchthaus verbracht hätte, antwortete er kichernd: „Über zehn Jahre, und man sieht doch, dass mir das gut bekommen ist." Nach dieser Antwort sahen einige von uns fassungslos aus.

Einen schon älteren, grauhaarigen BVer nannten wir den „Zopf". Er war nicht sehr groß, aber drahtig und arbeitete auch wie ein Besessener. Seine übertriebene Spielsucht war mit Sicherheit auch Anzeichen einer latenten Knastmacke.

Ein dicklicher dunkelhaariger Krimi mit flackerndem, stechendem Blick gab einmal prahlerisch eine ekelhafte Geschichte zum Besten: Er gehörte zum EB5 und hatte auf seiner Zelle einen langen, jüngeren und labilen Mitgefangenen dazu animiert, unter einem Tisch, an dem er und andere saßen, bei allen Oralverkehr durchzuführen und das Ejakulat in einen Zahnputzbecher zu spucken. So gewählt drückte er das natürlich nicht aus, sondern sagte grienend: „Er musste allen einen blasen und den Zahnbecher mit Wichse füllen."

Ein nicht so labiler Mithäftling aus meiner Zelle war in einem anderen Gefängnis von einem „knast-schwulen" Krimi in einer Zweimannzelle vergewaltigt worden. Eine traurige Begebenheit, die ich erst nach Monaten erfahren und nicht für möglich gehalten hatte. Im kleinen Kreis spekulierten wir auch oft darüber, ob man eine sehr lange Haftzeit ohne den Austausch von Zärtlichkeiten aushalten kann. Zwei von uns waren der Meinung, dass man zwangsläufig „knast-schwul" werden würde.

Nachdem ich bereits einige Monate im Strafvollzug war, kam ein Neuer aus dem Luckauer Gefängnis nach Cottbus. Er, ein blonder, blauäugiger Norddeutscher, war an seinem ganzen, zäh wirkenden Körper tätowiert. Sein gesamtes Auftreten verriet Knasterfahrung. Einige, die ihn kannten und fast ehrfurchtsvoll behandelten, erzählten, dass er mit Zockerei viel

Geld erspielt und damit in Cottbus einen leichten Einstieg hätte. In einem anderen Outfit hätte man eine gewisse Ähnlichkeit mit Robert Redford erkennen können.

Im Fernsehraum sah ich einige Male einen Häftling aus einem anderen EB mit einem „Killerface“, wie man es aus Kriminalfilmen kennt; wir nannten ihn deshalb auch „Visage“. Sein brutales Aussehen wurde noch durch eine Glatze verstärkt. Zum Fernsehen ging er wahrscheinlich nur, um an seiner jungen (männlichen) „Braut“ herumzufummeln. In West-Berlin sah ich ihn später, wie er im Bahnhof Zoo die Treppen herunterlief. Ein Gesicht, das man nicht vergisst.

Der „Boss“ einer Zelle, in der im EB7 Krimis und Neonazis lagen, war S., ein mittelgroßer, durchtrainierter Sachse mit sehr kurzen Haaren. Die Grenzen von Krimis und Neonazis waren teilweise fließend. S., der großen Einfluss auf einige Mitgefangene hatte, behandelte mich mit besonders großem Respekt, weil ich wahrscheinlich als Chef einer bekannten Band für ihn interessant war. Meine Zelleninsassen waren sehr erstaunt, als er mich zum Kaffeetrinken einlud. In seiner Zelle gab er die Befehle und einer seiner „Untertanen“ musste mir einschenken. Auch unser Brigadier, der mich wegen Nichterfüllung der Arbeitsnorm fertig machen wollte, war anwesend. Erträglicher wurde die unangenehme Atmosphäre nur dadurch, dass er sich kurz vor seiner Entlassung befand. Durch welche Beziehungen S. zu Kaffee gekommen war, weiß ich nicht. Ich weiß nur noch, dass ich mich anschließend übergeben musste, weil ich zu lange keinen echten mehr getrunken hatte.

Weil ich die Friseure vom EB Ost nicht an meine Haare ranlassen wollte, ließ ich sie einmal von S. schneiden. Danach war ich nicht wieder zu erkennen. Hatte eine Glatze.

Sehr respektlos verhielt er sich gegenüber Leutnant Lehmann, den Gefängniswärtern und auch den Zivilangestellten. Provokativ lief er einmal mit einer selbst genähten, sehr engen

Jeans herum, die er dann allerdings doch ausziehen musste. Als ich ihn einmal fragte, was er später im Westen machen wolle, antwortete er sofort: „Brüche", die er jetzt schon plane. Für ihn war klar, dass er nur mit Kriminalität viel Geld machen konnte. Bei der einige Male gestellten Frage, wer für eine Million D-Mark einen Mord begehen würde, waren die Antworten eindeutig. Nicht nur einer war dazu bereit. Aber eine gewisse Profilierungssucht ist unter Männern natürlich nicht ungewöhnlich.

Krimis, die Jahre ihres Lebens in Zuchthäusern verbracht haben, sind oft übersensibilisiert und können mit ihren aufgestauten Aggressionen auf ein falsches Wort oder einen schiefen Blick sehr unangenehm reagieren. Ohne eine gewisse emotionale Intelligenz im Umgang mit ihnen kann der Häftlingsalltag noch anstrengender werden, als er ohnehin schon ist.

Im zivilen Leben würden sie niemals den engen Kontakt mit den verschiedensten sozialen Schichten haben, wie es im Gefängnis der Fall ist.

Intellektuelle Überlegenheit kann Vor- und Nachteile haben. Einige, die sich unterlegen fühlen, versuchen das durch Machtausübung zu kompensieren. Andere gebrauchen diejenigen für eigene Bedürfnisse, wie das Aufsetzen und Korrigieren von Briefen und anderen Schriftstücken.

Eine Geschichte, die mir ein Mithäftling erzählte, hat mich besonders betroffen gemacht. Er hatte im Zuchthaus Waldheim einen politischen Gefangenen kennen gelernt, der vorher mit hunderten von Häftlingen in einer Riesenhalle untergebracht und als penibler Ingenieur ständig von Dreck und Ausdünstungen umgeben war. Besonders litt er unter den permanenten Aggressionen seiner Mithäftlinge und konnte nie richtig schlafen, weil er jede Nacht einem unerträglichen Lärm, der durch lautstarke Streitereien, Kartenspiel und andere Aktivitäten erzeugt wurde, ausgesetzt war. Nachdem er in eine Einzelzelle verlegt wurde, reinigte er diese den ganzen Tag akribisch mit einer Zahnbürste. Eine schwere Neurose, eine Knastmacke war bei ihm offensichtlich.

In West-Berlin war ich anfangs oft in dem Mauermuseum im Haus am Checkpoint Charly und einmal dabei, als eine Gruppe extrem tätowierter ehemaliger DDR-Häftlinge eintraf. Im Gegensatz zur Bundesrepublik war die DDR sicher sehr froh, dass sie sie los war und mit ihnen noch Devisen verdienen konnte. Wenn einige dieser neuen Bundesbürger dann wieder kriminell aktiv wurden, reagierte die westdeutsche Boulevard-Presse sofort.

Dem subtilen Geschäft des Freikaufs politischer Gefangener war das nicht zuträglich.

Allerdings muss ich auch sagen, dass sich das Bild von Kriminellen relativiert, wenn man täglich über Monate mit ihnen zusammen ist. Einige von ihnen, ich denke insbesondere an den Tankwart aus Magdeburg, sind nur durch die negative Beeinflussung anderer zu Straftätern geworden.

Auch wenn die menschliche Gesellschaft sich aus verständlichen Gründen vor Kriminellen schützen muss: Es ist unerträglich, wie ein Tier eingesperrt zu sein.

Tribunal und Transport

Ein Ingenieur hatte große Schwierigkeiten, sich auf seine Mithäftlinge einzustellen. Ihm fehlte das, was Daniel Goleman in seinem Bestseller „Emotionale Intelligenz" beschreibt. Ein Mindestmaß an zwischenmenschlicher Sensibilität. Er konnte oder wollte nicht begreifen, dass er sich in einem Zuchthaus und nicht in seinem Chefbüro befand. Den Krimis missfiel das arrogante Auftreten des Ingenieurs besonders. Aufgrund ihrer mentalen Befindlichkeiten verständlich. Ich fand es schon sehr erstaunlich, dass ein studierter Mensch nicht intelligent genug war zu erkennen, wie gefährlich sein unsensibles Verhalten war.

Es kam dann, wie es kommen musste. Auch im Zuchthaus hat alles seinen Preis, und der kann höher sein als im zivilen Leben. Die Krimis lockten den Ingenieur unter einem Vorwand auf ihre Zelle und verkündeten ihm feierlich, dass er vor einem Tribunal stände. Es war wie bei einem archaischen Ritual. Sie forderten ihn auf, sich nackt auszuziehen. Er wurde sehr kleinlaut. Mit Wimmern und Flehen versuchte er, seine Peiniger von ihrem Vorhaben abzubringen. Es nutzte nichts, denn diese wollten ihren mehr oder weniger sadistischen Rausch ausleben. Nachdem sich der Ingenieur nackt ausgezogen hatte, musste er sich über einen mit einer Knastdecke ausgelegten Tisch beugen. Unter Vorsitz von S. lautete das Urteil: „Du wirst jetzt in den Arsch gefickt." Er zuckte vor Angst zusammen. Einige Minuten weideten sich die Krimis jetzt an dem verkrampften und weinenden Häufchen Unglück auf dem Tisch. Doch dann wurde die Strafe abgemildert und es kam zu keiner homosexuellen Handlung. Sie verkündeten dem Ingenieur: „Wir werden deinen Arsch mit schwarzer Schuhcreme einschmieren!" Das taten sie dann auch, und danach wurde er gnädig entlassen. Diesen Vorfall kann ich relativ genau wiedergeben, weil die „Vollstrecker" später ihr „erfolgreiches" Tribunal detailgetreu zum Besten gaben. Diese Prozedur hatte aber nicht die gewünschte Besserung seines Verhaltens zur Folge. Ein neuer Plan wurde ausgeheckt. Ungefähr zwei Tage, bevor ein Häftling auf den lang ersehnten Transport gehen sollte, erhielt er, wenn er Glück und Beziehungen hatte, von Mitgefangenen, die in der Effektenkammer arbeiteten, eine Information über das bevorstehende Ereignis. Bei Abgängen von Häftlingen mit speziellen Tätigkeiten, wie Brigadier, Lohnschreiber, Maschinenarbeiter u.a. musste die Zuchthausverwaltung verbleibende Häftlinge neu anlernen. Für die „Alten" das lang ersehnte Zeichen.

Die Krimis ließen dem Ingenieur eine fingierte Nachricht zukommen, dass er bei einem bevorstehenden Transport, der am nächsten Morgen stattfinden sollte, mit dabei wäre. Gutgläubig wie er war, packte er abends in seiner Zelle seine Sachen und verkündete gehässig: „Es gibt eben Gefangene, die gehen auf Transport und andere nicht." Beim morgendlichen Zellappell stand er mit gepackten Sachen bereit und wartete darauf, dass der „Knastpolizist" sagen würde: „Strafgefangener G., Sachen packen!" Das passierte natürlich nicht. Er soll ziemlich dumm aus der Wäsche geschaut haben und war ein zweites Mal blamiert. Seine Sachen konnte er erst Monate später packen.

Tätowieren im Knast

Tätowierte Gefangene gibt es in jedem Gefängnis der Welt. In der Regel sind es nach meiner Erfahrung Krimis, die sich tätowieren lassen. Warum lassen sie diese schmerzhafte Prozedur über sich ergehen? Ist es Männlichkeitskult? Männlichkeitswahn? Anders-sein-wollen? Sich abgrenzen wollen? Unterliegen sie einem Gruppendruck? Sollen Persönlichkeitsdefizite kompensiert werden? Sind es Sehnsüchte nach Abenteuer und Freiheit? Die Gründe, weshalb sich Menschen tätowieren lassen, sind sicherlich sehr vielfältig. In unserer Zeit finden es viele wahrscheinlich einfach nur schick. Eine Modeerscheinung, mit der Geld verdient wird.

Auch im Zuchthaus Cottbus konnten fähige Zeichner und Tätowierer Geld machen. Bei Tätowierungsaufträgen musste zuerst nach Motivwünschen der Kunden eine grafische Vorlage angefertigt werden. Die ein- oder mehrfarbigen Tätowierungen – im Knastjargon „Bilder" – konnten natürlich sehr unterschiedlich sein: nackte Frauen, Schlangen, Blumen, Schwerter, Kreuze, Totenköpfe, Anker, Krieger, Comicfiguren, Harley Davidson…

Einige Krimis hatten bis zu zweihundert Motive auf ihren Körpern, es gab kaum noch freie Stellen. Hals und Gesicht nicht ausgenommen. Tätowierte Augenlider haben sicherlich einen gewissen Reiz, aber mit einem tätowierten Stirnband ist man im Zivilleben schon gezeichnet. Derartige Tätowierungen kann man zwar mit Hilfe der Lasertechnik entfernen lassen, es bleiben aber, von Schmerzen ganz abgesehen, rote Narben. Bevor man mit dem eigentlichen Tätowieren beginnt, werden die Motive mit Hilfe der angefertigten Vorlagen auf die Haut aufgezeichnet.

Zum Tätowieren brauchte man dann blaue, rote oder grüne Tinte und eine dünne Nadel. Das alles musste in Gläsern oder Dosen versteckt in Paketen in den Knast geschmuggelt werden.

Die Nadel wurde meistens in oder an einem Bleistift befestigt und am unteren Ende mit einem Wollfaden umwickelt, der dann mit Tinte getränkt einen kontinuierlichen Farbfluss an die Nadelspitze ermöglichte. Das auf die Haut aufgezeichnete Motiv wurde jetzt in mühseliger Kleinarbeit nachgepikst. Stich für Stich. Wobei nach jedem schmerzhaften Stich die Haut mit einem Tuch von überlaufender Tinte gesäubert wurde. Diese Tinte in die Haut stechen heißt im Knastjargon „piken". Vielleicht vom Englischen „pike" (Spieß) oder „to pike" (piken, stechen) abgeleitet. Tätowierungen können ohne Frage künstlerisch gut gemacht sein. Ich habe davon einige gesehen. Wenn ich heute Tätowierten begegne, bin ich mit meinen Gedanken sofort wieder im Zuchthaus Cottbus. Unschöne Erinnerungen tauchen auf. Schuld daran sind aber nicht die Tätowierten.

In unserem EB hatten wir einen man könnte sagen „professionellen" Tätowierer. Ein etwa 180 cm großer, schlanker, drahtiger Typ mit dunklen und sehr kurzen Haaren, der versucht hatte, bewaffnet die Grenze zu durchbrechen und nach seiner Festnahme zu sieben Jahren Zuchthaus verurteilt worden war.

Die Spuren seiner bisherigen Haftzeit waren von seinem Gesicht ablesbar. Hart, verletzt, undurchsichtig und immer etwas traurig. Bei Gesprächen ging er nie ins Detail, denn die Knastjahre hatten ihn vorsichtig gemacht. Künstlerisch war er sehr begabt. Ein begnadeter Zeichner und Tätowierer. Insbesondere die Umsetzung von Comicfiguren lag ihm sehr. Fähigkeiten, mit denen man im Knast zu Geld kommen konnte. Und das tat er auch. Beispielsweise verkaufte er einem Mitgefangenen aus meiner Zelle eine Zeichnung mit einer schönen nackten Frau. Da ich heute beruflich viel mit Grafikern und Designern zu tun habe, werde ich oft an seine professionellen Arbeiten erinnert.

Einige Male bot ich ihm an, später im Westen für mich Plattencover zu entwerfen. Er war nicht nur zeichnerisch, sondern auch musikalisch begabt. Gekonnt vollführte er oft mit den Händen auf der Tischplatte Percussion-Darbietungen. Nach einigen Monaten wurden meine Kontakte zu ihm abrupt beendet. Auf seine Zelle kam ein Neuzugang. Ein blonder Sechzehnjähriger, dessen Vater NVA-Offizier war. Seine nervös flackernden Augen verrieten eine außerordentliche Verstörtheit. Nach versuchter Republikflucht war er durch Jugendstrafanstalten geschoben worden, und er glaubte nicht mehr daran, dass man ihn in den Westen entlassen würde. Zu diesem naiven Jungen stieg der Tätowierer in die Pritsche. Vielleicht war es ein Blackout, die Explosion eines jahrelang unterdrückten Triebes.

Die Neonazis und das Thema „Auschwitz"

Den langen M., der aus seiner Sympathie zum Nationalsozialismus keinen Hehl machte, hatte ich bereits an meinem ersten Tag in Zelle 212 kennen gelernt. Er gehörte zu einem kleinen Kreis von Häftlingen, die sich mehr oder weniger als Neonazis darstellten und mit den Zuständen in der DDR unzufrieden waren. Ursprünglich waren sie alle in einer Zelle, wurden dann aber von Leutnant Lehmann auf verschiedene verteilt. Primär scharten sie sich um S., der schon Knasterfahrung hatte und dessen Diener ein junger, nicht unsympathischer Mitgefangener war, den alle N. nannten. Wenn er, der kräftig gebaut war und mit seinen dunklen Haaren und Augen recht gut aussah, nicht spurte, bezog er von dem etwas kleineren, aber durchtrainierten S., der mit „Sturmbannführer" angeredet wurde, Schläge.

Kurz bevor ich auf Transport ging, wurde N. noch in Zelle 212 verlegt, und wir hatten mit ihm – auch durch seine zurückhaltende Art – keine Probleme. Mit der Clique der Neonazis sympathisierte auch P., ein junger, großer und sehr schlanker Mitgefangener, der aus der Nähe von Neubrandenburg kam. Mit ihm arbeitete ich einige Zeit im oberen Bereich der Produktionsstätte an einer Bohrmaschine und lernte ihn durch die vielen Gespräche, die wir führten, besser kennen. Wenn er schnell, erregt und fast ein wenig aggressiv erzählte, merkte man, dass sein Selbstbewusstsein noch nicht voll ausgeprägt und er noch auf der Suche nach seinem Platz in dieser Welt war. Er wollte respektiert werden und betonte oft, dass er die 10. Klasse mit „gut" abgeschlossen hatte.

Ehrfurchtsvoll erzählte er auch mehrmals von einem Mitgefangenen, der aus seiner Heimatgegend kam, wegen Körperverletzung inhaftiert war und zu einem anderen EB gehörte. Sein Bekannter hatte während Zugfahrten NVA-Angehörige gefragt, ob sie Farbfilme sehen wollten. Folge seiner Faustschläge waren dann grünblau gefärbte Augen. Den Neonazis oder denjenigen, die welche sein wollten, hat P. sich langsam genähert. Ich sehe ihn noch, wie er dann später mit ihnen mit hasserfülltem Blick seine Runden auf dem Freihof drehte. Man sah ihm aber an, dass er hart und gefährlich wirken wollte und nur eine Rolle spielte. Das MfS hatte ihn inhaftiert, weil er im angetrunkenen Zustand auf einem Ehrenfriedhof für gefallene Sowjetsoldaten Grabsteine umgestoßen hatte. Die anderen Neonazis waren zum größten Teil wegen ähnlicher Delikte verurteilt worden. Was waren die Ursachen für ihre Unzufriedenheit, ihre Aggressionen und ihren Hass? Das wären Themen für Doktorarbeiten von Politikern, Historikern, Soziologen und Psychologen. Dazu nur so viel: Totalitäre Systeme, wie auch die des real existierenden Sozialismus, werden zwangsläufig derartige Befindlichkeiten und Verhaltensweisen erzeugen, und deshalb trägt nicht zuletzt auch die diktatorische, provinzielle und von Mauern und Stacheldraht umgebene DDR eine Mitschuld daran, dass es jugendliche Neonazis gab. Wie man sehen kann, hat dieser Nährboden noch heute im Osten Deutschlands seine Nachwirkungen.

Ein wenig stolz und schadenfroh erzählten einige Neonazis, die bezeichnenderweise in das rassistische Südafrika nach Durban auswandern wollten, auch von zwei Karl-Marx-Städtern, die ein Mahnmal mit einem sowjetischen Panzer sprengen wollten. Dieser fehlgeschlagene Anschlag wurde nach etwa einem halben Jahr aufgeklärt und die Täter zu über vier Jahren Zuchthaus verurteilt. Die genauen Geschehnisse kann man in einer Ausgabe des „Spiegel" aus dem Jahre 1999 nachlesen.

Verwundert hatte mich bei der ersten Diskussion mit M. und später auch bei anderen, dass die Neonazis von der Ideologie des Nationalsozialismus, bei der von Einheitlichkeit keine Rede sein konnte, recht wenig wussten oder nur sehr verklärte Vorstellungen hatten.

Aus familiären Gründen hatte ich mich immer sehr für die Nazi-Zeit interessiert und Begriffe wie Rassenhass, Blut-und-Boden-Theorie, Gleichschaltung, Volksgemeinschaft, Antiparlamentarismus, Antikommunismus, Vernichtungskrieg und vor allem Antisemitismus waren mir einigermaßen geläufig. Meine Mitgefangenen schienen sich mehr für die romantische Mystik und die Symbolik des Nationalsozialismus zu interessieren. Nicht verübeln konnte man ihnen, dass sie nicht wussten, dass Arier Angehörige der indogermanischen Sprachfamilie sind; denn die meisten denken, es handelt sich dabei ausschließlich um Deutsche. Besonders die Vernichtung der europäischen Juden, das größte Verbrechen der Menschheitsgeschichte, wurde von ihnen heruntergespielt. „Auschwitz“ als Synonym für einen staatlich geplanten, organisierten und industriell durchgeführten Massenmord an Millionen von Menschen war kein Thema für sie. Dieser ideologisch motivierte Völkermord überfordert allerdings auch das menschliche Vorstellungsvermögen. Leider wurde dieses komplexe Thema im DDR-Geschichtsunterricht nur nebensächlich behandelt. Primär ging es immer um die Kommunisten, die natürlich auch dem Terror der Nazis ausgesetzt waren.

Auch wenn einige Altnazis die von Deutschen verübte Judenvernichtung immer herunterspielten, hat die Regierung der Bundesrepublik zumindest Wiedergutmachungszahlungen an den Staat Israel geleistet.

Als ich 1967 bei der Grenzbrigade Küste war und der Sechs-Tage-Krieg im Nahen Osten begann, sprach unser Polit-Offizier immer nur vom imperialistischen Israel. Wir, die NVA-Soldaten, hatten von der schwierigen Situation in dieser Region wenig Ahnung. Die Ursachen des wahnhaften Antisemitismus Adolf Hitlers sind bisher noch von keinem Historiker zufrieden stellend erklärt worden. Waren es die Einflüsse seiner „Wiener Zeit“? War es der Professor, der ihn zum Kunststudium ablehnte? Waren es der verlorene Erste Weltkrieg und seine Auswirkungen? Waren es sexuelle Frustrationen? Oder war es Inzucht, ein genetischer Defekt? Es werden sich noch einige Generationen von Wissenschaftlern mit diesen Fragen beschäftigen müssen.

Am 29. April 1945 um vier Uhr früh – kurz vor seinem Selbstmord – forderte Hitler in seinem politischen Testament das deutsche Volk noch „zur peinlichen Einhaltung der Rassengesetze und zum unbarmherzigen Widerstand gegen den Weltvergifter aller Völker, das internationale Judentum" auf.

Vielleicht muss man vor dem, was sich in den Gehirnen von Menschen wie Hitler und Stalin abspielt, mehr Angst haben als vor einer Atombombe. Als der Lagerkommandant von Auschwitz, Rudolf Höß, einmal anwesend war, als eine Gruppe von Juden in die Gaskammern geführt wurde, sagte ein älterer Jude zu ihm, dass wir Deutschen für das Verbrechen am jüdischen Volk büßen werden. Gibt es eine ausgleichende Gerechtigkeit? Ich hoffe nur, dass uns das erspart bleibt. Aber in etwa fünfzig Jahren soll es laut Statistik dreißig Millionen Deutsche weniger geben. Menschen aus verschiedensten Ländern werden einwandern, die Bevölkerungsstruktur wird sich ändern und Deutschland vielleicht in Europa aufgehen.

Bereits 1947 wollte sich in Kalifornien ein Experten-Team mit den Ursachen des Antisemitismus auseinander setzen. 1999 kam zu diesem Thema das Buch „Verfolgt und ausgewählt" von Gerald Messadié auf den Markt. Insbesondere Daniel Goldhagen hat 1996 mit seinen Untersuchungen und zum Teil neuen Erkenntnissen über den Holocaust in seinem Buch „Hitlers willige Vollstrecker" für neue Diskussionen gesorgt. Widersprechen möchte ich ihm allerdings, wenn er davon ausgeht, dass wir Deutschen genetisch determinierte eliminatorische Antisemiten sind. Meine jüdischen Freunde sind diesbezüglich auch nicht Goldhagens Meinung. Trotzdem, Auschwitz hat das Menschenbild beschädigt, und leider war das nicht der letzte Genozid in der Geschichte. Es ist eine unwiderrufliche Tatsache, dass die Deutschen einen kreativen Teil ihres Volkes selbst vernichtet haben und ein Riss in der Zivilisation stattfand.

Als ich später in der Bundesrepublik mit einer Studentin aus Kassel und auch mit einem Finanzbeamten und einem Bankangestellten aus West-Berlin über dieses Thema sprach, waren alle der Meinung, dass wir, die Nachkriegsgeneration, damit nichts mehr zu tun hätten; die Studentin relativierte die Judenvernichtung damit, dass im Mittelalter neun Millionen Hexen verbrannt worden waren. Das kommunistische Experiment soll ja 100 Millionen Menschen das Leben gekostet haben, aber kann man Verbrechen aufrechnen? Vielleicht hat der französische Philosoph André Glucksmann Recht, wenn er sagt:

„Der Mensch wird immer mit seiner Doppelgesichtigkeit und seiner Lust am Wahn leben müssen. Er wird das Böse nie besiegen, weil er es gar nicht besiegen kann. Weil es ein Teil von ihm ist. Aber er muss versuchen, das Böse zu beleuchten, sichtbar zu machen. Mehr schafft er eh nicht."

In den 1990er Jahren ließ ich für meinen KDM-Musikverlag auch Bücher in Stettin drucken. Mit meinem Sohn machte ich während dieser Zeit eine kleine Geschäftsreise durch Polen. Nach einem Besuch in Sopot, wo wir mehrmals mit der Gruppe *Magdeburg* gespielt hatten, traf ich in Warschau einen Musikbuchautoren. Von da aus fuhren wir nach Krakau zu einem bekannten polnischen Musikverlag. Unser nächstes Ziel war Auschwitz.

Ich dachte immer, dass man in Birkenau etwas von den grauenhaften Verbrechen, die dort stattgefunden hatten, spüren müsse. Das war irrational. Der Sand, die Steine, die Eisenbahnschienen und die Barackenreste hatten keine bösartige Aura. Das Wetter war für diese unwirtliche Gegend traumhaft. Herumlaufende Schulklassen benahmen sich teilweise recht ausgelassen und man hörte auch jugendliches Lachen. Ganz bewusst fuhren wir am zweiten Tag wieder an diesen unheilvollen Ort. Nicht nur das schlechte Wetter war diesmal deprimierend. Bei einer ausgiebigen Begehung des ehemaligen KZ-Geländes kamen zwei englische Touristen auf uns zu und fragten, woher wir kämen. Es fiel mir nicht leicht, uns als Deutsche zu erkennen zu geben, aber sie reagierten ganz natürlich und zeigten uns mit pfadfinderischem Eifer auf ihrem Lagerplan, wo sich die gesprengten Gaskammern und Krematorien befanden. Ich fühlte mich beim Fotografieren sehr unwohl; mir ging es erst etwas besser, als wir durch Oberschlesien in Richtung Breslau fuhren.

Als ich mir Ende der 1990er Jahre endlich den Wunsch erfüllte, nach Israel zu reisen, war ich erstaunt, wie freundlich die Menschen in Tel Aviv und Elat mir gegenüber waren.

„Ufos", Rauschmittel und andere Vergünstigungen

Als ich das erste Mal, nachdem ich in Zelle 212 des EB7 verlegt worden war, auf den Freihof kam, schenkte mir ein Neubrandenburger, der wegen einer Schlägerei inhaftiert war, ein Päckchen Tabak. Mit dabei war auch P., der mit den Neonazis sympathisierte. Der Grund für ihre Großzügigkeit war sicherlich, dass sie mich von der Gruppe *Magdeburg* kannten und wussten, dass ich als Neuer noch kein „Knastgeld" hatte. Richtig angenehm war mir diese Großzügigkeit nicht. Der Gefangene, der für den kleinen Kiosk auf dem Freihof zuständig war, hatte in einer verantwortlichen Position im „Panoramahotel" in Oberhof gearbeitet und war wegen eines Devisenvergehens inhaftiert worden. Im Kiosk konnte man einige Nahrungsmittel und ab 1984 auch schwarzen Tee kaufen, den wir mit selbst gebauten Tauchsiedern, die von uns „Ufos" genannt wurden, aufkochten – im Knastjargon hieß das „aufjuckten".

Es gab genug technisch begabte Gefangene, die mit zwei Rasierklingen oder dünnen Metallblättchen, die so angebracht wurden, dass sie sich nicht berührten und an denen man jeweils einen Draht befestigte, „Ufos" bauten. Der so mit sehr einfachen Mitteln konstruierte Tauchsieder wurde dann in ein mit Wasser und Tee gefülltes Gefäß getaucht und die beiden Drähte in eine Steckdose gesteckt. Da Wasser den elektrischen Strom schnell leitet, wurde der Tee in Sekunden aufgebrüht. In den Zellen ohne Steckdosen drehten wir die Glühbirnen raus und hielten die Drähte gegen die beiden vorhandenen Kontakte. Manchmal, wenn das Licht flackerte, wusste man, es wird Tee gekocht.

Erwischt werden durfte man nicht, denn dann waren die „Ufos" weg. Ständig wurde von den Schließern nach ihnen gefilzt, aber mit einer schnellen Neuproduktion gab es keine Probleme. Tabak und Tee gehörten für die meisten von uns quasi zu den Grundnahrungsmitteln. Man wollte immer irgendwie aufgeputscht sein, um so depressiven Stimmungen zu entgehen. Als ich später in West-Berlin war, hörte ich, dass ab August 1985 das Teetrinken während der Arbeitszeit verboten wurde.

Mein Freund André gehörte zu denjenigen, die mit wenigen Mitteln auch einen Kuchen herstellen konnten. Mit – ironischerweise – „Cottbusser Butterkeksen", Zucker, etwas Kakao und Butter aus unseren Paketen zauberte er eine „Kalte Schnauze".

Auch Brotweinherstellung war für ihn und andere kein Problem. Wasser, Marmelade, Zucker, Brot und, wenn vorhanden, Apfelsaft wurden in einen sauberen Spülbehälter geschüttet und an einem relativ sicheren Platz in der Produktionsstätte versteckt. Der dann beim Gärungsprozess entstehende Druck musste ausweichen können. Nach einigen Wochen wurde der Inhalt des Behälters dann zum Filtern in einen der begehrten und ins Zuchthaus geschmuggelten Damenstrümpfe geschüttet und der fertige Brotwein in unsere Plastiktassen gefüllt. Die anschließende Wirkung war so, dass einige Häftlinge in Partystimmung kamen. Aber wie gesagt, erwischen lassen durfte man sich dabei auch nicht, und in den Genuss von Brotwein kamen zwangsläufig nur sehr wenige von uns. Auch dafür brauchte man gute Freunde und „Vitamin B".

Die Genussmittel Tabak, Tee oder Brotwein konnten aber die grundsätzliche psychische Befindlichkeit von uns Gefangenen nicht ändern, sie konnten uns bestenfalls etwas ablenken. Sie waren unsere „Tranquilizer". Als André einmal in seinem Paket, das Häftlinge bei guter Führung und der Erfüllung der Arbeitsnorm alle drei Monate erhalten konnten, ein Würstchenglas erhielt, war auf dem Etikett ein Bierglas, an dem der Schaum herunterlief, als Serviervorschlag abgebildet.

Er bekam sofort feuchte Augen und Appetit auf ein kühles Bier.

Unregelmäßig – Voraussetzung war gute Normerfüllung – wurden auch Volleyballspiele genehmigt. Die wurden von einigen Mitgefangenen dann allerdings so betrieben, als ginge es um eine Weltmeisterschaft. Bei den Verlierern konnte dann die Stimmung schnell ganz tief sinken. Während einer dieser Sportveranstaltungen sah André nach vielen Monaten das erste Mal wieder die Sonne und spielte mit freiem Oberkörper. Kurze Zeit später hatte er einen Sonnenbrand. Wie normalerweise auch nach dem Volleyballspielen durften wir in der Regel einmal wöchentlich in einem Mannschaftsduschraum duschen. Wie ich es schon aus der Stasi-U-Haft kannte, wurden wir dabei eingeschlossen und mussten hier in einem länglichen Vorraum oft lange warten, bevor man uns wieder herausschloss.

Nach der wöchentlichen Großreinigung des EBs konnte auch Tischtennis – von einigen Mitgefangenen sogar ganz ausgezeichnet – gespielt werden. Manchmal durfte auch ein Plattenspieler benutzt werden. Ich habe die Welt nicht mehr verstanden, als ich dann meine eigene Musik hören konnte, denn zu der kleinen Auswahl von LPs gehörte auch die der Gruppe *Magdeburg*. Bei guter Führung stand in der Regel einmal wöchentlich eine kleine Bücherei zur Verfügung. Wie viele andere habe auch ich sehr wenig gelesen, weil mein Kopf nicht frei und ich durch die Arbeit in drei Schichten ständig übermüdet war. Die Beschäftigung mit Fremdsprachen war verboten. Leider, denn Englisch hätte man für spätere Auslandsaufenthalte und eventuelle berufliche Aktivitäten gut gebrauchen können. Lesen konnte man natürlich das Zentralorgan der SED, „Neues Deutschland" und die FDJ-Zeitung „Junge Welt".

In einem meiner Briefe, die man in der Regel dreimal im Monat bekommen konnte, erhielt ich die traurige Nachricht, dass der gerade geborene Sohn meines Bruders blind sei. Er war eine Frühgeburt gewesen und Rostocker Ärzte hatten ihm, der in einem Brutkasten lag, zu wenig Sauerstoff zugeführt. Später erfuhr ich, dass ein Kölner Spezialist dem Kleinen hätte helfen können. Obwohl der Vater der Freundin meines Bruders Professor und überzeugtes SED-Mitglied war, ließ man sie nicht fahren. Für den heute großen, sehr gut aussehenden und musikalischen Jungen ist es die „Rache der zu frühen Geburt".

Meine Zeit im Stasi-Knast möchte ich so objektiv wie möglich darstellen, deshalb habe ich auch alle „Vergünstigungen" erwähnt. Trotzdem darf nicht vergessen werden, dass es sich dabei immer um Kann-Bestimmungen handelte und die unrechtsstaatliche Verurteilung von uns unschuldig inhaftierten politischen Gefangenen durch nichts relativiert werden kann und darf.

Zu den Erinnerungsfetzen aus der Vergangenheit und zu den kurzen Augenblicken, die sich unauslöschbar in mein Gedächtnis eingegraben haben, gehören auch diese: Wenn ich bei gutem Wetter auf dem Freihof über die Gefängnismauern schaute, überfiel mich manchmal ein undefinierbares Gefühl von Wehmut. Eine Sehnsucht nach Freiheit. Erinnerungsfetzen aus der Vergangenheit und Wunschbilder einer besseren Zukunft.

Der Tag „X“, unter Schwulen und der Countdown läuft

Ende August 1984 erfuhr ich von F., mit dem ich Monate auf Zelle 212 verbracht hatte, dass ein neuer Lohnschreiber angelernt werden würde, und das hieß: Ich werde auf Transport gehen. Endlich schien das, worauf ich vier lange Jahre gewartet hatte, wahr zu werden.

Am 31. August ertönte abends das „Transporthorn“. Es handelte sich dabei um eine zweckentfremdet eingesetzte Kaffeekanne, in der wir immer Ersatzkaffee aus der Essbaracke mit auf die Zellen brachten. Wenn man die Kannenhälse mit einem kurzen passgerechten Metallrohr verlängerte und darauf einen entsprechenden Schlauch steckte, in den man dann hineinblies, konnte man diesem selbst gebauten Blasinstrument laute Huptöne entlocken. Benutzt wurde es vorwiegend am Vorabend von angekündigten Transporten und auch manchmal sonntags, wenn im Zuchthaus relative Stille herrschte, weil auch die lauten Motoren der Entlüftungsanlage von „Sprela“ abgeschaltet waren.

Am frühen Morgen des 1. September befahl mir ein Schließer: „Strafgefangener Kessler, mitkommen!“ Meine Sachen waren bereits in einen Seesack-ähnlichen Beutel gepackt.

Gemeinsam mit zwei anderen Häftlingen meines EBs wurde ich zur Effektenkammer geführt, musste meine Knastuniform und alles andere, was ich dort vor etwa einem Jahr erhalten hatte, abgeben und erhielt dann meine Zivilkleidung zurück. Danach wurden wir in eine größere Mannschaftszelle geführt, in der bereits andere Gefangene warteten, die auch in die Abschiebehaft nach Karl-Marx-Stadt überführt werden sollten. Hier herrschte bereits leicht euphorische Stimmung und ich lernte „Theo“ aus Jena kennen, der in Ost-Berlin in einer Jazzband Schlagzeug gespielt hatte. Mit ihm, einem schlanken, lustigen und aufgeschlossenen Typ, hatte ich sofort Kontakt. Er wollte wie ich nach Köln ausreisen, und wir begannen schon Pläne zu schmieden. Ein vertrauliches Verhältnis schien er zu einem Gefangenen aus seinem EB zu haben, der mit uns auf den Abtransport wartete. Als Ost-Berliner wollte er nach West-Berlin ausreisen und dort wieder als Ingenieur arbeiten. Etwa zwei Monate später lief er mir dann im Durchgangslager Marienfelde über den Weg, und wir tauschten kurz Neuigkeiten aus. Damals war es noch so, dass er mit seinem Beruf im Westen sehr gute Einstiegschancen hatte.

Nach stundenlangem Warten mussten wir in einen für Häftlingstransporte umgebauten Lkw von Typ „W 50" steigen und eine uns endlos vorkommende Fahrt in Richtung Karl-Marx-Stadt begann. Als wir dort in einem größeren Gefängniskomplex – meines Wissens war es die MfS-UHA auf dem Kasberg – ankamen, wurden wir sofort in einen speziellen Flügel geführt, und ich kam mit drei anderen, die auch für den „Verkauf" in die Bundesrepublik vorgesehen waren, in eine Zelle.

Mit einem von ihnen, einem großen, schlanken Blonden, war ich vom EB7 aus auf Transport gegangen. Er, der in der DDR keinen Studienplatz erhalten hatte, wollte in der Bundesrepublik Medizin studieren. Von ihm wusste ich, dass er schwul war. Er hatte meinem Freund André – auf mich war er immer etwas eifersüchtig – erzählt, dass er, der in einer Kleinstadt lebte, sehr darunter litt, sich seine Liebhaber immer auf öffentlichen Toiletten suchen zu müssen. In der Anonymität westlicher Großstädte musste man sich weniger verstecken. Ich habe später viele Jahre in Berlin-Schöneberg in der Nähe des Nollendorfplatzes gewohnt, und in dieser Gegend gehörten gleichgeschlechtliche Pärchen zum Stadtbild, waren etwas ganz Normales. Wie sich bald herausstellte, waren die anderen beiden Zelleninsassen auch schwul. Der mittelgroße Blonde, der versuchte, seine Veranlagung zu verbergen, kam vom EB6.

Der kleine Dicke hatte in der Küche gearbeitet. Im Gegensatz zu den anderen beiden, über die er sich etwas lustig machte, sprach er überraschend offen über seine Sexualität. Im Zuchthaus Cottbus musste er permanent unter den Aggressionen einiger Mitgefangener leiden. Einmal hatten sie ihm eine mit gallertartiger Flüssigkeit gefüllte Kondom-Imitation in sein Bett geworfen; wenig später verübte er einen Selbstmordversuch. Das Reinlichkeitsbedürfnis von allen dreien war sehr stark ausgeprägt, sie unterzogen sich dreimal täglich einer ausführlichen Ganzkörperwäsche. Wenn ich mich wusch, wälzte sich der kleine Dicke, dessen Pritsche unmittelbar am Waschbecken stand, unruhig hin und her. Sehr selbstbewusst erzählte er von seinen Liebhabern aus der West-Berliner Medienszene und erwähnte, dass er trotz seiner geringen Größe und Beleibtheit gut bei ihnen ankam. Mit viel sagender Miene brachte er auch zum Ausdruck, dass er einen Mann besser befriedigen könne als jede Frau dazu in der Lage wäre. Mir war seine Offenheit sympathischer als das Versteckspielen der anderen beiden, denn er stand zu seiner Homosexualität. Später in West-Berlin sah ich ihn auch tatsächlich von weitem in der Nähe der Motzstraße, in der es ein Büro für Schwule gibt.

Nach etwa drei Tagen musste einer der drei die Zelle verlassen; für ihn kam ein großer, kräftiger Häftling, der im Stahlwerk Riesa arbeiten musste. Er, ein Ingenieur, erzählte uns aufgebracht – seine Gesichtsfarbe begann sich leicht zu röten und einige Schweißperlen standen ihm auf der Stirn – von seinen nicht ganz ungefährlichen Arbeitsbedingungen. Man sah ihm an, dass er die Strapazen nicht mehr allzu lange ausgehalten hätte. Kraft hat er wahrscheinlich auch aus seinem christlichen Glauben bezogen.

Unsere Zivilkleidung mussten wir hier wieder gegen anstaltseigene Uniformen austauschen. In den seltenen Freistunden, die wie in der MfS-UHA Magdeburg in sehr engen, zellenartigen Verschlägen stattfanden, führten wir aufgeregte

Gespräche über das bevorstehende Ereignis, auf das viele von uns jahrelang gewartet hatten.

Wenn es noch offene Fragen in Familienangelegenheiten, bei Schulden und Eigentumsverhältnissen gab, mussten die Betroffenen teilweise bis zur endgültigen Klärung in Karl-Marx-Stadt bleiben oder konnten sogar in den Strafvollzug zurückgeführt werden.

Nach etwa einer Woche wurde ich in eine andere Zelle verlegt. Hier traf ich „Theo" wieder, mit dem ich von Cottbus in die Abschiebehaft gekommen war. Wir gingen jetzt mit unseren Plänen so weit, dass er in der neuen Band, die Achim Kneis und ich im Westen gründen wollten, Schlagzeug spielen sollte. Leider kam dadurch, dass ich nach West-Berlin ging, alles anders. Er besuchte mich aber später einige Male und half mir bei der Renovierung meiner Wohnung in Berlin-Tempelhof. Einige Jahre danach machten wir aber während einer Session in Troisdorf bei Köln doch gemeinsam Musik. Heute lebt er wieder in Jena, und ich freute mich sehr, ihn bei einem Konzert mit dem Ausnahmegitarristen Roy Herrington, *Elektra*, *Lift*, der *Stern Combo Meißen* und den *Klosterbrüdern* in der Thüringenhalle in Erfurt wieder zu treffen. Er erzählte mir, dass er auch gerade dabei war, seine Erinnerungen aus dem Stasi-Knast aufzuschreiben.

In der neuen Zelle traf ich auch den Berliner Zahnarzt vom EB7 wieder, der sehr unter den Aggressionen eines Krimis gelitten hatte. Es war unübersehbar, dass ihn die letzten Tage hier – obwohl er nicht so lange wie wir in Cottbus gesessen hatte – besonders anstrengten.

Sein nervöses, fast neurotisches Hüsteln war permanent zu hören, und auch seine Körperbewegungen verrieten seine momentane Befindlichkeit.

„Theo" sprach ihn immer mit „Doktore" an. Das war nicht ironisch, denn dieser etwas distanziert wirkende, aber angenehme Mensch hatte wirklich einen Doktortitel.

Auch für uns anderen waren die letzten Tage anstrengend, denn noch waren wir Gefangene des MfS. Wie klein die Welt ist, merkte ich wieder, als ich dann den noch sehr jungen blonden Rostocker Waldi, der in Zabrze in Oberschlesien geboren worden war, kennen lernte. Wie viele Jüngere sah er die ganze Situation etwas lockerer und sprühte vor Übermut. Sehr erstaunt war ich, als ich von ihm erfuhr, dass er meine Ex-Schwägerin kannte. Sabine, Mutter von zwei Kindern, hoffte jahrelang auf ihre Ausreise in den Westen und konnte ihr Ziel mit einer abenteuerlichen Aktion durchsetzen. Gemeinsam mit einigen anderen, die auch um fast jeden Preis in den Westen wollten, durchstießen sie eine Kellerwand, die von einer Bibliothek in die amerikanische Botschaft führte. Dr. Vogel, der diesen subtilen Fall übernahm, versprach allen, wenn sie unauffällig die Botschaft verlassen würden, zu helfen. Sabine konnte dann nach einigen Wochen Wartezeit mit ihren Kindern nach West-Berlin ausreisen. Mein Neffe Jörn arbeitete später in meinem Musikverlag und studiert heute Maschinenbau. Auch Waldi habe ich nach meiner Ausreise in West-Berlin wieder getroffen.

Unverändert unangenehm war es in der Abschiebehaft wieder, wenn man in der kleinen Zelle das offene Klo benutzen musste. Die ersten drei Tage war ich dazu nicht in der Lage. Danach erhielt ich, wie andere auch, Abführmittel und die anschließende Wirkung war nicht weniger peinlich.

Am 10. September 1984 wurde ich von einem Schließer in einen Raum geführt, in dem bereits ein Karl-Marx-Städter Notar auf mich wartete und dem ich dann eine urkundlich beglaubigte Vollmacht dafür unterschreiben musste, dass meine Frau unsere Wohnung auflösen darf.

Ein paar Tage später musste ich in Anwesenheit eines Stasi-Offiziers noch ein Formular mit Angaben zu meiner Person und meiner Familie ausfüllen.

Am 11. September erhielt ich dann meine Entlassungsurkunde aus der Staatsbürgerschaft der DDR.

Die Situation war fast ein wenig feierlich. Ich war jetzt staatenlos.

Dr. Vogel, die letzten Stunden DDR und der erste Tag in Gießen

Die Bestellnummern der Musikbücher meines späteren KDM-Verlages gingen von 20984-1 bis 20984-300. Am 20. September 1984 wurden „Theo", der Berliner Zahnarzt und ich – unsere Zivilkleidung hatten wir bereits an – aus unserer Zelle in einen unteren Lagerraum mit einem kleinen Warensortiment geführt. Vom Rest meiner Einkaufsgutscheine kaufte ich mir hier noch eine kleine Reisetasche. Anschließend rief man uns einzeln auf und drückte uns zwei eingewickelte Brote in die Hand. Hierbei mussten wir erstaunt feststellen, dass auch einige Frauen mit in der Abschiebehaft waren, die aus dem berüchtigten Frauenzuchthaus „Hoheneck" kamen. Zwei von ihnen hatten auffallend lange Haare.

Gemeinsam wurden wir dann alle in einen auf dem Gefängnishof bereitstehenden Mercedes-Reisebus gebracht. Einige von uns sahen jetzt nach langer Zeit zum ersten Mal ihre Frauen wieder, die alle in „Hoheneck" inhaftiert gewesen waren.

Die Begrüßungen fielen erstaunlich ruhig aus, weil die lange Haftzeit wahrscheinlich bei vielen zu einer emotionalen Blockierung geführt hatte. Man freute sich, konnte das aber nicht richtig zum Ausdruck bringen.

Dann stieg Dr. Vogel in den Bus. Er, ein smarter, nicht sehr großer, schon leicht ergrauter Herr mit Brille, war gekleidet wie ein westlicher Bilderbuch-Geschäftsmann, fast mit einem ganz leichten Playboy-Touch. Nach einer herzlichen Begrüßung hielt er eine für mich unvergessliche Rede. Sinngemäß brachte er zum Ausdruck, dass er, der auch schon einen Neuanfang hinter sich hatte, uns gut verstehen könne und uns für unser weiteres Leben alles Gute wünsche. Soviel ich weiß, stammte er aus Schlesien. Er wies uns noch darauf hin, dass wir, um die Ausreise anderer Häftlinge nicht zu gefährden, uns nach unserer Ankunft in der Bundesrepublik mit Auskünften über unsere Haftbedingungen und die subtilen Besonderheiten unserer Ausreise zurückhalten sollten.

Mein Freund André erzählte mir später, dass auch er, als er am 8. August mit anderen Häftlingen im gleichen Bus saß, von der kurzen Rede Dr. Vogels sehr ergriffen war. Vogel erwähnte dabei noch, dass er vor zwanzig Jahren mit seiner sehr diffizilen humanitären Arbeit begonnen hätte, aber nicht sagen werde, warum er das mache, und es klang so, als wenn es nicht nur des Geldes wegen war.

Ab 1964 erfolgten durch seine Vermittlertätigkeit 33755 Häftlingsfreikäufe und im Rahmen der so genannten Familienzusammenführung durften 215019 DDR-Bürger, vor allem Kinder, in die Bundesrepublik ausreisen. Natürlich musste er dabei zwangsläufig immer mit dem MfS zusammenarbeiten.

Zu Vogels schillernder Karriere gehörte außerdem, dass er auch als Agentenmakler tätig war. Unter seiner Mitwirkung wurden bereits am 10. Februar 1962 der sowjetische Agent Abel und der amerikanische Spionageflieger Powers auf der Glienicker Brücke ausgetauscht.

Man kann heute über ihn sagen, was man will, seine Worte im Bus, der am 20. September 1984 nach Gießen fuhr, waren sehr ergreifend, und ich gehe so weit zu sagen, dass nicht wenige von uns ihn in guter Erinnerung behalten werden. Er gab unserem Zahnarzt noch seine Doktorarbeit, und auch ich erhielt von ihm einige wichtige persönliche Papiere. Danach stieg er in seine bereitstehende Mercedes-Limousine ein, das Gefängnistor öffnete sich und er fuhr los. Langsam – nachdem noch schnell und unauffällig eine Stasi-Mitarbeiterin vorn Platz genommen hatte – folgte ihm der Bus.

Ich schaute aus dem Fenster und sah nach langer Zeit zum ersten Mal wieder grüne Bäume. Lang aufgestaute Emotionen begannen sich zu lösen. Ich biss mit den Zähnen so sehr auf meine Unterlippe, dass sie schmerzte, aber trotzdem lief Flüssigkeit aus meinen Augen. Eine dunkle Brille konnte meine Verfassung etwas verbergen, jedoch nicht mein leichtes Zittern. Das, was mit mir passierte, würde ich nicht als Weinen bezeichnen, denn Weinen ist weniger. Viele ehemalige DDR-Bürger, die den 9. November 1989 bewusst erlebten, können vielleicht nachvollziehen, was mit mir passierte.

Als der Bus hinter Dr. Vogel auf die Autobahn und dann in westliche Richtung fuhr, las ich an den folgenden ausgeschilderten Abfahrten Namen von Orten, in denen wir mit den *Klosterbrüdern* und der Gruppe *Magdeburg* sehr oft Konzerte gegeben hatten. Zwickau, Plauen, Glauchau, Crimmitschau, Altenburg, Gera, Hermsdorf, Jena, Weimar, Erfurt, Arnstadt, Gotha, Suhl und Eisenach.

Kurz vor der Grenze fuhr der Bus auf einen Parkplatz, und Dr. Vogel drehte vor uns eine Kurve in Richtung Osten. Nachdem die Stasi-Mitarbeiterin ausgestiegen war, fragte uns der Busfahrer in unverkennbarem Hessisch: „Möschte noch schemand ausschteische?“ Wir schauten uns irritiert und ungläubig an. Der Bus gehörte einem Gießener Fuhrunternehmen und hatte umklappbare Kennzeichen. Geheimhaltung bis zur letzten Sekunde war oberstes Stasi-Prinzip.

Dann setzte sich der Bus langsam in Richtung Herleshausen in Bewegung. Während wir über eine kilometerlange Brücke fuhren, hielt auf der linken Straßenseite der gesamte Transitverkehr, und wir sahen eine Grenze, die sicherlich einmalig in der Welt war.

Sperrzaun, Metallgitterzaun, Signalanlage mit Stolperdraht, Hundelaufanlage, Wachtürme, Pfeiler mit Neonleuchten, eine 1000 km lange massive Kontrollstraße, die von Mecklenburg nach Thüringen führte, Sperrgraben gegen Fahrzeuge, ein geharkter Kontrollstreifen, der teilweise vermint war und eine Mauer.

Eine unvergesslich bedrückende Erinnerung. Nach einigen Minuten Fahrt fuhr der Bus auf der westlichen Seite der Grenze auf einen Parkplatz. Aus dem Fenster sah ich anders Uniformierte. Männer des BGS stiegen ein und begrüßten uns mit: „Willkommen in der Bundesrepublik Deutschland."

Damit waren wir Bundesbürger. Sie gaben uns allen zwei in durchsichtige Folie eingepackte, belegte Brötchen in die Hand und dazu ein für uns eigenartiges Päckchen, das sich so anfühlte, als wenn Flüssigkeit drin wäre. Nachdem wir den angeklebten Trinkhalm entdeckt hatten, dauerte es noch einen Moment, bevor uns klar war, dass dieser in eine kleine Markierung gesteckt werden musste, damit wir den Orangensaft trinken konnten. Kurz danach fuhr der Bus dann auf die Autobahn in Richtung Gießen. Auf der Fahrt, die ich als relativ lang empfand, las ich auf den Verkehrsschildern jetzt Namen wie: Bad Hersfeld, Kassel, Hannover, Hamburg, Fulda, Würzburg, München, Frankfurt, Basel, Dortmund…

Nachmittags in der Bundesnotaufnahmestelle in Gießen war man auf unsere Ankunft vorbereitet, und eine routinemäßig durchorganisierte Erfassung von uns jetzt ehemaligen politischen Gefangenen aus DDR-Haft, wie es offiziell hieß, begann.

Jeder erhielt ein Formular, das er mit Angaben zu seiner Person ausfüllte; als gewünschten zukünftigen Wohnort trug ich Köln ein. Danach erhielten wir noch einen kleinen DM-Betrag, um unsere Angehörigen von einem Münzfernsprecher anrufen zu können.

Ich telefonierte dann sofort mit meiner Frau, meiner Mutter und meinem Bruder, der mir gleich sagte, ich müsse unbedingt nach West-Berlin gehen, weil dort das Mekka des Musikbusiness sei und auch die besten Startbedingungen für ehemalige DDR-Bürger. Da ich erst einige Stunden in der Bundesrepublik und von den neuen Eindrücken leicht überfordert war, ließ ich mich von seinen Argumenten überzeugen. Ich sagte mir auch, dass er, der schon lange genug im Westen war, zu einer objektiven Einschätzung dessen, was für mich das Beste sei, in der Lage wäre.

Anschließend strich ich in dem bereits ausgefüllten Formular Köln durch und trug dafür West-Berlin ein. Eine schicksalshafte Entscheidung. Meine Frau und mein Sohn waren anschließend damit gar nicht glücklich, denn West-Berlin war damals noch eine eingemauerte Stadt. Wir leben aber noch heute in Berlin und haben es nicht bereut.

Vor dem Mauerfall hatte der Westteil eine ganz besondere, fast ein wenig mysteriöse Atmosphäre.

Nach einer warmen Mahlzeit in einer großen Mehrzweckhalle wurden wir zu Lagerräumen geführt, in denen uns Mitarbeiterinnen des Heimes empfingen, die uns Kosmetikartikel und diverse Kleidungsstücke aushändigten.

Danach erfolgte die Einweisung in unsere Unterkünfte, die trotz Doppelstockbetten mit den Zellen der letzten Nacht nichts mehr zu tun hatten. Nachdem sich jeder von uns frisch gemacht hatte, brachen Theo, ich und einige andere erwartungsvoll in Richtung Gießen-Zentrum auf.

Ganz nebenbei erwähnte ich, dass mein Freund Achim Kneis schon lange in Köln sein müsse, weil er vor mir auf Transport gegangen war. Entsetzt erfuhr ich dann von einem mir Unbekannten, der auch mit im Bus von Karl-Marx-Stadt nach Gießen gesessen hatte, dass Achim noch immer in der Abschiebehaft sei, denn beide waren morgens noch auf einer Zelle. Erst nachdem ich einiges hinterfragt hatte und der Name Gruppe *Magdeburg* fiel, konnte ich das glauben.

Kurz vor Weihnachten durfte Achim dann endlich ausreisen, und ich erfuhr von ihm, was passiert war. Ich erkannte ihn kaum wieder, denn die Strapazen der letzten Wochen hatten ihn gezeichnet. Insbesondere seine Gesichtsfarbe verriet, dass er wochenlang nur in der Zelle gewesen war und nicht eine Freistunde hatte. Um in den Westen ausreisen zu dürfen, hatte das MfS ihn gezwungen, sein Mehrfamilienhaus in Magdeburg zu veräußern. Er schenkte es dann einem Freund, der es leider unmittelbar nach der Wende verkaufte. Der Käufer, der für das Haus verhältnismäßig wenig „Ostgeld" bezahlt hatte, erzielte beim Weiterverkauf eine hohe Summe harter D-Mark. Die Nachwendezeit hat Freundschaften zerstört.

Zurück zum 20. September. Als wir, die alle gerade erst einige Stunden in der Bundesrepublik waren, dann durch die Haupteinkaufsstraße von Gießen schlenderten, konnten wir das – für die westliche Welt typische – Überangebot in den Geschäften bewundern. Überwältigt war ich nicht, denn ich hatte nichts anderes erwartet, und mir war auch schon damals klar, dass die Stunde der Wahrheit kommen würde. Der Tag, an dem ich für mich und meine Familie Geld verdienen musste. Trotzdem waren wir froh und glücklich, alles überstanden zu haben.

Man hatte uns freigekauft, und das wird man niemals vergessen.

Meine Frau erzählte mir nach ihrer Ausreise, dass sie noch drei Tage bevor ich in Gießen ankam von der dafür zuständigen Abteilung des Rates der Stadt Magdeburg eine Karte wegen meiner Wiedereingliederung erhalten hatte. Sie rief dort sofort an und man fragte sie, ob sie mich wieder aufnehmen würde, weil die Haftzeit eines Ehepartners oft Scheidung zur Folge hätte. Leicht geschockt telefonierte Renate anschließend von einer Telefonzelle aus mit dem Büro Dr. Vogels, und zufälligerweise stand er gerade neben seiner Sekretärin. Er beruhigte meine Frau und sagte ihr, dass ich noch in der jetzigen Woche ausreisen dürfe, sie aber keinem sagen soll, woher sie das wüsste. Der Hinweis auf ihre Herzbeschwerden hatte vielleicht auch zu dieser vorzeitigen positiven Nachricht beigetragen.

André erzählte mir später, dass, nachdem er schon in West-Berlin war, die Volkspolizei an seine Ost-Berliner Adresse eine

Nachricht mit dem Hinweis geschickt hatte, dass er bereits gegen die Bewährungsauflagen verstoßen hätte, weil er sich nicht bei seinem Bewährungshelfer gemeldet hatte. Als seine Mutter dann der entsprechenden Dienststelle mitteilte, dass ihr Sohn bereits im Westen sei, antwortete man ihr, dass das nicht sein könne, weil man davon nichts wüsste. Wussten sie wirklich nicht, dass die Stasi schon ihr „Kopfgeld" kassiert hatte? War das Bürokratie oder immer noch psychischer Terror?

Andrés Ankunft in Herleshausen war noch ergreifender als meine verlaufen. Im Bus erklang die Nationalhymne, und ein Sekretär des Bundesministeriums für innerdeutsche Beziehungen übergab einigen – jetzt ehemaligen – DDR-Häftlingen Begrüßungstelegramme. André erhielt eines mit dem Inhalt: „Herzlich willkommen in der Freiheit, in der man ungesiebte Luft atmen kann, Gregor." Danach erklang noch der von Nino de Angelo gesungene Titel „Jenseits von Eden".

Gregor, der auch zu unserem Freundeskreis im Stasi-Knast Cottbus gehört hatte, holte André dann einige Tage später vom Flughafen Tegel ab und machte mit ihm eine Sightseeing-Tour durch West-Berlin.

Im Westen viel Neues, der Mauerfall und meine Stasi-Akte

All das, was ich nach meiner Ausreise in die Bundesrepublik erlebt habe, würde natürlich den Rahmen dieses Buches sprengen. Genug Stoff für ein weiteres.

Worüber könnte ich schreiben? Über das, was ich am ersten Abend in Gießen erlebte? Wie ich am nächsten Tag in einen Music-Shop ging und in die erste erfolgreiche Platte Herbert Grönemeyers, „Bochum", reinhörte, um das Schlagzeug-Solo meines Bruders zu hören? Was ich in Kassel erlebte, als ich etwa einen Monat bei meiner Großmutter wohnte? Wie ich meinen Bruder Detlef in Brühl besuchte und mich Herbert Grönemeyer bei einem Italiener in Köln freundlich begrüßte? Leider waren er und mein Bruder zu dieser Zeit schon verkracht. Trotzdem erlebte ich noch Konzerte in Göttingen, Kassel und Gießen.

Bei einem Besuch von Bekannten in der Nähe von Kassel sah ich einen mir bisher unbekannten Wohlstand und später in Berlin-Kreuzberg auch Sozialhilfeempfänger.

Erzählen würde ich auch, wie meine Familie am 19. Oktober 1984 nach Kassel ausreisen durfte und wir nach ein paar Tagen über die Zwischenstationen Kassel und Gießen von Frankfurt am Main nach West-Berlin flogen, wo wir am Flughafen Tegel von Familie Duckstein herzlich empfangen wurden. Ich könnte auch von den dann folgenden vielen anstrengenden Behördengängen schreiben, über unsere Umzüge und das Kennenlernen der damals noch eingemauerten Stadt West-Berlin. Vielleicht auch über Steinstücken, das längere Zeit eine Enklave war. Auch darüber, wie ich meinen Bruder nochmals in Brühl besuchte und er mir sagte, dass ich in meinem Alter im Westen nicht mehr viel anfangen könne und die Frage stellte, wie man nur einen Ausreiseantrag stellen konnte. Mir fiel daraufhin nur ein Wort ein: „Klugscheißer“, denn ich hatte im Zuchthaus Cottbus einige Mitgefangene kennen gelernt, die nicht wie er das Glück hatten, mit einem gefälschten Pass problemlos in den Westen zu gelangen.

Auch andere Familienangehörige meinten nur, nachdem ich einiges aus dem Stasi-Knast erzählt hatte, das sei ja jetzt alles vorbei. Der Stasi-Knast wird nie vorbei sein.

Erzählen müsste ich auch von einer unserer ersten Transitreisen und einem „Klavierwrack“.

Als ich mit meiner Familie von West-Berlin nach Kassel fuhr, schenkte ich im Rasthof „Börde“ einer Verwandten, die dort arbeitete, 50 DM. Anschließend zog sich die Kontrolle am Grenzübergang Marienborn auffällig in die Länge. Alte Ängste wurden wieder wach.

Erst nach der Wende erhielt ich die eindeutige Bestätigung für die Gefährlichkeit der Geldübergabe. Unsere Verwandte war eine IM. Das einzig Wertvolle, was uns unsere Magdeburger Angehörigen in einem kleinen Container nachschickten, war ein Klavier, das aber völlig zertrümmert ankam. Die mutwillige Zerstörung, die Handschrift der Stasi war unübersehbar.

Eine Episode wäre auch, wie ich mit meiner Familie Anfang 1985 bei einem Urlaub in Tunesien im wahrsten Sinne des Wortes Lehrgeld zahlen musste.

Meinen großen Nachholbedarf an Rockkonzerten konnte ich schnell befriedigen, weil ich von einem befreundeten Journalisten von der bekanntesten Berliner Tageszeitung Tickets erhielt. Meine diversen Besuche – auch von anderen Veranstaltungen – wurden sogar noch honoriert, weil ich per Telefon immer kurze Berichte über die Live-Ereignisse durchgab. Bei einigen dieser Konzerte traf ich auch ehemalige Kollegen, die über eines der sehr begehrten Visa verfügten. Ab Mitte der 80er Jahre hatte die DDR-Führung wahrscheinlich Angst, dass noch mehr Musiker und andere Künstler „ihr“ Land verlassen würden und wurde bei den Genehmigungen von Konzertbesuchen in West-Berlin etwas flexibler.

Einmal schwärmte ein sehr bekannter Texter für Rockbands bei einer derartigen Veranstaltung aufgeregt von seinen neu gekauften Porno-Videos. Mein Bruder Detlef, der zufälligerweise auch anwesend war, brüskierte ihn mit dem Statement: „Du musst es aber nötig haben."

Schreiben müsste ich auch darüber, wie ich recht schnell einige Songs produzierte und sie Schallplattenfirmen anbot. Oder wie ich den damaligen „Nena"-Manager Jim Rakete in seinem Büro besuchte, ihm Songs vorspielte und er mir sagte, wenn ich kein Geld für eine Musikerkarriere hätte, müsse ich eine Bank ausrauben und wenn ich dann Erfolg hätte, würde er mich in den Arsch ficken. Er liebte vielleicht den New Yorker Slang, aber in Amerikanisch klingen gewisse Worte vielleicht doch etwas anders.

Viele „Westler", die ich kennen lernte, waren nicht so souverän wie ich gedacht hatte. Die Dominanz amerikanischer Einflüsse war unübersehbar.

Bei meinem ersten Besuch einer Musikkneipe in der Yorkstraße kam ich mir fremd vor.

Oft habe ich empfunden, dass die Menschen in meiner neuen Umgebung anders „drauf" waren.

Schreiben müsste ich auch über meine Erfahrungen mit Existenzangst. Erwähnenswert wäre ebenfalls die Episode, wie ich mit meiner Familie von der westlichen Seite des Brandenburger Tores aus unseren Verwandten aus Magdeburg auf der anderen Seite zuwinkte.

Schlimm war es, als meine Frau nicht zur Beerdigung ihres Vaters fahren durfte. Meine Schwiegermutter ließen die staatlichen Organe darüber bis zur letzten Minute im Unklaren.

Geschockt waren alle, als der Sargdeckel nochmal geöffnet wurde – meine Schwägerin Gerlinde hatte darauf bestanden –

und sie eine fremde Leiche sehen mussten: Der Tote war vertauscht worden.

Wichtig wäre zu erzählen – denn für mich war es eine schicksalshafte Entscheidung –, wie ich mein erstes Musikbuch schrieb. Wie ich anschließend meinen KDM-Verlag aufbaute und als „Klinkenputzer" fast alle Musikgeschäfte im gesamten westlichen deutschsprachigen Raum und darüber hinaus besuchte. Das Bild von den „bösen" Kapitalisten wurde dabei nicht bestätigt. Ganz im Gegenteil.

Abgezockt wurde ich allerdings einmal von einer Mitarbeiterin des Ullstein-Bilderdienstes. Für versehentlich verwendete und fast nicht sichtbare Bilder im Hintergrund eines KDM-Musikkataloges forderte sie 6000 DM.

Diese bornierte Dame schadete nur ihrem Arbeitgeber, denn für mich war damit die Zusammenarbeit mit dem Unternehmen Ullstein beendet.

Aufgrund der aus meiner DDR-Zeit stammenden Aversion gegen offizielle Veranstaltungen nahm ich nie an Seminaren des Musikverlegerverbandes teil.

Ende 1990 besuchte ich auch Händler im Osten Deutschlands und traf ehemalige Kollegen wieder, die Geschäftsleute geworden sind.

Mein Bruder Detlef gründete, nachdem ich bereits meinen KDM-Verlag hatte, seinen auch sehr erfolgreichen AMA-Verlag.

Ein für mich bis heute noch immer unfassbares Ereignis mit historischer Dimension war der Fall der Berliner Mauer.

Mitte 1989 konnte man bereits im Fernsehen das Erstarken der Oppositionsbewegung in der DDR miterleben und auch sehen, wie viele ihrer Bürger über Ungarn in den Westen flohen.

Am Abend des 9. November 1989 rief mich mein Bruder Detlef aus Brühl an und sagte aufgeregt, ich müsse unbedingt den Fernseher einschalten, denn an den Grenzübergängen nach West-Berlin sei die Hölle los. Meine Frau und ich sahen bereits die unfassbaren Bilder, aber ich war noch nicht in der Lage zu realisieren, was da wirklich passierte. Wir haben Schabowski gesehen, wie er seine Notiz, als wäre sie nebensächlich, ablas. Dann sah man an den Grenzübergängen aufgeregte Menschenströme. Autoschlangen, fassungslose Vopos, Verbrüderungen auf der Westseite, Tränenausbrüche, und immer wieder hörte man das Wort „Wahnsinn". Die Anziehungskraft des Westens war auch wahnsinnig.

Um Mitternacht rief noch meine Schwägerin Bettina an, die auf dem Ku'damm tanzte und von der dort herrschenden Stimmung mitgerissen war. Nach den sich überstürzenden Ereignissen im Fernsehen gingen wir gegen 3.00 Uhr schlafen und wurden bereits nach einer Stunde durch hartnäckiges Klingeln wieder geweckt. Vor uns standen unsere Nichte und ihr Mann mit Plastikbeuteln in den Händen. Beide wollten im Westen bleiben und ließen ihre gerade neu bezogene und eingerichtete Wohnung in Ost-Berlin zurück, denn sie hatten Angst davor, dass die Grenze wieder geschlossen würde. Am anderen Tag brachte ich beide von Schöneberg ins Durchgangslager für Aussiedler und Zuwanderer Marienfelde und benötigte für die sonst ca. 20-minütige Autofahrt fast drei Stunden.

Im „Spiegel" Nr. 28 vom 9. Juli 2001 sagt das frühere SED-Politbüromitglied Günter Schabowski in dem Interview „Köpfe aus den Kellerluken" übrigens ganz klar, wie er heute über den Mauerbau, den Sozialismus und die PDS denkt. Von allem hat er sich eindeutig distanziert.

Die friedliche Revolution von 1989 hätte man den DDR-Bürgern niemals zugetraut. Es gibt sicherlich viele Gründe für den Untergang der DDR. Gorbatschow, die Veränderungen in der UdSSR, die Oppositionsbewegung in den sozialistischen Bruderländern, die Öffnung der ungarischen Grenzen…

Trotzdem muss noch etwas anderes mit entscheidend gewesen sein. Vielleicht waren die Menschen im Osten an einem Punkt angelangt, wo sie die staatliche Bevormundung und das Eingesperrtsein nicht mehr länger ertragen konnten, wo Angst in friedlichen Protest umgewandelt wurde, gegen den auch das MfS machtlos war. Aber ich kannte die Stasi, es ist für mich noch heute unfassbar, wie schnell und kampflos sie aufgab. Sicherlich gab es auch Jüngere unter ihnen, die den Glauben an den Sozialismus verloren hatten. Der DDR-Schriftsteller Stefan Heym hatte schon viel früher die Frage gestellt: „Was ist das für ein Sozialismus, der sich einmauern muss, damit ihm sein Volk nicht davonläuft?"

Erzählen müsste ich auch, wie ich 1990 das erste Mal nach langer Zeit wieder meinen Heimatort in der Nähe Lübecks besuchte und bei späteren Besuchen die Welt nicht mehr verstand. Im ehemaligen Gebäude der Grenzkompanie waren Asylanten untergebracht. Westler hatten sich neue Häuser gebaut und junge Mädchen aus begüterten Familien ritten auf Pferden durch die Straßen. Besonders habe ich eine Diskussion in meinem Elternhaus in Erinnerung, die nach der Fernsehübertragung des Boxkampfes von Henry Maske gegen den West-Berliner „Rocky" stattfand. Wir hatten alle etwas Alkohol getrunken und zwei anwesende junge Frauen – eine von ihnen hatte Ökonomie studiert und arbeitete beim Innenministerium in Schwerin, die andere war Gymnasiallehrerin – regten sich maßlos darüber auf, dass sie weniger verdienen würden als ihre Westkollegen. Sie, die „hundertprozentige" DDR-Bürger gewesen waren, trauerten den alten Zeiten nach. Sie hätten viel lieber gesehen, wenn die Mauer nicht gefallen wäre und waren von dem, was sie sagten, sehr – für mich fast fanatisch – überzeugt. Ein sachliches Gespräch war zwecklos. Im Widerspruch zu ihrer Nostalgie beteuerten sie, dass sie die DDR-Zeiten nicht mehr interessieren würden und machten die neue Regierung für alle im Osten Deutschlands noch vorhandenen Unzulänglichkeiten verantwortlich. Ihre Vorstellungen waren naiv und ihre unrealistischen Forderungen unverschämt.

Wie vielen anderen ehemaligen DDR-Bürgern war ihnen wahrscheinlich unbekannt, dass der Arbeiter- und Bauernstaat Ende 1989 mit einer Nettoverschuldung von 25 Milliarden D-Mark wirtschaftlich praktisch keine Überlebenschance hatte. In diesem Zusammenhang sollte man auch folgende Tatsache nicht vergessen: Die ehemaligen DDR-Bürger wollten die deutsche Einheit, und ich bin mir auch sicher, dass die meisten von ihnen ihre Wahl nicht bereut haben, denn von freien Wahlen konnte in den gesamten real-sozialistischen Ländern nie die Rede sein.

Ich habe auch noch den Spruch im Ohr: „Wenn die D-Mark nicht zu uns kommt, gehen wir zu ihr!"

Bis heute erfolgt eine Abwanderung in die reichen westlichen Bundesländer. Das ist natürlich auch eine Folge der relativ hohen Arbeitslosigkeit in einigen Regionen der ehemaligen DDR.

Nach der Wende nahm meine Frau auch wieder Kontakt zu ihrer Freundin Ina auf, die mit ihrer Familie unmittelbar an der Grenze zu Berlin-Spandau wohnte. Wir freuten uns sehr und haben heute noch guten Kontakt. In größeren Gesprächsrunden ist allerdings die Ost-West-Problematik auch immer wieder ein Thema. Meinungen wie: Die Westler können sich besser verkaufen und ein guter Verkäufer auch „Scheiße", sah ich allerdings etwas differenzierter, und die Ansichten meiner Bekannten sind heute auch ein wenig anders.

Schreiben würde ich sicherlich auch darüber, wie wir 1993 mit den *Klosterbrüdern* und Inga Rumpf eine kleine Konzerttournee machten. Ab dieser Zeit wurde ich von Journalisten auch immer wieder zu meiner Vergangenheit befragt. Danach konnten sie allerdings keine weiteren Fragen mehr stellen, weil ich sie sicherlich mit meinen Stasi-Knast-Erlebnissen überforderte.

Verärgert hat mich die Aufforderung einer Journalistin, ich müsse mal „Das Kapital“ von Karl Marx lesen. Sie war Absolventin der Leipziger Kaderschmiede, dem „Roten Kloster“.

Wie klein die Welt ist, wurde mir wieder bestätigt, als ich in Key West (Florida) nach längerem Suchen einen einzigen freien Parkplatz fand und, nachdem ich an den Strand ging, gerade mein Freund André mit seiner Familie aus dem Wasser kam.

Eines der wichtigsten Themen für ein neues Buch wären meine diversen Besuche in der Gauck-Behörde. Unendlicher Stoff. Mir war vorher schon klar, dass das MfS einen für die DDR sicherlich unbezahlbaren Aufwand betrieben hatte, Menschen zu bespitzeln, doch die Einsicht in meine Stasi-Akte übertraf meine bisherigen Vorstellungen bei weitem.

Vielen anderen wird es wahrscheinlich nicht anders gegangen sein. Warum hatte die DDR-Regierung diese pathologische Angst vor ihren eigenen Bürgern? Ich hatte nicht geahnt, dass die Stasi so viele IM auf mich angesetzt hatte. IM wie „Jutta“, „Volkmann“, „Adam“, „Judith Möhnke“, „Lützow“, „Petrowski“, „Alexander Claus“, „Erwin Grünewald“, „Jürgens“, „Delphin“, „Inge Dalchow“, „Peter Rothschild“, „Jürgen Deja“, „Marcus Köhler“, „Schneider“, „Rainer Behrends“, „Gerhard“, „Rolf Meier“, „Teschner“, „Helge Schwenda“, „Berthold“, „Frank“, „Stefan Richter“, „Richard Wagner“, „Elke Bremer“ und „T.“

Was hatten eigentlich die Kirchenleute Dr. Dr. K. und OKR H. mit dem MfS zu tun? Auch die Anweisung des Ministers für Kultur H., der Ende 1981 gefordert hatte: „Die Gruppe *Magdeburg* muss zerschlagen werden“, hat mich erschüttert.

Weiteres zu meiner Stasi-Akte will ich mir an dieser Stelle ersparen.

Im Lesesaal der Gauck-Behörde traf ich auch die Sängerin der Rockgruppe *Silly*, Tamara Danz.

Ich hatte sie als sehr cool in Erinnerung. Hier äußerte sie sich aber sehr erregt und wütend zum Inhalt ihrer Stasi-Akte. Auch sie war von einigen IM umgeben gewesen, die teilweise zu ihrem Freundeskreis gehörten.

Meine Vergangenheit verfolgte mich bis in die USA, als ich von Verlegerkollegen auf der Musikmesse in Los Angeles gefragt wurde, wie mein Leben in der DDR verlaufen war. Leider ließ ich mich darauf ein und „war" in Kalifornien wieder im Stasi-Knast. Wut stieg in mir hoch und mein „Westcoast-Feeling" fand ein abruptes Ende.

Sehr unwohl fühlte ich mich in einer Nobel-Diskothek in Los Angeles, als mir ein Farbiger unbedingt meine Schuhe putzen wollte und ich mir nach einer halben Stunde auf einem Podest sitzend und rauchend wie ein Sklavenhalter vorkam. Er allerdings sah sich als Künstler und war mit meiner Bezahlung zufrieden. Woher ich kam und was ich dachte, wird ihn kaum interessiert haben. Nach seinem Auftreten zu urteilen war für ihn seine Dienstleistung die natürlichste Sache der Welt.

Eine meiner internationalen Ambitionen konnte ich realisieren, als ich mit einem großen New Yorker Verlag in geschäftliche Beziehungen trat. Sehr interessant war es für mich, die Spitzenmusiker Larry Coryell, Pete York, Colin Hodgkinson, Albie Donnelly, Frank Diez, Potsch Potschka und Jean Jacques Kravetz kennen zu lernen und sie gleichzeitig als Autoren für meinen Musikverlag gewinnen zu können.

Eine der wichtigsten Entscheidungen meines bisherigen Lebens war, dass ich im September 2000 meinen KDM-Verlag an einen internationalen amerikanischen Verlag verkaufte, um endlich wieder Zeit zum Musikmachen und vor allem zum Schreiben dieses Buches zu haben.

Als ich dem Chef sagte, dass ich es gut finde, als Deutscher mit einem Juden in geschäftliche Beziehungen zu treten, wurden bei ihm, der nicht zu übertriebenen Gefühlsregungen neigt, die Augen feucht.

Am 03. März 2001 traten wir, die *Klosterbrüder*, in der Stadthalle Magdeburg beim ersten „Rock-Marathon" gemeinsam mit dem *Rock'n'Roll Orchester*, dem Ausnahmegitarristen Roy Herrington und *Manfred Mann's Earth Band* auf. Das besondere Konzertereignis wurde für mich leider durch das unverschämte Verhalten von Manfred Mann zu einem Albtraum.

Als ich noch in der DDR lebte, habe ich immer von interessanten Auslandsreisen geträumt; leider haben mir meine beruflichen Aktivitäten dafür bisher wenig Zeit gelassen. Vielleicht wird sich das ändern.

Denkbar wäre auch, dass ich mich erneut an den Schreibtisch setze, denn auch im Westen und nach der Wende habe ich einiges erlebt. Auf jeden Fall würde ich dann darüber schreiben, wie ich 1990 einen Rundgang um die Mauern des ehemaligen Stasi-Knastes in Cottbus machen wollte und von einem Anwohner mit seinem bissigen Hund vertrieben wurde.

Die DDR ist nicht untergegangen. Sie lebt in den Köpfen vieler Menschen weiter, denn die Folgen einer Diktatur sind unauslöschbar.

Eine Veränderung kann ich heute bei mir feststellen: Mein Interesse, andere Menschen kennen zu lernen, hält sich in Grenzen.

Der Schauspieler Michael Degen beantwortete in einer Talkshow die Frage, ob er sich nach dem Schreiben seines Buches „Nicht alle waren Mörder" besser fühle, mit nein.

Ich habe für mich die gleiche Erfahrung gemacht.

Zurück in den Stasi-Knast

Nach dem Jahr 2022 hatten wir wieder regelmäßig Auftritte mit den Klosterbrüdern.

Leider hatte unser Sänger Hans-Joachim Kneis am 16.2.2020 seinen Kampf gegen eine längere Krankheit verloren. Auf der Doppel-CD der Klosterbrüder hatte ich folgendes dazu geschrieben: „Hans-Joachim Kneis werde ich für immer vermissen und in meinem Herzen tragen. Als Freund, Mensch, Kollege und genialer Musiker war er einmalig. Sein Leben hatte einen Sinn, denn mit seiner Stimme und Musikalität hat er viele Menschen glücklich und dankbar gemacht. Er ist nicht von uns, sondern nur voraus gegangen."

Am 14.5.2022 gab es für uns dann ein ganz besonderes Konzertereignis. Wir spielten im EKM in Meerane. „Special Guest" bei uns war Hans-Jürgen Beyer, den viele noch von Renft und der legendären Bürkholz-Formation kannten. Mit ihm konnten wir wieder einige Songs von Colosseum interpretieren. Die Fans waren davon begeistert. Unsere eigenen Songs sang Hannes Andratschke, ein beeindruckender Rocksänger aus Magdeburg und großer Bewunderer von Hans - Joachim Kneis.

Am 23.9.2023 kam es dann zu einem Höhepunkt für uns. Hartmut Rüffert, ein Fan und intimer Kenner des Ostrocks, hatte sich mit dem Menschenrechtszentrum in Cottbus (dem ehemaligen Stasi-Knast) in Verbindung gesetzt und uns für ein Konzert vorgeschlagen. Das Team vom MRZ hatte dem zugestimmt und das Konzert akribisch und mit großem Engagement vorbereitet. Der Auftritt fand dann in einer Fabrikhalle, in der wir als Häftlinge damals arbeiten mussten, statt. Das hätte man sich 1983 nicht im Traum vorstellen können. So groß kann keine Fantasie sein. Vor Konzertbeginn fand noch eine Podiumsdiskussion, die von Peter

Keup (wissenschaftlicher Mitarbeiter des MRZ) geführt wurde, statt.

Mein Freund Andrè, den ich in Cottbus kennengelernt hatte, war auch dabei. Ebenfalls der bekannte Gitarrist Eberhard Klunker, dem mit einem Ruderboot die Flucht über die Ostsee von der Insel Poel in die Lübecker Bucht gelungen war. Zu dieser Zeit spielte er in der Hansi Biebl Bluesband.

Ich hielt mich mit meinem Diskussionsbeitrag etwas zurück, denn ich wollte das bevorstehende Konzert nicht negativ belasten. Außerdem hatte ich gerade den schwersten Schicksalsschlag meines Lebens hinter mir.

Viele Fans und Freunde der Klosterbrüder waren von nah und fern angereist. Einige von ihnen waren selbst Häftlinge in Cottbus gewesen. Nach dem Gespräch, bei dem insbesondere Andrè einiges vom Knastalltag erzählt hatte, begann das Konzert mit einem eingespielten Intro. Eine große Bereicherung für uns war die Mitwirkung der einmaligen Blues- und Rocksängerin Steffi Breiting.

Als das Licht in der „Konzerthalle" erlosch, standen wir nur noch im farbigen Bühnenlicht. Die Atmosphäre war einmalig. Fast etwas mystisch. Es war aber kein Science Fiction. Wir rockten tatsächlich in einer ehemaligen Arbeitshalle für damalige Stasihäftlinge. Unsere Fans und alle anderen Besucher sorgten mit ihrem Beifall dafür, dass wir hoch motiviert und dankbar waren. Höhepunkt waren Standing Ovations. Ein kleines Highlight war dann, als Heide Schinowsky (Leiterin des MRZ) ihre Querflöte auspackte und bei einigen Songs von uns mitspielte.

Ich hoffe sehr, dass es Zuchthäuser für politisch Gefangene nie mehr geben wird. Leider habe ich den Glauben daran, dass sich Menschen ändern, verloren. Die aktuellen Kriege in der Mitte Europas und im Nahen Osten sind ein trauriger Beweis dafür.

Als Kleinkind

1960 als Schüler

1963
in der Abiturklasse

1967
bei der Grenzbrigade Küste

1970 während des Studiums

1973

1978

Zelle in der MfS-UHA in Magdeburg

Blick aus einem „Freihof-Käfig" der MfS-UHA in Magdeburg

VP-UHA in Magdeburg

Ein Wachturm vom Zuchthaus Cottbus

Beim Konzert mit den Klosterbrüdern
bei Tante Ju in Dresden

CD-Cover
Doppel-CD Klosterbrüder

Talk mit Musik
Hier mit Eberhard Klunker und Hartmut Rüffert bei der Lesung des Buches „Stasi-Knast“ von Dietrich Kessler

Mit Eberhard Klunker beim Konzert in Irxleben 19.5.2023
mit Stern Meißen

Klosterbrüder mit Steffie Breiting

Klosterbrüder im Konzert mit Steffie Breiting (vocal), Maike Virk (violin), Peter Engler (percussion)

„Was wird morgen sein"

Liedtext · Musik: Dietrich Kessler · Text: Jan Witte

Du bist nah bei mir
Und ich halt' dich fest.
Dass ich all' das spür',
Was du spüren lässt.
Zählt das aber kaum,
Oder gilt es viel?
Beginnt so ein Traum
Oder nur ein Spiel?

Ist das nur ein Tanz,
Oder schon das Glück?
Oder bleibt der Glanz
Nur für'n Augenblick?
Heute treibt der Wein
Blut in dein Gesicht.
Was wird morgen sein?
Du, ich weiß es nicht...

Sag', was wird morgen sein?
Bau'n wir nur auf Sand?
Hau'n wir uns in Stein?
Sag', was wird morgen sein?
Geh'n wir Hand in Hand,
Oder längst allein?

Werden wir noch alt,
So wie's uns gefällt?
Oder lebst du bald
In einer and'ren Welt?
Tausend Fragen frag'
Ich dich heut' nicht mehr.
Alles, was ich sag':
Du, ich lieb' dich sehr.

Sag', was wird morgen sein?
Bau'n wir nur auf Sand?
Hau'n wir uns in Stein?
Sag', was wird morgen sein?
Geh'n wir Hand in Hand,
Oder längst allein?

Sag', was wird morgen sein?
Bau'n wir nur auf Sand?
Hau'n wir uns in Stein?
Sag', was wird morgen sein?
Geh'n wir Hand in Hand,
Oder längst allein?